U0481001

四川大学革命英烈丛书
四川省2020—2021年度重点图书出版规划项目

揆文奋武
抗美援朝战争中的川大英烈

王金玉 ◎ 编著

四川大学出版社

项目策划：王　军　段悟吾　宋彦博
责任编辑：宋彦博
责任校对：李畅炜　荆　菁
封面设计：墨创文化
责任印制：王　炜

图书在版编目（CIP）数据

揆文奋武：抗美援朝战争中的川大英烈／王金玉编著．—成都：四川大学出版社，2021.6
（四川大学革命英烈丛书）
ISBN 978-7-5690-4729-5

Ⅰ．①揆… Ⅱ．①王… Ⅲ．①抗美援朝战争－革命烈士－生平事迹－中国②四川大学－校友－生平事迹 Ⅳ．① K820.7

中国版本图书馆 CIP 数据核字（2021）第 099090 号

书名　揆文奋武：抗美援朝战争中的川大英烈

编　著	王金玉
出　版	四川大学出版社
地　址	成都市一环路南一段 24 号（610065）
发　行	四川大学出版社
书　号	ISBN 978-7-5690-4729-5
印前制作	四川胜翔数码印务设计有限公司
印　刷	四川盛图彩色印刷有限公司
成品尺寸	170mm×240mm
印　张	16
字　数	239 千字
版　次	2021 年 6 月第 1 版
印　次	2021 年 6 月第 1 次印刷
定　价	58.00 元

◆ 版权所有 ◆ 侵权必究

◆ 读者邮购本书，请与本社发行科联系。
　电话：（028）85408408/（028）85401670/
　（028）86408023　邮政编码：610065
◆ 本社图书如有印装质量问题，请寄回出版社调换。
◆ 网址：http://press.scu.edu.cn

四川大学出版社
微信公众号

总　序

习近平总书记指出："知史爱党，知史爱国。"为庆祝中国共产党成立100周年，在全党开展党史学习教育和在全社会开展党史、新中国史、改革开放史、社会主义发展史宣传教育之际，四川大学组织编写了"四川大学革命英烈丛书"，并由四川大学出版社正式出版。这是四川大学认真讲好川大故事红色篇章、积极创新红色文化教育载体的重要举措之一，也是四川大学献礼中国共产党成立100周年的重要成果之一。

在中国共产党的领导下，在青春如火的锦江之滨、明远楼前，在风云激荡的望江楼畔、华西坝上，无数四川大学的革命师生坚持"与人民同甘苦，与祖国同命运，与时代同呼吸，与社会同进步"，将永恒的红色基因融入了每一个川大学人的血脉和灵魂之中。其中，"红岩精神"的代表和"中华儿女革命的典型"江竹筠烈士等80多位校友为民族独立、国家解放和人民幸福献出了自己宝贵的生命，他们是四川大学历久弥新的川大精神的力行者和见证者，是四川大学生生不息的红色基因的创造者和传播者。

四川大学是四川保路运动和辛亥革命在四川的重要发生地，是新文化运动和五四运动在四川的主要策源地，是四川乃至全国马克思主义早期传播的重要发源地，是抗日救亡和爱国民主运动在四川的坚强根据地。1920年冬，学校师生成立了四川最早以研究和宣传马克思主义为主要任务的革命群众组织——马克思读书会。1922年2月，学校师生主编的《人声》报是四川第一份公开宣传马克思主义的报纸。1922年春和1923年夏，学校师生组织成立的四川社会主义青年团和中国共产党成都独立小组是四川最早的共产主义党团组织。以学校师生为骨干的中华民族解放先锋队成都队和"成都民主青年协会"等是在中国共产党领导下四川抗日救亡和爱国民主运动的中坚力量。中共四川大学党总支是国民党统治区最大的基层党组织之一，经常活动的共产党员有120余名。在开国大典上，与毛泽东主席一起登上天安门城楼的有朱德、吴玉章、张澜和郭沫若等四位四川大学校友。

长期以来，四川大学坚持立德树人根本任务，服务人才培养首要任务，充分发挥学校特色优势，深入挖掘校园红色资源，大力弘扬以江姐精神为代表的革命先烈精神，用生动鲜活的红色文化滋养着一代又一代川大学子。近年来，特别是党的十八大以来，四川大学党委高度重视红色文化教育，将红色文化教育贯穿于学校发展各方面和人才培养全过程，重点建设了"江姐纪念馆暨四川大学革命英烈事迹陈列馆""学习书屋""江姐精神专题数据库"等一批红色文化宣传展示平台，率先推出了话剧《待放》、舞台剧《江姐在川大》、主题文艺晚会《江姐颂》等一批红色文化教育艺术作品，积极打造了"江姐班""竹筠论坛""川大英烈一堂课""青年红色筑梦之旅"等一批红色文化教育新品牌，产生了良好的教育成果、育人效果和社会效益。

习近平总书记指出，"中国革命历史是最好的营养剂"。站在历史的交汇点上，站在发展的交接点上，站在新时代的新起点上，在"四川大学革命英烈丛书"正式出版之际，全校师生员工要进一步厚植中华优秀传统文化，弘扬革命文化，发展社会主义先进文化，凸显四川大学人文社会科学的学科优势，积极打造"中国共产党在四川大学"等红色教育品牌，进一步深化红色文化教育的内涵，丰富红色文化教育的形式，增强红色文化教育的实效。

"四川大学革命英烈丛书"编写组
2021年6月

目 录

四川大学与抗美援朝　　001

上编　抗美援朝战争中的川大英烈传记

尽诚竭节的勇士
　　——林学逋烈士传　　025

出师未捷身先死　长使英雄泪满襟
　　——袁守诚烈士传　　094

以笔为戈　血洒汉城
　　——张建华烈士传　　121

青春无悔
　　——詹振声烈士传　　147

下编　一腔热血报家国

抗美援朝翻译战线上的川大学子　　165
临危受命的西南整形外科医疗队　　171
四川外科手术队中的川大人　　191

反细菌战斗士
　　——陈文贵院士与抗美援朝战争　　201

附录　亲历抗美援朝

我在朝鲜战场当翻译　　209
西南整形外科医疗队与抗美援朝战争
　　——抗美援朝西南整形外科医疗队副队长邓显昭之子邓长春访谈　　229
父亲与那场保家卫国之战
　　——杨光曦对父亲杨振华的回忆　　234
抗美援朝的动员
　　——时任川大团委书记黄桂芳访谈　　244

参考文献　　246
后　记　　248

四川大学与抗美援朝

成都是国民党在祖国大陆妄图负隅顽抗的最后一座大城市，1949年12月10日，蒋介石从成都的凤凰山机场飞往台湾。12月27日，成都这座文脉绵延了数千年的历史古城终于赢得了和平解放，回到了人民手中。

当家做主的喜悦，让包括成都高校师生在内的成都市民欢欣鼓舞，激动不已。他们走上街头，举着旗帜欢迎解放军入城。四川大学（包括原华西协合大学）在军代表入校时举行了隆重而热烈的欢迎仪式，四川大学学子主动要求参加军代表组织的清产核资小组，为人民政府顺利接收学校资产而奔忙。同时，军代表也在组织力量对师生的情况进行甄别和清理。

解放以后的四川大学，处于新旧制度的交替阶段，思想改造势在必行。时政报告、政治学习和新民主主义改造是这一时段学校的主要工作，学校的教学活动基本处于停滞状态，直到1953年才得以恢复。这是一个激动人心的时代，相比学习，学生们认为直接为建设祖国作贡献更重要。从1950年初起，不少党团员、积极分子和知识青年纷纷响应国家号召，放弃学业积极参军。这段时期，四川大学的变化是剧烈的，学校原有的近7000人，到1950年10月仅剩学生3333人，教师568人，工人241人，合计4000余人，学生寝室大量空置，新生院也从三瓦窑搬回望江校园。

正是在这时，轰轰烈烈的抗美援朝爆发了，四川大学师生、工友将自己沸腾的热血转化为报国的实际行动，实践知识报国（投身战场当翻译，为志愿军战士提供医疗服务等），为抗美援朝作出了突出的贡献。

美军无视中国警告　悍然越过三八线

回首 71 年前的夏天，那时的中华人民共和国成立还未满一年。经历了帝国主义百余年的无情劫掠和抗日战争、解放战争洗礼的中国，百废待兴。正当中国人民准备静下心来，铸剑为犁，建设我们美好家园的时候，1950 年 6 月 25 日，朝鲜战争爆发。当晚，美国参谋长联席会议主席奥马尔·纳尔逊·布莱德雷就表示："我们必须与共产主义阵营划线而治，而朝鲜半岛不失为一个合适的地点。"[1] 美国总统杜鲁门表示完全赞同。当晚，美国政府决定干涉朝鲜战争。

6 月 26 日，杜鲁门命令驻在远东的美国空军、海军支援南朝鲜（今韩国）军队作战。6 月 27 日，杜鲁门以"台湾地位未定"为借口，命令在菲律宾的第 7 舰队入侵台湾海峡，阻挠中国统一，这是对中国国家统一赤裸裸的干涉。7 月 1 日，杜鲁门下令将美国驻日本的地面部队投入侵朝战争，7 月 5 日，美国军队在乌山首次与朝鲜人民军交战。

7 月 7 日，在苏联代表缺席的情况下，美国操纵联合国安全理事会通过非法决议，组织"联合国军"武装干涉朝鲜战争。英国、澳大利亚、荷兰、新西兰、加拿大、法国、菲律宾、土耳其、泰国、南非、希腊、比利时、卢森堡、哥伦比亚、埃塞俄比亚等国派出军队参加了"联合国军"。瑞典、丹麦各派出了一艘医疗船，印度、挪威和意大利派出了各自的战地救护队。在"联合国军"中，美军占到总兵力的 90% 以上。

为防止战火烧到中国本土，中央军委于 7 月 13 日作出决定，抽调部队

---

[1]　见［美］大卫·哈伯斯塔姆《最寒冷的冬天：美国人眼中的朝鲜战争》，台海出版社，2017 年，第 88 页。

组成东北边防军；后又增调人员作为二线、三线部队，分别集结于津浦、陇海铁路沿线地区机动。

9月15日，"联合国军"乘朝鲜人民军主力集中于洛东江战线，后方空虚之际，以7万人的兵力，在300多艘军舰、500多架飞机的掩护支援下，在朝鲜西海岸的仁川实施登陆作战，占领汉城（今首尔），切断朝鲜人民军的主要后方交通线，展开全线反攻。朝鲜人民军被拦腰切断，战场形势急转直下。

9月30日，美军越过北纬38°线，周恩来总理发表讲话，警告美国："中国人民决不能容忍外国的侵略，也不能听任帝国主义者对自己的邻人肆行侵略而置之不理。"[①] 10月2日，美军攻占平壤。10月3日凌晨，周恩来总理又通过印度驻华大使潘尼迦，对美国政府提出强烈警告：美国军队如果越过三八线，中国不能坐视不顾！但是以美军为首的"联合国军"根本没有把中国的警告当回事。麦克阿瑟认定中国不敢出兵与美国对抗，并且认为即使中国出兵也不足为惧。在志愿军还未入朝之时，麦克阿瑟曾被媒体问到是否担心中国加入朝鲜战场，他狂妄地表示："中国军队不过是一群人数众多的蜂营蚁队，根本不足为虑，如果真的敢来，那么我会用机枪和大炮将他们全部赶回去，甚至'联合国军'能够很轻松地进攻中国……那样的话，我们的空军就会使鸭绿江史无前例地血流成河！"在杜鲁门向他询问中国是否会出兵朝鲜时，他甚至回答："如果中国人真要……到平壤，那他们就是自寻灭亡。"[②] 美国就此无视了中国政府的多次严正警告，肆意北犯。

10月19日，"联合国军"占领北朝鲜首都平壤，并公然声称："在历史上，鸭绿江并不是中朝两国截然划分的、不可逾越的障碍。"[③] 同时，美

[①] 见徐晓红《周恩来生平研究资料》，中央文献出版社，2013年，第317页。
[②] 见何楚舞《最寒冷的冬天3：血战长津湖》，重庆出版社，2013年，第25页。
[③] 见国家知识产权局直属机关党委《伟大的中国精神》，知识产权出版社，2015年，第127页。

国飞机多次侵入中国领空，轰炸安东（今辽宁丹东市）、辑安（今吉林集安）等地。在地面上，"联合国军"分多路全速向中朝两国边境的鸭绿江和图们江推进。而中国的东北地区，是新中国最早解放的地区，也是新中国的工业基地，美军的所作所为，已经严重威胁到了中国主权和人民生命财产安全。

一边是中国老百姓好不容易盼来自己翻身做主人的新时代，建设祖国的热情正高，中央深知，此刻的中国不宜卷入战争。一边是唇亡齿寒的境地，且以美国为首的"联合国军"无视我们的严正警告，狂妄叫嚣，日益迫近国境。我们哪怕想安心搞建设也没有机会。出兵或者不出兵，对于新中国而言，确实是个两难的抉择。经过充分讨论，中央最后达成一致意见，决定应朝鲜政府的请求，"抗美援朝，保家卫国"，迅速组成中国人民志愿军入朝作战。

10月19日，中国人民志愿军秘密入朝。10月25日，志愿军打响了抗美援朝战争第一枪。后来这一天被定为抗美援朝纪念日。

川大人踊跃支援抗美援朝

美国无理干涉祖国统一，战火席卷朝鲜半岛并烧到鸭绿江边，严重威胁新中国安全的消息传到成都，四川大学的师生愤怒了，他们积极响应党中央的号召，在团中央、抗美援朝总会、中国红十字总会、川西区特委和成都市委的领导下，掀起了轰轰烈烈的抗美援朝运动。

时局维艰　热血难凉

成都解放较晚——1949年12月27日，成都才得以解放，兼之，国民党在撤离大陆之前，在川西一带发展了很多特务，收编了很多土匪，准备同人民解放军打长期的"游击战",以便配合他们有朝一日"反攻大陆"。因此,川西区解放后的一段时期内,土匪活动仍然猖獗。他们攻击政府,杀害干部,时刻威胁着川西的稳定,迫使川西区政府不得不以相当多的精力和时间开展剿匪工作。

1950年至1951年,川西区处于新旧政权交替阶段,进行新民主主义教育,征粮剿匪,征召青年学生参军参干,支援地方建设,减租退押,抗美援朝运动,镇反(镇压反革命分子),对知识分子和高等教育的改造等活动和运动接踵而来。在这段时期,"国立四川大学"和私立华西协合大学处于人民政府对学校的接收阶段,各种新的机构、制度还没有完全建立起来。

1. 大学的军管与接收

1950年1月7日,中国人民解放军成都市军事管制委员会派出由曹振之、鲁光、杨明甫组成的军代表组接管"国立四川大学"(后更名为四川大学,简称川大)。1月14日,成立教职员工联合会。2月7日,组建临时校务管理委员会,取缔了国民党、三青团等组织,并调整了相关机构,废除了诸如"六法全书""三民主义""党义""公民"等30余门课程,大规模开展新民主主义教育、清理教职工队伍等工作。1950年1月12日,以西南文教厅副厅长温宗祺为组长的军管小组接管私立华西协合大学(后更名为华西大学,简称华大),对学校进行军管监督。取缔了训导处、男女生辅导组等国民党设立在学校的反动机构,改组了董事会,坚决执行了党的宗教政策,改组了校务委员会。同时成立了由校长、各学院院长、各系主任和师生代表组成的校务委员会;在校务委员会中,由校长方叔轩、教务长云从龙、教联会的张宗显、学生会的卢登秀、工联会的吴大均(后三人均为党的地下革命组织成员)等组成协商会议,并确定了重大事项先由协商会议进行协商,再由校务委员会决定的原则。废除了原来的一些旧课程,增加了"新民主主义论""社会发展史"等马列主义课程。1950年12

月5日，由校董会主席罗品三、校长方叔轩、教育工会主席罗旨昂代表校方与教会代表签署了校产移交证书。

2. 对华西协合大学的第二次军管和收回教育主权

1950年10月，抗美援朝战争爆发后，美国悍然冻结我国在美全部资产并对我国进行全面封锁，国外教会向中国教会大学的拨款随之被切断。在这种情况下，中央人民政府政务院于1950年12月29日召开的第65次政务会议通过了《关于处理接受美国津贴的文化教育救济机关及宗教团体的方针的决定》。这一决定为我国政府正式接办华大奠定了政策基础。教育部随即召开了处理接受外国津贴的高等学校会议，华大校长方叔轩参加了这次会议。会议决定收回华大的教育主权并对其进行国有化改造，完全按照公立大学标准拨付经费；外籍人员不再担任行政职务及校董会董事，希望他们遵守我国法令，欢迎他们继续任教，中国教职工不分宗教信仰，一律留用；实行宗教信仰自由的政策。但是，教会应实行"三自"（自传、自养、自治）的爱国原则，不得利用宗教进行反对人民和国家民族的政治活动。

在收回教育主权、接办学校的过程中，川西区军管会于1951年1月4日再次派出以温宗祺为组长（后由董育才代理），李丙炎、陈沫、燕真为副组长的军代表组对华大实行军管。在一年多的时间里，华大在军代表组的监督下进行了深入细致的思想政治工作，调整了管理体制和组织机构，初步改革了教学工作，系统地清理了校产，妥善处理了外事关系，完成了由人民政府接办华大的各项准备工作。教育部和西南文教部还先后派人来校协助进行接办华大的准备工作，由他们出面挽留部分对华大的建立和发展作过贡献的外籍教师。一批外籍教师如启真道教授等留任了一段时间。但是，由于美国采取了对我国实行全面封锁并冻结我国在美全部资产等政策，华大的外籍教师在无奈之下先后离开华大返回自己的国家。经中央人民政府批准，华大于1951年10月6日举行了庆祝接办的盛典。经政务院批准，委任我国著名生物学家刘承钊教授为校长。华大从此成为公立大学和中国人民自己办的大学，去掉了教会色彩。

3. 抗美援朝期间学校的机构设置情况和管理

此一段时期处于新政权的接收时期，机构设置不完善。军代表进入川大之时，川大有党员32人，后由于支援地方建设，从1950年2月至7月，21位党员先后调走，3月28日军代表戴伯行（党员）调入，此时川大共有党员12名，其中学生4名。这些党员主要从事地下工作，身份未公开，互相不熟悉，并且由于川西匪患严重，党组织还未公开（川大的党支部是1950年10月30日对群众公开的），是以党组织的力量薄弱。而1950年军管之时，华大仅有党员3人，其中2人是学生，其力量更为薄弱。此一时期，川大的主要领导机构是临时校务管理委员会、教职员工联合会、中国新民主主义青年团总支[①]。

川大团组织的成立和公开都比较早，是那段时期学生活动和宣传动员工作的主要组织者。1950年1月23日，新青团四川大学总支部委员会成立，张月华为书记，后张月华调走，黄桂芳任书记；同日，川大学生会成立，孙淑云任主席。1950年6月2日，川大团总支向群众公开。1950年10月15日，新青团四川大学委员会成立，黄桂芳任书记。

川大人踊跃支援抗美援朝主要从川大人的三视教育（仇视、蔑视、鄙视美帝国主义）、参军（军干校）、参加战场翻译服务、参加医疗服务、参加后方支援工作几个方面来体现。

[①] 1922年5月，中国社会主义青年团成立；1925年1月，更名为中国共产主义青年团；1937年4月，根据抗日民族统一战线的需要，在延安更名为西北青年救国联合会。1949年4月，中国新民主主义青年团成立；1957年，更名为中国共产主义青年团，沿用至今。下文中用当时团组织的简称：新青团。

川大人的抗美援朝歌曲《我们是青年团员》

川大人在行动

1. 三视教育

三视教育是川大师生支援抗美援朝的重要工作之一，持续时间比较长。此活动旨在树立学生的文化自信心，帮助他们形成对美国侵略行径的正确认识，增强他们对美作战必胜的信心。同时，这一工作与肃反、肃特工作和收回教育主权的活动交织进行。

自朝鲜战争爆发后，川大师生就时刻留意着前线动态，他们为朝鲜人民军的节节胜利而欢欣鼓舞，为美国派遣航母阻碍祖国统一而愤怒。美军从仁川登陆，朝鲜战场局势急转直下后，不少人忧心如焚。

从 1950 年 10 月起，川大学生频繁举办揭露美军暴行的图片展览，高举"抗美援朝，保家卫国"的横幅上街游行。在学校的团组织的组织和号召下，川大师生相继掀起各种抗美援朝运动。彭迪先教授先作了一个重要报告,"从政治、经济、军事上揭露美国的弱点……指出决定战争胜利的不是空军和武器而是陆军……分析了中国的优势和必胜的原因"[1]。川西文教厅厅长张秀熟作了关于抗美援朝的时事报告。川大和华大学生普遍组织读报小组,订立学习公约,讨论时政,召开座谈会、报告会、控诉会声讨美军罪行。

从1950年12月起,华大则通过读报小组、报告会等多种形式揭露和控诉美国的文化侵略。1951年"三八"国际妇女节期间,华大又结合反对帝国主义文化侵略,抵制美帝生活方式和文化影响,号召"学生不做花瓶,实现妇女真正解放"等,开展了教育活动。川西文教厅和成都市文教局于1951年3月20日联合发出通知:"从爱国主义正面启发教育出发,了解祖国的伟大和新政府的新气象,增强民族自信心和自豪感,从爱国主义意识基础上清除美帝文化侵略的影响。"华大响应号召,结合通知精神,开展相关工作。他们"组织典型,相互启发,彻底肃清思想上崇美、媚美、亲美、恐美的残余渣滓,树立起坚定的仇美、蔑美、鄙美的感情和意志,并把反美的爱国主义精神贯彻到工作和学习的实践中去"。在各种活动教育与影响下,华西医院职工沈莹甲曾发出这样的反省:"受启真道的影响,一心想出国,过美式生活,不和职工接触,学习后大转变,搬入宁村过集体生活,自觉美化医院环境。"[2]

同时,这一时期的《川西日报》《新华大》《人民川大》等报刊也经常刊登相关的消息,以及一些著名教授如彭迪先、杨开渠、彭荣阁、孙次丹、缪钺等对美国文化的腐朽本质及其对中国的文化侵略进行剖析的文章。川大对抗美援朝宣传工作作了周密部署,曾组织师生150余人,分两批下乡至三瓦窑、石羊场、苏坡桥、簇桥等地,利用群众喜闻乐见的快

---

[1] 见四川大学档案馆《川大抗美援朝运动初步总结》。
[2] 见《华西大学反美爱国肃特大学习中的几点收获和体会》,载于《新华大》1951年4月28日创刊号头版。

板、活报剧等形式，揭露美帝罪行和文化侵略。①《新华大》的一篇文章则详细描述了华大组织进行抗美援朝宣传工作的概况。

> 我们宣传的对象是6区的70个居民小组，包括了将近一万的居民，当学生会划分了各科系负责的区域之后，指明了每一个同学需要负责宣传10个左右的居民……各科系的负责同学马上到他们分担的区域去了解情况，访问了居民委员……医牙36级及经济系更召开了座谈会，学习了两篇关于北京学生如何推动抗美援朝宣传工作的文件，并根据以往的经验制订出计划，基本上纠正了"摆一遍"的单纯工作方式，采用了切合居民需要的各样工作方法，如小型座谈会、联欢会等方式。各科系在一天多的时间内，就准备了快板、金钱板、活报剧、歌剧、漫画等宣传节目。有的在出发时带上了我国和苏联的画报，一切内容都贯穿了高度的抗美援朝政治思想教育意义。

两校抗美援朝宣传工作由此可见一斑。

川大和华大的三视教育效果是显著的。许多师生对美国的文化侵略和抗美援朝的意义有了正确的认识，树立了必胜的信心，同时，三视教育也激发了师生参军报国的热情。

美军初打到鸭绿江边时，部分学生心生惶恐，甚至想退学、"跑难"，免得"在学校集体去当兵"。当中国派遣志愿军入朝作战时，也有学生不理解，他们说，"自己国家都没建设好，还要去帮助别人。""眼看都要打起来了还要去，这不是惹火烧身吗？""这回中国恐怕又要变战场，我们怕都是炮灰。"无信心，是大家的常态。还有同学说，"我害怕蒋匪又打回来了。""蒋匪回来了脱不了手！""美国的原子弹真凶，两个就把日本炸投降了，丢在我们国土上怎么办？"②诸如此类的言论，不胜枚举，但经过系列活动后，学生

---

① 见《为深入与普及抗美援朝爱国主义思想教育　川大宣传队拟定"五一"前后工作计划》，载于《人民川大》1951年4月21日第21号第1版。

② 该段有关学生的言论均见四川大学档案馆《川大抗美援朝运动初步总结》。

的畏惧情绪一扫而空，取而代之的是高涨的保家卫国的热情。

华大学生 1950 年 11 月写的决心书，发表于 1950 年 11 月 11 日的《川西日报》

在川大和华大关于抗美援朝运动的总结报告中，可以看出很多学生认真检讨了美国腐朽文化对自己的影响，从生活方式（包括看外国电影、追求外国精致的物质生活）到精神生活都焕然一新。并且，华大的三视教育活动是与收回教育主权的活动一起进行的，通过这些活动，受到教会控制和影响的同学逐渐建立了正确的认识。

川大和华大还于 1951 年 4 月初进行了揭露特务、镇压反革命分子系列活动。4 月 6 日下午，川大邀请了中共成都市委叶石部长作了题为《伟大的祖国》的报告。4 月 9 日，川大举办了纪念"四九运动"三周年的活动。川大与华大师生还听取了新青团成都市委章文伦部长批判亲美崇美恐美思想的报告，学生们采用漫谈、讨论、控诉美帝侵略等形式，深刻认识美帝对中国的文化侵略和美帝思想和生活方式的危害。两校的学生们都组织了和平签名，举办了"忆四九 爱祖国"主题晚会；从 4 月 6 日开始上课学习《认识美帝文化侵略本质》和《帝国主义在教育上侵略中国的阴谋》等文件；4 月 18 日听了杜部长（杜心源）关于苏联的报告后，对社会主义的前途更加有信心了，纷纷签订爱国公约，并于 4 月 19 日至 4 月 20 日，举办各种形式的讨论。3月22日和4月25日，川大、华大师生举行了反对美国与日本单独媾和和保卫世界和平运动的投票。学生们当场控诉了美帝国主义的罪行。战争不仅是武器和战术的较量，更是意志和人心的较量。三视教育、反对美帝文化侵略和"肃反肃特"工作，消除了国内的安全隐患，有效地规避了帝国主义对抗美援朝工作从思想上到行动上的破坏，同时打消了国内当时存在的对美战争能否胜利的怀疑氛围和不安情绪。

川大师生发起抗美援朝游行

2. 减租退押运动

"封建主义是帝国主义的支柱，反帝必须反封建。"[①] 川大学生用实际行动激发了人民群众保家卫国的热情。川大学生中，"周边的地主都回家去退押了，不能回家的也给家里写信，要求家人减租退押"[②]。仅川大就组织了2000多师生到三瓦窑、琉璃场、石羊场、胜利场等五个场镇进行宣传活动。减租退押运动，进一步提高了农民对人民政权的拥护和参军的热情。

3. 掀起参干参军热潮

成都解放后，川西区各级政府急需大批干部，拟在川大、华大学生中

[①] 见四川大学档案馆《川大抗美援朝运动初步总结》。
[②] 见四川大学档案馆《川大抗美援朝运动初步总结》。

选拔，得到学校党、团组织的支持和学生的热烈响应。学生踊跃报名，经有关部门审核后，大部分充实到川西区、成都市的党、政、工、青、妇部门，成为这些部门的工作骨干或领导，小部分到西康省工作，对于新中国初期的建设工作，起了重要作用。1950年2月至7月，川大的32名党员中就有21人被调到地方担任干部。

四川大学报名参军参干现场

新中国成立初期，我国的海军、空军刚刚组建，炮兵也很弱，需要大量的知识青年参与建设。尤其是在朝鲜战场上，美帝利用空军优势对我军补给线进行"绞杀"，给我军造成了严重伤亡。因此，团中央和全国学联号召全国知识青年参加军干校（军事干部学校），经过培训后补充到军队中去。最初，川大和华大许多人对美国抱有恐惧情绪，对家庭和个人前途也有顾虑，报考军干校并不热情，只有200多人报名。针对这种情况，两校动员党员、团员和积极分子带头报名，组织各种宣传鼓动活动并举行爱国青年大检阅。再结合校团委、学生会组织的动员会，以及正在开展的三视教育、减租退押和镇压反革命分子等运动，学生的信心建立了起来，参军的热情高涨。很快，川大和华大学生掀起了报考军干校的热潮，老师们也开始公开支持学生参加军干校。"同学们纷纷表示：'祖国要我到哪里，我就到哪里！''我们要到朝鲜前线去！''我们愿献出最后一滴血！'法学院周存政、工学院张可海、理学院张培勋等同学甚至写下血书，要求上前线。"① 1950年11月4日，川大工筹会、学生会、团委还联合给毛主席写了一封公开信，向毛主席表决心，要求上战场保家卫国。12月下旬的军干校第一次征召中，短短几天，川大即有1849人（其中女生403人）争先恐后报名参军，占在校学生人数的55%②，其中111名同学被录取③。华大当时还未收回教育主权，也有615人报名，占华大学生总数（1576人）的39%。④ 1950年12月和1951年7月的两次军干校征召（分别在1951年1月和8月成行），"经有关部门审核后，同意望江校区145人"⑤参加，华大则有64人参军⑥。"仅川大航空系即有28人分到空军，其他理、工科师生则被分到刚刚组建的志愿军空军、海军、炮兵等技术性较强的兵种，用自己学得的知识报效祖国，打击敌人。"⑦ 华大的师生、工友主要参加空军、炮兵和后勤医疗服务，一时间爱国主义热潮席卷全校，并在全省引起轰动，掀起全省参军热浪。据参加过抗美援朝战争翻译工作的华大校友刘开政先生回忆，川大和华大加起来有300余人以各种形式参加了抗美援朝战争。因为当年征召参军档案记载和保存不完整，师生们参军也有两批，

---

① 见陈光复《爱国情怀　不朽丰碑》，载于《四川大学报》2000年11月9日刊第4版。
② 关于川大学生报名的比例，多处称其"达学生总数的70%"或"达学生人数的三分之二"，编者未采用，而是根据报名的确切人数和学生确切数量算出的。（据川大档案中1950年9月10日川大党支部所撰写的报告《川大支部概况》，"川大原有教职员工近七千人，解放后进行精减，仍有教职员568人，工人241人，学生3333人。"）
③ 见《胜利的保证——川大参加军干校同学欢送会》，载于《人民川大》1951年1月11日刊第4版。
④ 本处的"615人"和"1576人"均来源于四川大学档案馆中关于华大抗美援朝的档案。"615人"这一数字来源于军干校报名统计表，"1576人"这一数字来源于1950年11月初劝募寒衣运动的情况报表。
⑤ 见谢文炳《纪念志愿军出国作战一周年》，载于《人民川大》1951年10月25日第40号。
⑥ 据四川大学档案馆所藏档案，华大第一批参加军干校的有45人，第二批有19人。
⑦ 见陈光复《爱国情怀　不朽丰碑》，载于《四川大学报》2000年11月9日刊第4版。

且有些同学（如贺集彰等）是从外地直接参军的，学校不知情，因此参军的准确数字及具体名单，恐怕还得有赖于进一步发现了。①

华大数理系欢送首批参加军干校的师生（1951年1月25日）

川大工学院首批参加军干校的部分同学（1951年1月28日）

---

① 编者所采用的数字均有档案可查或者来自当时学校主要负责人的工作报告，采用这些较为准确的数字，相对比较保守。

川大第二次参干人民空军的部分同学戎装合影（1951年8月26日）

参加炮兵学校的部分川大学生

4. 战场上的翻译

抗美援朝战争是新中国军队第一次出国作战，陌生的环境，陌生的语言，给战斗造成了不少的困难。川大与华大学子积极响应团市委的号召，利用自己的特长，投笔从戎，知识报国，先后有多人通过选拔加入志愿军成为联络员或者英文教员，实际上一般都是承担翻译工作。据参加翻译工作的刘开政及张泽石回忆，"四川大学是抗美援朝战争中出翻译最多的学校"。四川大学档案馆原馆长陈光复在其文章《爱国情怀　不朽丰碑》中称，"参加志愿军的外文系学生主要到部队担任翻译工作，分化瓦解敌人，其中望江校区42人，华西校区12人"。这里所说的"华西校区12人"显然有误，因为现在有据可查的华大参军从事翻译工作的就有14人。他们分别是：詹振声、刘开政、张光宇、王仕敬、高立村、周子嘉、陈伯毅、周正松、周明福、廖运掌、王克武、王华英、陈单特、熊光复。而"望江校区42人"则仅见于此一处的记载，无其他佐证资料。当年被征召参加翻译工作的刘开政、陈世刚、周正松等人都不认为川大有那么多人参与翻译工作。目前可以查实的川大参与抗美援朝翻译工作的有10人，其中9人是川大学生，另1人是以成华大学学生身份参军的陈世刚，其于1976年从军队转业后至川大外文系任教，直至退休，是川大校友。其中川大的9人中有7人是直接从学校应征、从成都出发跟随60军去的朝鲜，他们是林学浦、袁守诚、张泽石、姚文彬、边世茂、雷顺田、李嘉犹。他们7人和华大的14人是随60军于1950年11月22日离开成都的，尔后在河北沧州接受整训，最终于1951年3月17日至22日跨过鸭绿江进入朝鲜。另外当翻译的两名学生——川大外文系学生贺集彰和徐孝祥则是因1950年11月赴重庆学习，随后在重庆应征到朝鲜战场当翻译的，他们于1951年5月4日直接从重庆出发（应为随50军出发），5月18日过鸭绿江进入朝鲜战场。① 两支翻译队出发的时间和参加的军队都不同。值得一提的是，1950年11月22日，首批从成都应征从军的英语翻译总数为23人，其中出自川大与华大的就有21人，剩下2人则出自成华大学，分别是陈世刚、蒋春松，后来陈世刚转入川大工作。因此，这23名翻译中，可以说有22个都是今日四川大学的校友。再加上在重庆应征的2人，四川大学在抗美援朝战争中应

---

① 见贺集彰从朝鲜寄回学校的信《从重庆到朝鲜》，载于《人民川大》1951年6月21日刊。

017

征从军当翻译的总人数至少为 24 人。

这些翻译克服了体力差、营养差、没有战斗经验的困难，以大无畏的革命热情，投身于保家卫国的抗美援朝战争中，完成了翻译（包括敌军书信、文件、地图及侦听敌人对话、敌台广播等）、教士兵简单的英语、押送管理战俘、传递信息、询问战俘等工作。其中袁守诚还未出国，便在河北集训换装期间牺牲，林学逋、张泽石、边世茂三位翻译在朝鲜战场上被俘虏。在战俘营中，他们与敌人展开了英勇的斗争。林学逋坚决拒绝投敌，并带动其他战俘，坚决拒绝被遣送到台湾，要求回到祖国大陆，最后被敌人残忍地剖心杀害。他的事迹成为中美关于战俘谈判的重要内容，还被著名作家巴金写成报告文学《忘不了的仇恨》、被作家黎明写成《我们是中国人》，分别发表在1953年的《人民文学》及《人民日报》上，感动了一代人。1946年考入清华大学物理系的张泽石，1947年就加入了中国共产党，1948年调到成都从事地下工作，并转入四川大学物理系就读，1950年以英语翻译身份参加志愿军，1951年5月27日在朝鲜被俘。"被俘后他任战俘总翻译，又当上了大队长，利用合法身份为掩护，保护干部，坚持斗争，秘密组织了'爱国主义小组'"[1]。边世茂被俘后，在死亡和饥饿面前表现坚定，坚持斗争。川大的24位志愿军翻译中，有3位不幸被俘，但他们全都表现出了极强的爱国热情和坚定的革命立场，无一人变节。

5. 医疗服务工作

川大支援抗美援朝医疗服务工作的力量主要来自华大和华西医院。他们走上抗美援朝前线的方式各不相同，主要有三类。一是响应国家号召从学校直接参军到后勤和医疗部门，随后被派往朝鲜战场的，如陈仲达、蔡岫云等一大批华大青年教师就是通过这样的途径到志愿军中担任军医的。

---

[1] 见《历史的回音》编审委员会《历史的回音——一八〇师实战录》，现代出版社，2015年，第462页。

二是毕业于华大，然后在各地方医院或者军队工作，参加了抗美援朝医疗服务的华大校友，如时任志愿军卫生部顾问兼防疫队队长的陈文贵、时任重庆外科医院院长的冉瑞图，以及李清潭、王化洲等。这两类人员均不在少数。第三类是根据国家要求，由华大派出的两支医疗服务队。一支是1951年由宋儒耀任领队，完全由华大人组成的西南整形外科医疗队，另外一支是1952年有华西医院医生杨振华、敬以庄参加的四川省外科手术队。前者在出发之时，本以为要去朝鲜前线，但到北京被改组为中国红十字会第五医防大队第一小队后才知道他们要去的地方是长春的一所军医大学，负责从前线转运下来的志愿军伤员尤其是烧伤伤员的医疗救护、整形工作。后者则去了朝鲜前线，先后在上甘岭附近的第十四兵站医院开展战地救护工作，后又被调到第二基地医院参加对军队医护人员的培训工作。

在抗美援朝医学服务中表现突出的华大人还有时任抗美援朝防疫队队长的陈文贵院士，他在世界和平大会上揭露了美军发动细菌战的罪行，他毕业于华大，后来又回到四川医学院①任副院长。

6. 支援前线的服务

未能参军的师生，在后方掀起捐款、写慰问信、捐书报、捐献劳动、订立爱国公约、开展增产节约运动的热浪，以实际行动支援抗美援朝。

1950年12月下旬，在紧张的期末复习中，川大开展了给前线的志愿军和朝鲜人民军战士写慰问信的活动，合计收集慰问信2000余封，慰问物品1200多件，面巾、牙膏等慰问品100多袋，慰问金30多万元。1951年2月，在响应政府号召、向朝鲜人民捐款方面，川大师生共捐献1579.95万元。在向志愿军捐献慰问金方面，川大师生共募集了2605万元，银元346元，金饰2两8钱1分6厘又4.47克。在捐献飞机大炮方面，川大绝大多数教职员工长期捐献每月所得的百分之五以上，共募集了两千多万

---

① 华西大学于1953年更名为四川医学院。

元。① 抗美援朝总会发出三大运动（爱国公约运动、捐献飞机大炮运动、优抚军烈属运动）的号召后，华大"工会立刻展开捐献飞机大炮的运动，举行了动员大会后，捐献的数字急剧增加……捐献了3700万元，还有金戒指两只，银元55元"②。1951年10月23日，毛泽东主席在全国政协一届三次会议开幕讲话中提出"增加生产、厉行节约，以支持中国人民志愿军"。同学们以节约伙食零用费、义卖和参加勤工俭学支援前线。华大在1950年10月底11月初慰问中朝军队和救济河北、河南、山东难民的劝募寒衣运动中，既发动捐款，又组织师生义卖。华大师生员工总计1576人，1436人参加了捐助，合计筹集捐款9000余万元，银元13.5元。1951年3月，两校还发动了为志愿军战士捐赠书刊以及优抚军属的活动。

"听到志愿军归国代表的报告后，全校掀起了向志愿军献礼的热潮……他们是努力地写文章、翻译、代人化验（化学系和化工厂）、制造标本（生物系和解剖系）、减缩开支增加盈余（制革厂）、举办音乐会（文学院）、举办星期门诊（口腔病院）、种菜、缮写钢板等。节约捐献也有很大的成绩，行政部门有一个小组的节约捐献计划是470万元。在师生员工合作的捐献工作方面，教职员工同志也起着积极的作用。譬如在理学院制献脱脂棉的工作中，林如岑同志向同学们讲解技术和经验，保证搞好这次工作，杨怀诚同志主动地解决了梳花机的问题。"③

川大农学院组织师生利用专长生产"代饭粉"支援前线，对前线指战员生活水平的改善，起到了一定作用。部分学院如水电学院积极联系铁路部门，以劳动换取收入捐献。华大部分学生义务生产药棉、固体碘酊支援前线，医牙学院成立集体伙食团，"每天可以节省煤三十到四十斤"。

---

① 见《纪念志愿军出国作战一周年》，载于《人民川大》1951年10月25日第40号。
② 见《抗美援朝运动一周年　教职员工有显著贡献》，载于《新华大》1951年11月15日刊第4版。
③ 见《抗美援朝运动一周年　教职员工有显著贡献》，载于《新华大》1951年11月15日刊第4版。

此外，抗美援朝运动还极大地激发了师生们的爱国热情，他们积极地将抗美援朝精神融入业务工作、学习和其他工作中，有效地推动了其他工作的开展。譬如1951年2月的淘河运动，两校师生就提出了"淘好府南河就是抗美援朝"的口号。抗美援朝运动还增强了师生们的组织纪律性，对华大的接收改造、两校师生思想教育活动的开展以及随之而来的新中国第一次院系调整起到了重要的助推作用。

结　语

抗美援朝战争，不是一场中国想要的战争，而是以美国为首的"联合国军"强加给中国人民的战争。这场战争中，中国人民志愿军虽然武器简陋，后勤保障落后，但志愿军指战员们以卓越的军事才能，战士们以钢铁般的意志、灵活的战术和惊人的执行力弥补了这些不足。总体来看，朝鲜战争始于"三八线"，终于"三八线"，双方不得不签署停战协议。但仅从中国志愿军入朝参战的抗美援朝战争来看（它只是朝鲜战争的一个阶段），中国出兵的目的是击退侵犯中国边境的以美国为首的"联合国军"，同时援助朝鲜。最终，中朝军队将以美国为首的"联合国军"从中朝边境赶到了700公里外的"三八线"，并迫使对方签署了停战协定，达到了战役目的。从这个意义上讲，抗美援朝战争，中国是取得胜利的一方。

抗美援朝战争中，虽然我方付出了巨大的代价，但收获也巨大。志愿军指战员们在战场上的优异表现，让世界为之惊叹，也为中国和中国军队赢得了尊重。通过抗美援朝战争，当初经历过第二次世界大战的一些军事强国真正改变了对中国的看法，从一开始对志愿军装备和战斗力的不屑，到对志愿军战法的恐惧，最后到对志愿军精神的尊重。

正是抗美援朝战争中中国勇士们的出色表现，更让许多海外华人感到扬眉吐气，更让中国发出的声音在世界上被认真聆听，让毛泽东主席的宣言"中国人民站起来了"更加掷地有声。

因此，抗美援朝战争可谓是新中国的立国之战，四川大学的学子以自己的一腔热血为这场战争作出了不小的贡献。川大学子中至少有四人为这场战争献出了宝贵的生命，他们分别是林学逋、袁守诚、詹振声和张建华。郁达夫在纪念鲁迅的大会上曾经说过："一个没有英雄的民族是不幸的，一个有英雄却不知敬重爱惜的民族是不可救药的。"

岁月静好，是有人替我们负重前行；不忘烈士英雄，民族才有未来。为川大四位在抗美援朝战争中牺牲的烈士立传，并且总结四川大学在抗美援朝战争中的贡献，对于今天开展好党史教育活动，传承和弘扬川大的红色文化，涵养学子们的家国情怀，具有重要意义。

上编　抗美援朝战争中的川大英烈传记

尽诚竭节的勇士
——林学逋烈士传[①]

　　林学逋（1930—1952），男，原名林身，也有文献误作林学普或林学甫的。1930年2月13日，他出生于四川省乐山县（今乐山市）一个商人家庭；1949年考入国立四川大学外文系；1950年11月响应国家号召，应征入伍参加抗美援朝战争，任中国人民志愿军60军180师英文教员。在1951年5月下旬进行的朝鲜战争第5次战役中，180师遭受重创，大部分陷入敌人包围，林学逋受伤被俘。在战俘营中，他同敌人进行了坚决的斗争，拒不同意被遣送至台湾，强烈要求回到大陆，后于1952年4月8日被杀害。他的事迹成为中美关于战俘谈判的重要内容，也广泛出现在各种媒体上。他对祖国矢志不渝的爱感动了很多国人。著名作家黎明写的《我们是中国人》、巴金写的《忘不了的仇恨》、方明写的《血债》，称赞林学逋是祖国最坚强的儿子、最勇敢的战士。他也是世界战俘研究中经常会提及的著名战俘，但由于各种原因，直到1982年才被追认为烈士。

林学逋烈士

---

　　① 本文由编者根据张碧秀女士的《他的心为祖国而跳动》及相关资料撰写而成，文中图片由四川大学档案馆和林学逋的弟媳张建枚女士提供。

青葱少年

乐山县学道街中段，有一个前店后院的林家大院，这个院子就是林学逋烈士祖孙几代居住的地方，也是林学逋出生和成长的地方。林学逋的爷爷原籍江西，清光绪年间因在乐山经商，逐渐致富，遂在学道街购买了这处房产，在乐山定居下来。林爷爷还是乐山袍哥"仁"字辈的舵把子，林家在当地算是有钱有势的人家。林爷爷育有二子，长子林乔根，次子林季根，两兄弟头脑灵光，子承父业，很懂经营之道。

林家大院前面是两个相连的临街铺面，一个叫"六六音乐店"，由老大林乔根经营，做乐器的生意。另一个叫"三五书店"，经营图书生意，由老二林季根打理。两兄弟分别经营一个店面，但分工不分家。

林家大院的街对面是杨家大院。杨家是乐山有名的大商号，人丁兴旺，有钱有势。身为外地人的林家老爷子有意与杨家结亲，于是林家长子林乔根和杨家九女杨瑞珠喜结连理。

1930年2月13日傍晚，喜庆的乐山学道街，送走了高跷、旱马、竹马等传统表演的喧嚣，迎来了一年中最热闹的一个晚上——元宵夜。这时节，无论穷还是富，人们通常都会制作花灯来祈福，有钱有势的家庭还会找专业手艺人来制作精美的花灯，以显示自家的实力。于是，这天的乐山，家家户户张灯结彩，热闹非凡。就在这个夜晚，林乔根家喜添男丁，这是林家这一辈人中的第二个男孩，为这个热闹的节日再添喜庆气氛。按照林老爷子为孙辈取名"心身坚强"的排序，这名男童就取名叫林身，他的哥哥当然就是林心了。中学时代的林身，因名字在四川话中的发音与时任国民政府主席林森的发音完全相同，有大不敬之嫌，于是老师建议他改名为林学逋，此是后话。

林学逋的全家福照片①

林家的两位关系不错的兄弟林乔根和林季根走上了完全不同的道路。老大林乔根参加了国民党，在乐山县里也是号人物。但令林家老爷子和林乔根都没有想到的是，老二林季根却秘密接触了中国共产党。林家老爷子袍哥舵把子的身份，再加上林乔根在乐山的地位，为共产党开展地下工作提供了很好的掩护，于是中共嘉定县委就把林季根经营的三五书店作为秘密联络点。书店中常陈列进步书刊，以吸引、团结一些进步青年。

1930年夏，中共嘉定县委掀起发动士兵反对军阀刘元璋的斗争，部分党员和进步青年在乐山街头到处张贴"打倒军阀！""打倒贪官污吏！""打倒土豪劣绅！"等标语，林季根也参加了写标语的工作。军阀刘元璋恼羞成怒，下令抓捕进步人士和共产党员。共产党员余艺成、杨滔不幸被捕，

---

① 第二排两老者为林学逋的爷爷奶奶，左边白色短袖者是林坚（老九）；第三排从右向左，分别是林乔根（林学逋的爸爸）、林季根（林学逋的叔叔）、林心妈妈、杨瑞珠（林学逋的妈妈）；第四排从右向左分别为：林心（林学逋哥哥，老大）、林学逋（老二）、林聪（老四，林家不排老三，说是养不活）、林敏（老五）。

不久，两人在乐山福泉门被敌人杀害。中共地下党员李国清、卢继伦、杨拨卿、童光敏等则成功逃出魔掌，中共嘉定县委基本停止了活动。参与写标语的进步青年林季根也因其书店里有进步书刊而被抓了。林家老爷子紧急动用自己的关系，买通办案人员才救出了林季根。经过这次事件以后，林季根被父亲严格地看管起来，免得他再出去"惹是生非"。中共嘉定县委的收缩，余艺成、杨滔的牺牲和其他几位党员的撤离，让身为进步青年的林季根失去了和党组织的联系，再加上父亲的严格看管，在接下来的几年里，他只好老老实实地待在书店里做生意。而这段时间，林季根蛰伏家中，却意外地影响了小林身的成长，这与林身生出革命志向有莫大干系。

林身的父亲林乔根是长子，在乐山也是号人物，林家老爷子有意培养他成为家族的继承人，再加上这段时间林家的生意较为兴隆，林乔根在外面的应酬就比较多，很少在家。说来也怪，林身从小就与叔父投缘，在他哭闹，家里其他人谁都没有办法的时候，只要把他抱到前院的书店，他就不哭了。林季根也很喜欢这个侄儿，街坊邻居们经常能看到身穿长衫的林季根饭后牵着小侄子的手在街上散步。林身还很喜欢听叔叔给自己讲故事，其中对他影响最大的是夸父逐日的故事。夸父为了使万民便于耕作而追日所表现出的责任感和担当，铭刻在小林身的心中，这应该是他最早的英雄情结吧！

林乔根的乐器买卖是太平生意，随着军阀混战，时局动荡，店里的生意一落千丈。林乔根决定到成都引进机器和技术工人，改开一家印刷厂。

林身慢慢长大了，林季根想让林身早点读书识字，但是乐山县立小学规矩比较严，不收7岁以下的学生，于是他就联系好了清平宫小学。1936年9月，6岁多的林身就成了清平宫小学的正式学生。清平宫小学位于乐山东大街，从林家大院到这里有两条路可走——一条是经顺城街，一条是经土桥街。林身上学经常是变着花样走，有时走顺城街，有时走土桥街，他还经常在街上停留和玩耍，不时逛逛商店，用他稚嫩的眼睛去发现新奇的事物。他上学要经过的东大街，住着他的一位同学余正清，两人极投缘，便结成了好友。余正清父亲死得早，家境清苦，穷人的孩子早当家，余正清就显得比同龄孩子老成，也更懂事。林身经常要余正清陪他走土桥街，这条街上有一家名为"正味斋"的糖果糕点铺，是林身外公的商号，他经常拉余正清去这家铺子，用不多的零花钱往往能买一大包糖果。抗日战争全面爆发后，物资紧张起来，生意不太好做了，外公对林身便没那么大方了，再加上林家因筹办印刷厂要用钱，给孩子的零花钱也少了。后来，为了不让外公破费，林身上学和放学干脆避开正味斋所在的土桥街，而只走顺城街了。

林季根

抗日战争全面爆发后，大片国土沦陷，不少大学和国民政府的机构以及工厂越过"难于上青天"的蜀道，内迁到四川，国民政府的战时首都则设在重庆。著名的国立大学之一的武汉大学（简称"武大"）也内迁到了四川乐山。乐山市民热情地迎来了武大的师生，为他们腾出了不少房屋。其中，武大的男生宿舍安置在龙神寺。到龙神寺有三条路，其中有一条就是通过九龙巷再经过一段山路到达龙神寺正门，而九龙巷就在林家三五书店的对面。书店正好是大学师生们喜欢的地方，正处交通要道的三五书店便成了武大师生们频繁光顾的地方，他们在这里喝茶、看书、谈论抗日。三五书店的生意逐渐红火起来，连带着，林家办起的印刷厂也因武大师生常在这里印刷书稿、讲义以及抗日的宣传品而兴盛起来。林季根曾当众教林身朗读武大老师们拿来印刷的郭沫若的诗《惨目吟》[①]。

[①] 见袁行霈《诗壮国魂：中国抗日战争诗钞·新诗》，中国青年出版社，2015年，第259页。

> 五三与五四，寇机连日来。
> 渝城遭惨炸，死者如山堆。
> 中见一尸骸，一母与二孩。
> 一儿横腹下，一儿抱在怀。
> 骨肉成焦炭，凝结难分开。
> 呜呼慈母心，万古不能灰。

诗中描述的是重庆遭日机轰炸后，母子三人横死，母亲为了保护孩子，三人抱成一团、难以分离的惨状，深深震撼了林身的心灵。

四川盆地，易守难攻，但并不意味着就是一片净土。乐山还是遭受了日本军机的轰炸。为了让孩子们在遇到敌机轰炸时能够及时保护自己，清平宫小学多次组织学生开展逃生演练，师生们也经常会因逃生疏散而奔忙。1939年8月19日，日本军机对乐山进行了狂轰滥炸，林家所在的学道街陷入一片战火，林家一大家人不得不和其他乐山人一样向农村逃难。好在一家十口人都安全逃出了城，傍晚时分，一家人在张公桥碰面了。林老爷子让林季根回城看看家里的情况，其他人则继续寻找落脚的地方。林老爷子拄着杖，林乔根一手拉着小林身，一手提着皮箱，杨瑞珠和林心则各自背着个花布包袱，全家人一路到达了通江场。林家又托熟人找住的地方，找来找去，只有郑铺儿的周家祠堂可供暂时容身。周家祠堂很大，可以容纳几百人，这里也就成了很多人的避难地。没有带被子，林乔根就找来稻草铺在地上，好在还是夏天，一家人就在稻草上和衣而睡。第二天中午，林季根找到了这里，不过带来的却是不幸的消息——林家大院和两个铺面全部被大火烧光了，一大家人都无家可归了。享受惯太平日子，从来衣食无忧的林身第一次体会到了什么叫艰难。没有国哪有家，"宁做太平犬，不为乱世人。"七尺男儿，当以身许国以御外侮的信念从此在林身心中萌芽。

逃出乐山城的难民越来越多，林乔根的堂兄林紫阳一家也逃难到了郑铺儿。林紫阳是国民党乐山县党部书记长，还担任着牛华溪小学的校长。日军轰炸乐山，第一个目标便是城内的较场坝，林紫阳家着火，好在一家人都没有受伤，安全逃了出来。令逃难中的林身感到欣慰的是，在这里他遇到了和父亲林紫阳一起逃难的堂姐林凤娇。林凤娇当时已经十一岁了，比林身大两岁。林身很喜欢这位虽然说不上漂亮，但是脸上总是带着甜甜笑意的可爱姑娘。

在农村逃难的这段生活，对于习惯了城市生活的林身和林凤娇来说，一切都是很新鲜的。他们常常一起跟着大人或者房东去山上挖野菜，他们在这里第一次见到了长在地上的折耳根（即鱼腥草，四川人常用来做凉拌菜）、马齿苋、枸杞芽（也叫狗地芽，是一种性极凉的野菜），挖野菜成了他们特别愿意做的事。

逃难时的大家庭生活对于孩子们来讲，也充满了乐趣。因为逃难，大家睡的是大通铺，孩子们可以在铺上追逐、打闹。他们还可以到山上或者树上掏鸟蛋，供大家打牙祭。他们还在一起做各种各样的儿童游戏。

转眼到了秋天，疏散到农村的各类学校陆续开学。林凤娇是县立女子小学的学生，在日军的轰炸下，县立女子小学校舍被完全炸毁，学校便搬到车子乡，借松云庵的房舍办学，林凤娇也就离开了周家祠堂，到车子乡上学去了。林凤娇走了以后，林家了解到清平宫小学被炸了，不少老师被炸死炸伤，已经没有办法正常办学了，只好将林身送到通江乡小学借读。这所小学在大慈庵，除了招收通江乡本地的学生，还招收外地学生，并且学校会给远道来求学的学生提供一份简单的午饭。林身自然也享受了这种待遇。

这所地处僻野的小学，其实非常不简单——内迁至此的武大的老师们经常到这所小学兼职授课。学识渊博的教师们深入浅出的讲解和启发，让这些小学生受益匪浅。林身特别喜欢英雄刑天的故事，陶渊明"刑天舞干戚，猛志固常在"的名句，更是让林身萌生了要学英雄刑天为了正义英勇不屈、奋战到底的念头。林身成了老师和同学心中的好学生。

可惜好景不长，不久之后，因乐山县政府要疏散到乡下，通江乡小学被要求腾出校舍给政府机关办公使用。通江乡小学读不了了，于是林家又动用关系，将林身转学到乐山县立小学就读。此时的乐山县立小学已经从城内的草堂寺疏散到了棉竹乡街上的汪冯石祠堂内。而林身的哥哥林心此时在武汉大学附属珞珈中学即武大附中就读，在乐山城边，感情很深的两兄弟就这样分开了。

林家在周家祠堂暂居地重操旧业，又办起了印刷厂。他们通常是在城里洽谈业务，然后在乡下印刷，既保证了安全，又有钱可赚，从而维持一家老小的生活。林身很懂事，放学回家后，时常主动帮助家人分拣印刷品。这些印刷品中既有讲时事的，也有抗日宣传品，林身由此也了解到了不少时事，成熟了许多。

1940年12月21日，《中央日报》发表了社论《献机救国》，宣称消除日机轰炸最根本的办法就是建设自己强大的空军，让日本军机不敢进来，实行积极防空。这篇社论发表后影响很大，重庆、成都等地小学生掀起募捐活动，号召小学生节省零用钱、发起街头义卖等，筹资捐献"中国儿童号"飞机。林身也带了印有这篇社论的宣传材料到校，正当他和同学们议论纷纷的时候，学校通知他们：每个学生都要就捐献"中国儿童号"飞机一事写一篇演讲稿，经选拔后参加乐山县小学生抗日演讲比赛。

乐山县立小学进行了校内选拔。常读报纸和抗日宣传资料，知识面广的林身自然脱颖而出，成了乐山县立小学的两名演讲代表之一。演讲在城内的中山礼堂举行，林身个头矮小，上台时不得不在主持人的帮助下站上讲台。由于个子不起眼，镇不住场子，会场起初闹哄哄的。但林身的演讲很是煽情：他从乐山被炸，自己一家人在战火中艰辛避难，讲到自己所见所闻的乐山惨象，声泪俱下。现场迅速安静下来，大家被他带到了国仇家恨的情绪之中。当他发自肺腑、坚定地说"我将不再吃糖果，把买糖果的钱捐给中国空军买飞机，那飞机可以保卫我们乐山城不再被轰炸"时，现场响起了雷鸣般的掌声。不出所料，林身获得了这次演讲比赛的第一名，既为学校争了光,也给林家长了脸,林爷爷分外高兴。演讲结束后,乐山各地小学生掀起了募集飞机捐款的高潮,筹款被收集起来送到重庆用于购买飞机。林身小小年纪,就为抗日战争作出了自己的贡献。

日机轰炸乐山后,许多有钱人和中小学生都被疏散到农村地区了,只有武大的师生为了上课,大多数人还留在城中。武大的师生人数比较多,校舍不够,没有足够的自习教室,于是课余时间,学生们就充分利用遍布全城的茶馆来上自习。乐山的茶馆,通常是座无虚席,而又鸦雀无声。

遇到星期天不上课的时候,林父进城谈印刷业务常会带上林身。他们常从乐山公园后门处的一个叫"来今雨轩"的茶楼前经过。茶馆里,常常坐满了上自习的武大的学生。他们不管衣着如何,那种"腹有诗书气自华"的精神风貌,让林身暗自叹服,心生向往。父亲也不失时机地鼓励他:"你要好好读书,将来考上武汉大学。"林身坚定地点头,下定了要报考武汉大学的决心。

初　恋

乐山县立小学为了躲避日机轰炸,搬到棉竹乡办学,其后,却又搬不回去了——城里草堂寺的校舍被第五行政督察专员公署和保安司令部占据,成了他们的办公室。而乐山女子小学和乐山县立小学的命运相似。同时,地处乡镇的两所小学,时常遭到地痞流氓的骚扰、小偷的侵袭,女教师和女学生对此尤其担心,再加上战时经费紧张,政府无力负担,各校师生人数锐减。迫不得已,乐山县教育局决定效仿武大附小男女同校办学的先例,将乐山县立小学从棉竹乡搬到车子乡松云庵,和乐山女子小学合校办学,对外统称为乐山县立小学。

就这样,林身又背起行囊,来到了松云庵,迎接他的是他的堂姐林凤娇。林凤娇领着林身到达男生宿舍,还主动帮他收拾房间,使他尽快安顿下来。艰难困苦中于他乡遇到亲人,且得到热情帮助,让林身感到丝丝暖意，也让其他同学好生羡慕。就这样，林凤娇再次走进了林身的生活。

乡村的一切都让这两位长期在城市生活的伙伴感到新奇：郁郁葱葱的树林，不知名的野花，天上飞过来的各种不知名的鸟儿，还有因雨水丰沛而布满青苔、一不小心就会让人跌跤的青石台阶。他们经常手牵着手，走进自然，去倾听自然的声音，甚至忘记了这是战乱岁月。但大家毕竟是因战乱逃亡到这里的，各种物资都很缺乏，学校的伙食相当糟糕，只能吃上米饭，蔬菜和肉比较罕见。可林凤娇的情况又不同，她的父亲是乐山的大官，对她疼爱有加，常差人给她送来各种菜品和肉食。林凤娇总会叫上林身共享美食。在互相扶持的艰难岁月中，两人渐生情愫。

在此期间，1940年7月6日夜，乐山发生了大逮捕事件。武大龙神寺宿舍被包围，军警抓了武大十几位学生，中共武大文法学院支部书记张是我也被抓了。中共武大特别支部书记钱祝华正住在龙神寺宿舍，因睡得较晚，发现张是我被逮捕后，即发动学生进行援救，未果。当他发现军警的目标有他自己后，立即隐蔽起来，并且于第二天一早，在食堂师傅的帮助下逃出乐山，成功脱险。林身的叔叔林季根因为思想进步，早在两年前就与武大的抗日问题研究社往来密切，并且出钱入股，张罗书报供应。林季根因参与"书报供应社"的活动早被特务盯上，所以在这次逮捕中又被抓了。林家老父亲和林乔根只好再次动用关系和金钱将"不安分"的林季根保了出来，并且再次警告他少与共产党等进步势力往来，同时也加强了对他的监控。大逮捕后，乐山的地方党组织遭到了破坏，那些所谓的"危险人物"要么入狱，要么隐蔽转移，难以联络了，乐山的革命形势陷入低潮。林季根只好将心思用在照料书店上。

那个时候，武大的老师经常到松云庵来辅导同学们学习，其中有一位年轻老师叫罗明。罗明的真实姓名是王慎予，他是大逮捕后被党组织派过来任中共乐山中心县委书记的。罗明20来岁，很有学问，又认真负责。他和林身特别投缘，常常给他开小灶，并且鼓励林身以后报考武大。林身在松云庵读书的时间不长，不久之后，林身、林凤娇和其他很多的小伙伴都顺利升入武大附中就读。

这个暑假，林身大部分时间都在书店帮忙，可以看点书，也可以学点做生意的本领。这个时候，林季根对书店卖的书进行了调整，政治书籍早就收了起来，增加了生活和爱情方面的书籍。利用空余时间，林身阅读了西方童话故事《金发公主》以及莎士比亚的《罗密欧与朱丽叶》等外国名著，名著中凄美的爱情故事，在懵懂的林身心中激起了爱情的涟漪，同时也让他对外国文学产生了浓厚的兴趣。

武大附中开学后，林身正式成了武大附中的学生。林身对外国文学的兴趣，使他对学好外语有了更大的动力。他的外语成绩越来越好，成为年级的尖子生。而林凤娇则恰恰相反，英语比较差，这个时候两家的大人们就要求林身利用空余时间帮助林凤娇，这让本就喜欢在一起的两个人高兴不已。两个人便在"官方许可"下形影不离，一起上学，一起放学，同学们都以为他俩在谈恋爱。其实他们虽然互相喜欢，却没有捅破那张窗户纸。

为了教好林凤娇，林身更努力地学习英语。他经常去嘉乐门的浸礼堂，参加外国传教士的礼拜活动，为的就是有更多的机会和外国传教士接触，从而更好地学习英语。同时，浸礼堂还有武大学生办的工农夜校，其中设有免费的英语辅导班，这也是林身学习英语的好地方。林身参加了一个武大附中内部学习英语的组织——神光团契会，这是一个由美籍传教士客维坤主讲的英语社团，每周举行两次活动。林身总是认真地跟着传教士学英语，认真记笔记，回来再教林凤娇。这一时期，林身忙并快乐着。林身和教会组织及教职人员过多的接触，让林季根误会他信了外国宗教，劝导他多读点英雄故事，在这个乱世负起英勇男儿的责任。可这只是林身学习英语的手段而已。

林身在武大附中又遇到了帮助过自己复习迎考的罗老师。罗老师初到乐山时在武大文学院任教，后来国民党教育部多次严令武大和军警甄别教师身份，严防"异党分子"，严查师生往来信函和购买违禁书刊，武大因此关闭了一些进步学生活动的场所，关停了一些进步社团。这种白色恐怖的氛围对罗老师开展地下工作非常不利。于是他辞去了武大的教职，来到武大附中担任史地教员，借机隐蔽身份。

林身感觉得到，罗老师似乎和叔叔是老相识，他们之间很默契。罗老师常常到叔叔的书店里来，却不买书，只是借书。奇怪的是，无论罗老师需要什么样的书，只要他一进店，叔叔就能马上从柜子下面拿出来，而罗老师一般连看都不看一下，夹起书就走。

后来，经过林季根的引荐，罗明和林身的父亲也交上了朋友，并且通过林父结交了更多的乐山上层人物。他们经常一起打麻将、纸牌，一起吃饭。林身还经常见到罗老师在下课以后到公园后门的那几个茶馆中同武大的师生们谈天说地。罗老师平易近人，关心学生的疾苦，经常为学生排忧解难，从生活起居上关心学生，似乎任何人同他接触都没有压力。他不知道的是，罗老师在秘密从事地下工作。

对于罗老师的无私辅导，林身是心存感激的，他对罗老师非常尊敬。罗老师时常跟他讲，要广泛接触社会，理解、同情工人和农民的疾苦。听了罗老师的话，林身留意到了自家书店伙计的儿子蒋永良。蒋永良在武大附中9班读书，而林身在5班。蒋永良的英语不是很好，林身就介绍他加入了神光团契会，蒋永良也由此成为林身短暂一生中为数不多的朋友。

1945年8月15日，正值暑假期间，林身在位于周家祠堂的自家的印刷厂帮忙，这时候有人来复印资料，林身便知道了日本投降的消息。14年抗战，14年压抑的心情，以及家园被毁渴望复仇的心情，一下子被释放出来。林身和其他人一样兴奋。他向乐山城里冲去，他要去看自己的家园，去和别人分享自己的激动心情。街上已经是人声鼎沸了，以武大学生为首，大家兴奋地互相呼喊，让同学们赶快集合，好去游行。林身先回到租住在叮咚街的家里（林家大院被日机炸毁后，林家租住在这里），想把这个消息告诉父亲，可是父亲没在家，估计也是出去参加庆祝胜利的集会了。于是他急忙向学校跑去，学校里已经聚集了很多学生，前面醒目地打着"武大附中"的标志，林身很快找到了自己的班级。

学生和市民组成队伍，举着旗帜，奔走在乐山的大街小巷，他们兴奋地挥舞着手中的小旗，遇到人都忍不住上去拥抱，去分享自己的快乐，不知道把乐山的街道走了多少遍，不知不觉已经夜深了，可他们全无睡意。

林身找到了林凤娇班级的队伍，想约她一起回家，可是林凤娇却不想回家，她告诉林身有机构将向市民放免费电影，约林身一起去看。电影结束后，两人又一起去吃了四川名小吃——油茶，然后才分别，各自回到家里。

抗战胜利了，乐山城里是欢乐的海洋，林身和林凤娇自然也不甘寂寞。第二天，两人又相约去电影院看电影。两人频繁地相约看电影、出游，自然让街坊邻居误会两人在谈恋爱，议论纷纷，更有好事者将这些情况告知了林身的父亲。

对于林身与大伯的女儿林凤娇的情况，林乔根非常生气，严令林身不准再约异性，更不能再找林凤娇，同时让他待在家中，不得出门。林身这个暑假坐立难安，开学后他迫不及待地想了解林凤娇的情况，去到班里一问，才发现林凤娇这学期根本就没来报到，原来林凤娇的父亲也不想被人说闲话，将林凤娇转到乐山女子中学了。双方父母的所作所为，让倔强的林身对林凤娇的思念如洪水般袭来。

好不容易挨到周末，星期六的下午，他提前离开教室，直奔乐山女中寻找林凤娇。两人见面以后，都有一种"一日不见如隔三秋"之感，他们互诉衷肠，高北街、油榨街、乐山码头、大渡河和岷江边，都留下他们依依不舍的身影。但是最后林凤娇告诉林身，她父亲反对他们在一起。她父亲是国民党乐山县党部的书记长，大家都知道，他反对的事情是不能做的，否则会牵连林身。林凤娇挥泪离开了，林身站在码头边，不知道怎么办，他和林凤娇难道注定有缘无分？难道两个人还没有开始就要结束？他失落，他不甘，直到他的同学蒋永良出现在他的身边，打断了他的思绪。

随后的一段时间，相思之苦始终困扰着林身，让他茶饭不思，坐立不安，备受煎熬。好不容易等到寒假，他托蒋永良带纸条给林凤娇，相约一见，可是林凤娇拒绝了。

一次，蒋永良正陪林身在街头枯坐并不断开导他，却见林凤娇和一女同学路过，蒋永良赶紧走上前，将女同学拦住，拉到一边说话，给林身提供了和林凤娇单独相处的机会。不过谈话结束以后，蒋永良看到林身目光呆滞，两行清泪不自觉地流了下来。林身告诉蒋永良，他和林凤娇彻底结束了。不久之后，林凤娇就辍学嫁人了，林身没有去参加林凤娇的婚礼，而是把自己关在家中睡了一觉。此后一段时间，林身心情相当低落，但现实让他必须做出了断。他青涩的初恋就这样随着林凤娇辍学嫁作他人妇，正式结束了。

错失入党

因为失恋，林身的学习成绩直线下降，老师和同学们议论纷纷。这个时候，罗老师更加关心林身，多次与他谈心，督促他完成作业，耐心地开导他，让他尽快把成绩赶上来，但成效不大。直至有一天，罗老师给他带来了一本乐山名人郭沫若的书，叫《童年时代》。郭沫若是乐山人，在感情上让林身有一种天然的亲近感。书中讲述了和林身相似的故事：郭沫若也有过失恋，且家里给他娶了个令他很不满意的女孩，他称她为"黑猫"。刚开始，郭沫若失望到了极点，后来到成都读书，受到了进步思潮的影响，终于从感情的失意中走出，以学习为重，以事业为重，最终成为名满天下的人物。这本书对林身很有启发，让林身认识到：好男儿志在四方，不可让爱情蒙蔽了双眼，爱情只是生活的一部分。林身下定决心：一定要尽快走出这段感情，好好学习，将来成就一番大事业，方不负此生。林身醒悟后，成绩就开始突飞猛进，逐渐名列前茅。林家看到这种情况，对罗老师心存感激。

林季根藏有许多进步书籍，以前林身是不太留意这些的，如今不再陷于失恋，便爱上了看书。看了郭沫若的《童年时代》后，接着又看了《反正前后》，鲁迅的《呐喊》《阿Q正传》以及艾思奇的《大众哲学》。蒋永良发现林身看的这些书籍后，就好奇地借阅。黄银森和他们同班，在蒋永良处发现这些书后也好奇地借阅。就这样，在蒋永良的周围形成了一个传阅进步书籍的小圈子。

抗日战争结束后，武大又搬回了武汉。因武大附中的学生基本是乐山本地人，年龄又小，不可能随着学校走，于是学校决定将武大附中交给武大毕业的乐山籍学生唐叔庆等人接管，并聘请武大法律系教授蒋思道出任校长，又将学校原来的名字"武汉大学附属珞珈中学"更名为"私立乐嘉中学"。"乐嘉"既指乐山（乐山过去曾叫嘉定府），也是原校名中"珞珈"的谐音。乐嘉中学初中部仍在王爷庙，高中部则设在白塔街的李公祠。

省立乐山中学因为回城晚，资源和生源一开始是不如武大附中的，但回城以后，省立乐山中学也大量聘请武大的教授到中学兼课，同时还聘请武大附中的老师来兼任班主任，把先进的管理经验带过来。早在1944年，罗明老师就被省立乐山中学聘为老师，教史地课，兼任班主任。武大附中改为私立学校后，师资和生源大不如前，省立乐山中学成了乐山最好的中学，时任校长为李正刚。

而此时的林家，印刷生意日渐红火，叮咚街的厂房较小，已经不能满足需要，于是林家在陕西街新办了印刷厂，同时搬到陕西街居住。林乔根还成为乐山议会的参议员，担任国民党乐山县党部书记，成了当地有名望的人士。而林家大伯林紫阳更是成了省议会的参议员。他们在乐山当地都有很强的影响力。同时，为了躲避战乱，中央博物院、故宫博物院以及山东等地的博物院的文物大都到了乐山。一些闻名遐迩的文化界名人，如齐白石、张大千、丰子恺、关山月、吴昌硕、吴冠中、于右任、谢无量、聂岚远等大师巨匠先后来到乐山，乐山城一时大师云集，高朋满座。在此氛围下，林家大伯迷上了国画，而林父则在听了美学大师朱光潜的讲座后，爱上了书法。两人筹资成立了乐山县美术协会，林父出力极多，是美协的主要出资人。林家大伯、林父及省立乐山中学的美术老师李琼久都试图引导林身学习书画，但林身的爱好始终在英语上，对于书画，往往应付了事。

林家很重视子女的教育，长子林心早就被送往成都读书，而林身所读的乐嘉中学变成了私立中学，教学质量大不如前。林家大伯与林父便筹划将林身转入更好的省立乐山中学去。林家托罗老师去找李正刚给林身办理转学。转学之前，罗老师给林家提了个建议：为林身改名。因为林身的名字与已故国民政府主席林森谐音，同学们经常拿这事开林身的玩笑。于是林父顺势请罗老师为林身改名。"叫林学逋如何？"罗老师建议道，"宋代有个大诗人叫林逋，性情恬淡高洁，不逐名利，工于书画，尤通经史，可为学习的榜样，在学问上成大器！"林家大伯点头称好，林父也很满意，于是，林身就更名为林学逋了。

具体办理转学手续的是李琼久。林家大伯和李琼久的交情非同一般，正是林家大伯将李琼久介绍到乐山工作，并帮他在乐山立足，两人还同是乐山县美术协会的成员，经常一起搞活动。李琼久亲自到乐嘉中学为林学逋转档案，就这样，林学逋顺利转入了省立乐山中学，在高二12班就读。

此时，罗老师已经接到了新任务，到八路军驻重庆办事处工作。罗老师原是川西革命处于低潮时被党组织派往乐山的，他按照"隐蔽精干，长期埋伏，积蓄力量，以待时机"的方针，撤走了暴露的中共党员，不建支部，党员独立作战，单线联系。他在乐山的7年时间里，和乐山的上层人物打成一片，为便于掌握情报，没有组织过学运、工运和农运。而林学逋叔叔的书店，正是中共乐山中心县委的秘密联络点。罗老师以到成都教书的名义辞去了在省立乐山中学的教职，秘密联络点也就此撤销。

省立乐山中学的国民党势力很猖獗，校长李正刚的弟弟李天民就是四川省三青团的干事长，经常组织各种活动。刚刚转学来的林学逋很反感这里的氛围，再加上到了一个新的环境中，也没有朋友，就显得情绪低落，很压抑，经常说一些偏激的话，但很多同学都认为他这是因失恋使然，没有放在心上。

省立乐山中学距离林学逋家是比较远的，按道理，林学逋应该选择住校。可是他不想住校，每天很早就出门，沿着府街—鼓楼街—土桥街—紫云街—走马街—张公桥—里仁街—横穿街到学校，黄昏又原路返回。

久而久之，林学逋同低他一个年级，住在护国寺的同学周昌华和蒋扬威熟络了起来。

随着朋友的增多，林学逋逐渐适应了新的环境，心中的郁闷也逐渐缓解，学习的劲头也上来了。除了正常学习，林学逋还坚持到乐嘉中学的神光团契会参加活动，在白塔街听美籍传教士客维坤讲英语。因此，他一直保持着优异的英语成绩，一直是12班的英语第一名。

抗日战争期间，乐山形成了每年两次公祭的惯例，以祭奠战争中死难的民众。通常，一次在上半年的3月29日，基本是在清明节前，一次在下半年的9月3日。每到公祭日，县美术协会会组织会员画宣传画，书写标语，营造气氛。全城的中小学生都要参加公祭，接受爱国教育，公祭之后，学生们需要写心得和感受。林学逋写的文章，曾被省立乐山中学推选出来，在乐山公园的中山堂展出。

林学逋常与周昌华一同上学。路上，周昌华经常给林学逋讲故事。多年以后，周昌华还清晰地记得，在他们刚刚认识不久的时候，为了让林学逋从低落的情绪中走出来，他给林学逋讲了《草包也在船里》，蒋扬威讲了《再撒一次》。而周昌华的英语比较差，林学逋则经常给周昌华补习英语，两人的友谊日渐加深。

一次，周昌华给林学逋讲起了在林学逋转来之前的那个教导主任被暗杀的故事。事情是这样的：1944年，日军侵占了贵州独山县，重庆危急。为了抵抗日寇的侵略，国民党政府提出"一寸河山一寸血，十万青年十万军"，号召广大青年参军。乐山县县长到省立乐山中学演讲动员，但他不是讲国家危亡，而是讲现在当兵就和以前上黄埔军校一样，都会升官发财。这话让在场的省立乐山中学教导主任怒不可遏，他冲上台去，把桌子一拍，大声吼道："学生参军是为了祖国，中华民族生死攸关的时候，学生是应该参军，保家卫国，但绝不是为了升官发财！"全场哗然，教导主任等大家议论了一会，摆手示意大家安静，又将贪污腐败的国民党大骂了一通，弄得县长脸红筋涨，下不来台。会后，省立乐山中学立即将教导主任解聘了，而他在回家的路上被特务暗杀了。

听到这个故事，作为国民党乐山要员家族出身的林学逋不但没有生气，反而对教导主任非常钦佩，说："可惜这样的人太少了，祖国就是需要这样爱国的人才！""那个教导主任很有个性，是个英雄！"

周昌华其实是共产党外围的积极分子，直接培养他的人是他在同在乐山孤儿院的同学王克修。小学毕业之后，王克修考入了武大附中，认识了罗老师，受到罗老师影响，成为积极分子，同学们都称他为"罗老师的跟班"。

周昌华考入省立乐山中学后，王克修常到学校里来找他，回忆在孤儿院一起生活的趣事，还给他讲革命的道理。受袍哥文化的影响，省立乐山中学的同学们也有拜把子的传统。同学们都以为周昌华、王克修这种"毛根朋友"（四川方言，指从小一起玩到大的朋友）是拜了把子的，其实王克修是受组织委托（罗老师走之前布置的工作），来进一步考察周昌华的。王克修通过与周昌华叙旧，谈学习、谈生活，了解他的思想状况，又经过仔细的观察，觉得周昌华可以作为党的发展对象。有一天，王克修从城里走出来，约周春华到饭馆吃豆花饭，其间左右没有什么顾客，王克修就拿出了斯诺的《西行漫记》，给周昌华讲红军长征的事。

回到学校后，周昌华将红军长征的事讲给林学逋听，没想到林学逋了解得比他还多。林学逋还跟他讲述了红军本来是朝乐山而来，一度逼近洪雅和丹棱，后来因为川军的堵截，不得已才改道安顺场，强渡大渡河。这让周昌华很震惊：原来林学逋这么留心政治，懂这么多！结合林学逋日常动辄批评国民党的腐败来看，无外乎三种可能：一种是林学逋确实是思想激进，是个进步青年；二是他因为失恋而愤世嫉俗，对一切都看不惯，所以常批评时政；三是他是国民党特务安排在学校的"钩子"（即鱼饵），借助激进言论吸引中共地下组织或者其他进步组织接近他，好将他们钓出来。结合他的家族背景来看，似乎第三种情况的可能性更大。周昌华暗暗警惕：在搞清楚情况之前，再也不能在林学逋面前谈论政治了。

后来，林学逋又约周昌华去看水上飞机。这是乐山的一道风景，从重庆至乐山的航线，逢周一和周五开，有两架飞机，一绿一白。从重庆起飞时，沿江而上，到乐山后在城北的沟儿口水面降落，再滑行至大码头。在乐山起飞时，从迎春门逆水而上，滑行至营门口升空，沿江返回重庆。这时候总有成群的中学生来此观看。

看了飞机回家的路上，林学逋又跟周昌华讲起红军故事和一年前参加的阻止反苏游行的事，而周昌华则听得多说得少了。

国共重庆谈判期间，蒋介石却对解放区发动军事进攻。为了转移民众的视线，国民党发动了反苏游行。中国共产党则发动进步团体和积极群众揭露真相，劝阻学生上街举行反苏游行。武大进步学生张应昌（后来被发展入党）、丁应瑞来到武大附中，找到王克修（由张应昌介绍入党）、杨彦经（实名杨子明，凌云中学学生，是王慎予离开乐山之前发展的党员），让他们通知两个主要学生社团新苗社和矛盾学术社的同学，让他们深入各个中学，揭露蒋介石破坏和平、发动内战的罪行。反苏游行的当天，林学逋也和其他进步学生一起，分别站在城区的各个中学门口，揭露蒋介石破坏和平、挑起内战的罪行，并劝阻学生不要被人利用。进步学生的劝阻收到了很好的效果，国民党发起的反苏游行，最后只有两百多人参加，基本是国民党员和三青团员等国民党反动势力，很少有普通学生参加。

接着林学逋又讲起了同学蒋永良给他讲述的同学们智贴标语的事情。

阻止反苏游行之后，共产党又发起了反饥饿、反内战的宣传，王克修、杨彦经两人负责贴标语的任务。他们写了很多"反饥饿""反内战""要和平"的标语，并秘密贴到省立乐山中学、凌云中学、县男中、县女中、四川省第五行政区专员公署、县政府门口，但都很快被撕掉了，宣传效果不好。为了达到效果，两人决定将标语贴到人多且影响大的警察局门口。但警察局门口有荷枪实弹的警察把守，没法贴。两人苦思冥想后，决定采用调虎离山之计：先找了两个人，假装在离警察局门口不远的地方拉扯打架，边打边叫，吸引大量看热闹的人，并引得站岗的警察前来处理，他俩则趁机将标语贴到了警察局的大门之上；贴好后，则在人群中大喊"不要打了，要开枪了"，让打架的人和看热闹的人群趁机一哄而散。等到警察返回岗位，发现门上贴了标语，遂报告长官。警察局局长气得不行，立即发动全城大搜捕，结果一无所获。

林学逋讲得兴起，但最后仍不忘告诉周昌华要为蒋永良保密。林学逋所不知道的是，不久之后，罗老师就离开了乐山，中共乐山中心县委也撤销了。张应昌从武汉大学毕业后去了成都，任职于川康特委，继续领导学生运动。而王克修也转移到了成都，在川康特委副书记马识途的帮助下进入了华西协合中学校（今华西中学），并由张应昌介绍入党，在成都参加了民主青年协会（简称"民协"）。这是共产党的外围进步青年组织，协助共产党开展工作，此是后话。

到成都后，王克修还秘密回过乐山，并且将杨彦经介绍给了周昌华。王克修嘱咐周昌华，遇到问题时可找杨彦经，实际上是把培养周昌华的任务交给了杨彦经。

王克修到成都之后不久，杨彦经也和上级党组织——中共雅乐工委书记程杰接上了关系。程杰，实名叫陈俊卿，是川康特委派到中共雅乐工委的负责人，在乐山活动，公开身份是货郎。这个身份便于他走街串户，开展工作。程杰告诉杨彦经，不要建立党的基层组织，应以单线联系开展工作。杨彦经从程杰手中拿到一些进步报刊和党的文件，如《土地法大纲》《中国革命和中国共产党》《新民主主义论》《论联合政府》，然后交给周昌华学习。而中共雅乐工委还有一位负责人叫陈文志，也是罗老师发展的党员，其公开身份是小学教师。程杰与陈文志接上头后，以程杰为主，两人各有分工，陈文志负责农民运动，而程杰则负责指导学生运动。陈文志的重点在于发动农村知识分子与地主进行阶级斗争,而程杰的工作重点是发展党员。

杨彦经向程杰介绍了周昌华、林学逋和王方仲这几个进步同学的情况,组织决定先发展周昌华,再发展王方仲,最后发展林学逋。经过严格考察和政治审查,1948年6月,周昌华经杨彦经介绍,加入了中国共产党。不久之后,杨彦经指导周昌华与王方仲谈话,意在发展王方仲入党。周昌华与王方仲接触了几年时间,认为其平时思想进步,各方面都比较成熟,故对发展王方仲很有把握,以为只需要点破这层窗户纸就行了。因此,他找王方仲时也就没绕弯子,直接问王方仲对共产党的看法,哪知道王方仲沉默了许久,后来才说:"我不想入党,要像高尔基一样,做非党的布尔什维克。"这一席话在周昌华意料之外,让他大吃一惊。周昌华是新党员,没有发展党员的经验,很担心自己暴露。带着不安的心情,周昌华向杨彦经汇报了情况。杨彦经当即要求暂停发展党员的工作,并让他随时准备离开乐山。但随后一直风平浪静,杨彦经便示意周昌华暂且不用离开乐山,但暂时不能在省立乐山中学发展党员了,只是要尽量团结进步青年。根据分工,周昌华负责联系林学逋。

虽然杨彦经、周昌华在省立乐山中学的党员发展计划受挫,并暂停了发展林学逋的计划,但他们还是在乐山的其他地方开展了卓有成效的党员发展工作。林学逋和周昌华的关系也越走越近。周昌华始终把林学逋当做党组织外围的积极分子看待,鼓励林学逋刻苦学习,取得优异的成绩,将来好报效国家,同时也给他出主意,提高他在同学们中的威信,接受党组织安排的一些任务。林学逋思想依旧很积极,也学会了保护自己。

英雄情结

周昌华清楚地记得,有一次林学逋正在看鲁迅的《呐喊》,书是用《诚报》包好伪装起来的,免得不相干的人发现后揭发他。林学逋在周昌华面前动情地背诵了书中自序中的一段话："至于我的喊声是勇猛或是悲哀，是可憎或是可笑，那倒是不暇顾及的；但既然是呐喊，则当然须听将令的了，所以我往往不恤用了曲笔，在《药》的瑜儿的坟上平空添上一个花环，在《明天》里也不叙单四嫂子竟没有看见儿子的梦，因为那时主将是不主张消极的。"

林学逋还对周昌华说，他非常崇拜鲁迅。"在白色恐怖的日子里，他敢于'直面惨淡的人生和淋漓的鲜血'，确实是很伟大，鲁迅针砭时弊，一针见血，只是为文尖酸刻薄了点。"林学逋说。

周昌华回答说："我也喜欢鲁迅，他不但是伟大的文学家，而且是勇敢的战士。什么叫尖酸刻薄？在'横眉冷对千夫指'时，在'俯首甘为孺子牛'时，哪来的尖酸刻薄？""现在社会腐败，人民生活困苦不堪，特务横行，视人命如草芥，对这种黑暗的社会进行揭露难道不应该深刻、一针见血吗？敌人举起屠刀时，可有过温情脉脉？"

这一番话让林学逋豁然开朗，对鲁迅的认识，对革命斗争的必要性、残酷性的认识也加深了。随后，周昌华又先后拿出了高尔基的《母亲》和绥拉菲摩维奇的《铁流》给林学逋阅读。林学逋对革命文学的兴趣急剧提高，对苏联革命文学评价极高，并且对高尔基《母亲》一书中的名言"一个人追求的目标越高，他的才力就发展越快，对社会就越有益"感触颇深，常以此自励。

林学逋看完的书，蒋永良又好奇地借阅，他也因此喜欢上了苏联的文学作品。看完《铁流》后，林学逋又从叔叔的书店里找到了一些绥拉菲摩维奇的其他作品，如《在浮冰上》《岔道夫》《小矿工》《草原上的城市》《在地下》等，他和蒋永良还经常在一起讨论十月革命、苏维埃、无产阶级和革命战士等问题，对革命的兴趣日浓。

周昌华不失时机地将瞿秋白的《赤都心史》借给他看，进一步引导他。周昌华和林学逋的密切联系，引起了其他进步同学的担忧，他们提出质疑：林学逋出身资本家家庭，父亲是县议员并且担任国民党乐山县党部的书记，伯父是省议员并且是国民党乐山县党部的书记长，这样家庭的人会革命吗？周昌华将情况向杨彦经作了汇报，杨彦经指示周昌华："你和林学逋接近，做工作，引导他倾向进步是可以的。但要注意分寸，一步步来，不要显得过于激进。"

鉴于组织的指示，周昌华有意地疏远了林学逋，避免和他过分亲近。而林学逋浑然不觉，继续找周昌华借书，同时自己也经常到图书馆借书，岳飞、林则徐、关天培、葛云飞等人的故事都是他喜欢看的。他喜欢和同学、朋友们交流读书的心得体会，也时时表现出对爱国英雄的崇敬，尤其喜欢岳飞的一句名言："以身许国，何事不敢为！"周昌华深深地记住了林学逋找他借书时，不经意诵出这句话的场景。

林学逋的人缘很好，他还从凌云中学借到了苏联作家法捷耶夫创作的长篇小说《青年近卫军》，这是一部描述第二次世界大战期间，在苏联的德军占领区，一群出身不同、教养和性格都不一样的年轻人在刘季可夫的领导下，为了祖国而奋起抗争，发起抵抗运动，最终几乎全部牺牲的英雄主义和爱国主义小说。小说中英勇的年轻战士们热爱祖国、宁死不屈的精神深深地感染了林学逋。林学逋将近卫军英雄们在牢房里的话抄在作业本上，并以此自勉："什么东西能够使我害怕？死亡？拷打？这些我都能忍受……我希望我能死得让人们的心里永远记得我。但是就让我死得默默无闻吧……现在，成千上万像我这样充满力量和对生活的热爱的人都在这样死去……我连应分得到的全部幸福也没有尝遍。不过我仍旧是幸福的！我觉得幸福，因为我没有像虫蛆那样过着卑微的生活——我在斗争。"

林学逋的朋友马孝贤也鼓励他："要有甘为祖国，为人类幸福，为明天而牺牲的崇高的灵魂！"他也对马孝贤说，自己虽然出身于国民党家庭，但也是可以走上革命道路的。

联系林学逋后来在朝鲜战场上坚贞不屈、竭诚尽节、不畏牺牲的英勇表现来看，林学逋心中无疑存在着伟大的英雄情结，正是这样一种情结和对党、对祖国的忠诚，让他在面对敌人的屠刀时毫无畏惧，决不说背叛祖国和党的话，最终被残忍的敌人剖心杀害。

周昌华减少了与林学逋的接触，林学逋和蒋永良相处的时间就多了一些。林学逋喜欢将自己读过的英雄故事讲给蒋永良听，如林则徐虎门销烟，葛云飞死守定海等。"为祖国献身的英雄应该受到后人的尊敬和爱戴。"林学逋告诉蒋永良。

不久之后，杨彦经认为，林学逋的父亲林乔根在抗日战争初期曾经参加过中国共产党领导的"中华民族解放先锋队"，可能有些思想基础，指示周昌华可以继续与林学逋联系，逐步深入工作。就这样，得到组织批准后，周昌华又开始了和林学逋的接触。

林学逋读过很多诗，尤其喜欢裴多菲的诗，这还是他在武大附中时罗老师抄给他并让他背诵的。他曾对周昌华说："匈牙利著名的诗人裴多菲有首诗《爱情与自由》写得很好，'生命诚可贵，爱情价更高，若为自由故，两者皆可抛'，我过去很迷茫，眼里只有爱情，现在想通了，我要革命！"他向周昌华表明了自己的志向。

周昌华、林学逋和另一位进步同学许成良还一起阅读并讨论了苏联著名作家拉夫列尼约夫《第四十一》中的故事情节：红军女战士马柳特卡押解白军俘虏"蓝眼睛"中途遇到事故，流落荒岛，然后两人产生爱情，但当"蓝眼睛"遇到机会，试图逃回白军时，马柳特卡毅然端起枪射杀了"蓝眼睛"。周昌华适时地引导他们："即使是爱情，也要立场分明。"林学逋又补充说："革命要讲气节，不能稀里糊涂的。"周昌华还拿了毛泽东的《论联合政府》给林学逋阅读，林学逋如获至宝。

林学逋豪爽激进，又很健谈，写的文章常常锋芒毕露，他的这些行为，引起了三青团的注意。王方仲好意提醒周昌华，要他劝劝林学逋。于是周昌华找到林学逋谈心，让他注意点。林学逋表示："我会注意的，但是，不要紧，他们不会怀疑到我头上的。"

造化弄人

周昌华住在护国寺储运仓库旁边角落里的棚户区，这是穷人们搭建的矮房和竹棚，很是简陋，墙壁是用竹篱笆编的，从前门可以直接看到后门。就是这样一个地方，却是杨彦经用来存放共产党的重要文件的地方。中共雅乐工委书记程杰到乐山之时，带来了一系列重要文件，如毛泽东的《目前的形势和我们的任务》《中国土地法大纲》等，要求在进步学生中传阅。杨彦经的家在农村，离乐山较远，不便于存放文件，而省立乐山中学三青团的势力已经渗透到每个学生寝室，寝室也无法存放党内文件，只有借用周昌华的家来存放。

林学遒是进步学生中首先拿到文件的，他认真学习了文件并向周昌华汇报了心得体会，然后根据杨彦经的安排，给蒋扬威传阅，再组织讨论。他们讨论的方式很巧妙：通常是在王浩儿的河石坝上，几个学生站在河心中坝的边缘，装成捞水柴的样子，一边拣柴，一边交流。

林学遒认为以周昌华家这种情况，放共产党的重要文件不安全，而自己和蒋扬威的家是更好的掩护地。林学遒的伯父和父亲都是国民党的要员，而蒋扬威的爷爷曾经是刘湘的副官，现在是最负盛名的"仁"字辈袍哥大爷，在乐山开有一家旅馆，在当地也很有势力，国民党特务绝对不会怀疑他们两家会藏有共产党的文件。周昌华向杨彦经汇报后，决定将共产党的重要文件放在林学遒家，而进步书刊则放到蒋扬威家。

此时的中共雅乐工委根据上级安排，积极领导了农村地区的减租斗争，不仅在农村进行宣传，还在乐山街头打出了标语，这惊动了国民党特务。于是他们行动起来，全城抓捕共产党员。中共雅乐工委书记程杰连忙走乡串户，通知已经暴露的党员转移，然而自己却因叛徒出卖而被捕。

林学遒在家里听到来打麻将的国民党特务讲起程杰多次经历酷刑，骨头都露出来了，却仍然坚守共产党的秘密的事迹，由衷地敬佩程杰的气节。

乐山的抓捕还在继续。但省立乐山中学校长李正刚效武大原校长王星拱旧事,把省立乐山中学看成自己的地盘,坚称学校没有共产党,坚决不许特务进校抓人。有一天,国民党特务又到林学逋家打牌,说起省立乐山中学杨彦经的事:"到处散布共产党的言论,已经抓了几次都没抓到,这次已经派人盯上了,看他还能跑脱?"

在隔壁听到这话的林学逋大吃一惊,"得赶快通知杨彦经才行!"可是杨彦经已经回老家去了,自己找不到,又不能引起特务的注意。一夜无眠,第二天一早,他就气喘吁吁地跑过去通知周昌华,让他转告杨彦经赶快逃,杨彦经因此得以顺利逃脱。

过了十几天,林学逋又找到周昌华,告诉他:"你也要注意了,我在父亲那里看到一个材料说,省乐中有个学生在23班的壁报和《小碧星》的壁报上写文章散布共产党言论。材料中,没有点名,因为文章用的是不同的笔名。但是你想,同时在这两个壁报上撰稿的人,除了你还有第二个人吗?"

周昌华一想确实如此,林学逋的推测不无道理,是自己估计革命的高潮要来临了,就放松了警惕,以《叶公好龙》来讽刺一些人渴望革命和自由,但真的自由和革命到来之时却害怕了。而《小碧星》则是林学逋等三个人创办的,"小"是林学逋的笔名"小秋"中的首字,"碧"则是蒋永良笔名"碧林"中的首字,"星"则是周昌华笔名中的字,找出是谁写的文章并不难。意识到问题的严重性,周昌华立即向杨彦经做了汇报,杨彦经指示周昌华立即做好准备,随时要转移,先隐蔽在学校,不要出门。但他们不知道的是,国民党特务抓人的重点此时已经转移到了乐嘉中学,这件事情不了了之。

一个星期六的晚上,林学逋正在做作业,林紫阳和乐山侦缉处处长等人来家里打麻将,其间林紫阳问现在又准备抓谁,那人说:"准备抓王俊德、马孝贤……"听到这里,林学逋冷汗直冒——王俊德是自己尊敬的老师，马孝贤则是自己的好朋友，决不能让他们落入魔爪。他急中生智，装成饿了，下楼到厨房转了一圈，又借口厨房里没有现成的好吃东西，要到街上吃串串（四川的一种小火锅）。出门后，他直奔蒋永良处，告诉他要立即通知王、马两人转移，王、马两人当夜即逃离了乐山。第二天，侦缉队扑了个空，王、马两人因此免去了牢狱之灾。

乐山大抓捕开始后，中共雅乐工委书记程杰被捕，邹玉林等骨干党员紧急转移，城中经常有全副武装的军警出没，不时有进步人士被逮捕。一片白色恐怖氛围中，周昌华已经找不到组织了，不得不隐蔽起来，等待时机。

鉴于这种情况，周昌华秘密找到了林学逋和蒋扬威两个发展对象，对他们进行革命气节教育。周昌华对林学逋讲："随时做好应付最坏情况的准备，万一敌人发现，被特务抓捕，一定要坚持革命的气节，保持革命的情操，绝不向敌人屈服投降。"周昌华用杨彦经的话强调，"要永远忠于党和人民，决不叛党，决不出卖组织和同志！"林学逋欣然应允，表示自己一定会经得起考验。

不久，中共川康特委决定撤走乐山城区的全部党员，周昌华在撤退前再一次找到林学逋谈气节问题。他转述了程杰从狱中带出来的话："我已受过一切他们做出来的刑罚，我是受得住这场考验的，我绝不会说出什么，我是共产党员，我要叫那些卑污的敌人看看，共产党员是什么材料做成的！"并用程杰的话鼓励林学逋，"革命者是特殊材料做成的，要经受住考验。"

林学逋随口背出了周昌华推荐给他的普希金的诗句："在西伯利亚矿坑的深处，望你们坚持着高傲的忍耐的榜样，你们的悲痛的工作和思想的崇高志向，决不会就那样徒然消亡。"周昌华很感动，紧紧地握住了林学逋的双手，想说点什么，可是却什么都说不出来。停了一会儿，林学逋又背诵了周昌华教给他的《中国人民解放军宣言》中的一句话，"'我们是伟大的中国人民解放军，是伟大的中国共产党领导的队伍，只要我们时刻遵守党的指示,我们就一定胜利!'让我们用这段话共勉吧!"说完,两人松开双手,依依不舍地互相告别。

周昌华走后,林学逋也开始隐藏自己,不对任何人提及政治。老师调查周昌华为什么旷课,在林学逋的周旋下,所有的同学都说不知道,这事便不了了之。

林学逋虽然饱经考验,并且多次向共产党传递情报,减少了党组织和进步事业的损失,但因党组织遭受破坏并撤出乐山,他再次和党组织擦肩而过。不得不说,这实在是造化弄人。

大学时光

受武大师生尤其是罗老师等人的影响,考入武大是林学逋的最初理想,但抗战胜利后,武大搬回了湖北,报考武大则需远离家乡,且考入的难度也大了。而林学逋的大哥林心此时正在成都的一所空军学校担任飞行教官,便给弟弟写信,希望他报考成都的大学,以便相互照应。林学逋因此改变了主意,决定报考川大。这一年,乐山遭遇旱灾,一般人家极其艰难,但林学逋依旧可以过着衣食无忧的生活,并顺利地通过了川大的入学考试。他的英语很优秀且对外国文学很有兴趣,就报考了外语系。这是林家走出的第一个地地道道的大学生,就像过去的科举上榜一样。林家人高兴坏了,大摆酒席,宴请亲朋好友。

林心（左）与林学逋（右）

林学逋也非常兴奋，经常与同学聚会。临别，他还抄录普希金的一首诗赠给同为进步青年的蒋永良。

> 他在军队前面飞奔而过，
> 像战斗一般愉快而威严。
> 他向着战场上扫了一眼，
> 他后面紧跟着飞了一群
> 彼得窠巢中养大的雏鹰——
> 在大地的命运的转换中。
> 在国事与战事的辛劳中
> 和他一起的伙伴、子弟们：
> 那位高贵的舍利迈捷夫，
> 勃留斯、鲍维尔和列普宁，
> 还有出身贫苦的幸运儿，
> 统治着半壁江山的将军。①

1949年7月3日，乐山遭遇暴雨，洪水冲垮了半边街的河堤。林学逋

---

① 这是普希金的一首充满爱国主义和历史乐观精神的长篇现实主义叙事诗《波尔塔瓦》中的一段。

约了蒋永良去察看洪水，却不想在途中遇到了突然回乡的周昌华。周昌华刚到乐山，听闻河堤垮了，未及回家就来此察看灾情了。故人相见，分外激动。周昌华给他俩讲了前线情况：毛主席和朱总司令发布《向全国进军的命令》，中国人民解放军百万雄师过大江，以摧枯拉朽之势突破长江天险并占领南京，人民军队所到之处，人们无不欢欣鼓舞，热泪盈眶，就像终于盼到亲人来了一样。两人十分激动，互相鼓励：要耐心等待，度过黎明前的黑暗，积极迎接解放。两人向周昌华表示：解放军来了后，他俩一定要参军！

　　三人不知不觉走到了蒋永良的家。蒋妈妈特意到邻居家借了肉，但没有配回锅肉的菜，就用酸菜做了酸菜回锅肉，再配上豆腐干和酸菜汤。这对于灾害时节的蒋家来说，已经是最高的待客礼仪了。蒋永良仍觉不够，说："等我毕业挣到钱了，一定再好好请大家吃一台！"（四川方言，意思是隆重地请大家吃顿饭。）

　　天下没有不散的筵席，到了晚间分别时，林学逋打趣说："蒋永良，挣钱了不要忘了请我们一台哦！"蒋妈妈接了话头："我们永良说话算数，一定办到，到时候不怕请不起，怕你们不来！"

　　林学逋笑着说："我是要来的，我读了书是要回乐山的，这一台是吃定了的，周昌华就不一定了，他飞得高，不一定能回乐山。"

　　三人好像有什么预感一样，往返相送几回，仍旧依依不舍。"送君千里终须一别！"最后，在周昌华的家门口，不知谁说了这么一句。最终大家互道珍重，并相约革命胜利后再相见。

　　很快，暑假就要结束了，到了大学入学的日子。林学逋告别亲朋后，踏上了前往成都的汽车。林学逋就读的外文系属于文学院，他们一年级的新生在川大的新生院就读，地点在三瓦窑，距离本部五六里。而成都这边，林心早早地在车站等着接弟弟，其后陪同弟弟到学校办理了入学手续。感情深厚的两兄弟在成都相聚，分外高兴。两人相约，只要有时间，就要一起下馆子。

入学后，林学逋担任了外文系的生活股股长。据林学逋的同级同学毛相麟先生回忆："我们一年级有 80 多个同学，分 A、B 两个班，各有 40 余人。新学期开始后按惯例以年级为单位成立学生的自治组织。我们选出了级长及下属的三个股的股长。这三个股分别负责学习、文体、生活的有关事务。林学逋当选为生活股的股长……林学逋担任年级的生活股股长尽职尽责，深受同学们信任。"

"同学们选林学逋当生活股股长是有原因的。他为人热情，很快就和同学们熟络起来，大家都感到他是一个乐于助人的人。后来他果然不负众望。当时生活股要完成的紧迫任务是帮助生活困难的同学申请助学金。校方的助学金分三等：一等助学金金额最高，用以资助特困生；二、三等助学金金额逐级降低，用以资助不同困难程度的学生。我们年级特困生的情况是这样的：寒假就住在学校里，食堂不开火，吃饭要自己花钱，但钱早已用光；有的同学家在四川的边远县，邮路因战火而不通，家里即使有钱也汇不来。这样的同学是首先需要资助的。申请助学金的程序是：本人申请，经级里评议通过后，由生活股股长理出名单及有关资料，经级长报校方批准后发放。林学逋在同学中普遍了解情况，征求意见，帮助生活困难的同学提出申请。这项工作是很费力而同专业学习无关的事，但他却带着满腔热情去做。"

毛先生还说了林学逋在校期间的一件趣事。"级里的学习股股长名叫乔明俊。她是一位品学兼优的同学，从言谈举止看，她显然是很有政治头脑的人。有一段时间，林学逋同她接触比较多，曾有一个同学当着一些人的面问林学逋'你是不是在追她'。林学逋平静而坦诚地回答'说到乔明俊同学，我心里的确对她有好感，愿意同她交往，至于那种事（指谈恋爱）根本说不上'。那个同学提出这一问题本想让林学逋尴尬一阵，却没想到林学逋如此坦率地说出了心里话。"那个同学大失所望，大家也觉没趣，便一哄而散了。此后，再也没有人理会此事了。

随着时间的推移，成都虽然还未解放，但全国革命形势已经越来越明朗，各种势力都在为即将出现的新形势做准备，学校中暗流涌动。蒋介石也在为建设大陆最后的根据地做准备，其派出心腹王陵基担任四川省政府主席，意在搜罗旧部并加强对四川的控制。王陵基是乐山人，他到任后，一方面派出部队镇压四川的革命势力，另一方面则派出军官到各机构、各县市担任专员、县长，以把持四川原来多由文人和乡绅担任的职务，把各地的权力集中到自己手中。王陵基的举动遭到了四川地方势力的一致反对。以熊克武为主任委员，邓锡侯为副主任委员，刘文辉、潘文华为委员成立的"川康渝民众自卫委员会"，名为保境安民，实为反对王陵基，要求撤换省政府主席。在地方实力派的支持下，声势浩大的反王运动与反饥饿、反内战运动结合在一起，成都的示威游行不断。

川大的很多学生参加了游行示威，林学逋也欣然加入了他们的队伍，和同学们一起到省政府门外呼口号，发传单，最后被军警驱散。回到寝室后，同学打趣他说："王陵基是你们乐山老乡，你还反对他？"林学逋正色道："他是他，我是我，老乡也有要革命的和不革命的。"11月30日，重庆解放，宋希濂的主力国民党14兵团司令钟彬在涪陵被解放军活捉。消息传到川大，林学逋打趣说："国民党这回真的是送（宋）终（钟）了！"

曾相约要经常一起下馆子的两兄弟，却只见了一面。因为战事吃紧，国民党不停地往台湾空运人员和物资，哥哥也被调去协助执行飞行任务。鉴于当时的形势，林学逋很想见哥哥一面，告诉他刘伯承和邓小平向西南国民党军政人员发出的"四项忠告"（即《中国人民解放军布告》），劝哥哥起义投诚。他相信人民军队，也相信哥哥。可是他想尽了办法，却始终未能联系上哥哥。

12月1日，蒋介石、阎锡山、顾祝同、张群等从重庆败退到成都，并下令死守成都，蒋介石入住位于北较场的陆军军官学校本部（1939年，黄埔军校迁入成都，其官方名称是中央陆军军官学校，1946年更名为陆军军官学校，但人们习惯称之为"中央军校"）。成都市民担心国民党的乱兵趁机抢劫，组织了各种自保活动，并在主要街道上修起木栅栏，夜间便关闭起来，由本街民众把守，约定临时暗号通行。成都各校也仿效街道的做法，在校门口堆放栅栏，严防外人进校破坏。川大还组织人员秘密守护图书馆、实验室等校产，发起护校运动。

1949年的"四二〇"大逮捕后，川大多数共产党员、"民协"及其他进步社团成员陆续撤退，转移到外地，仅留下"民协"成员近百人，由温少锋领导。他们根据党的要求将重点转向争取群众，调查研究，保护校产，迎接解放。川大的护校运动就是温少锋等人组织的。作为党长期培养的积极分子，林学逋欣然参加了川大的护校运动，协助讲解共产党和人民军队的政策，以稳定人心。这时，全国大部分地区都已经解放，成都是中国大陆最后几个还未解放的城市之一，但国民党已是大厦将倾，无力回天，这是大家心知肚明的事情。川大校内鱼龙混杂，情况仍有些复杂：进步师生欢欣鼓舞，部分人开始滋生麻痹轻敌的思想；反动分子惶惶不可终日，企图鱼死网破；还有大量师生因不关心政治或者听信国民党反动派的谣言而对未来局势心存疑虑。针对犹疑的部分师生，留下的党员和进步青年积极向他们阐明共产党的政策和主张，让他们安下心来，同时提醒他们提高警惕，防止敌人狗急跳墙，进行最后的破坏和屠杀。对于轻敌的进步青年，则是教育他们克服麻痹轻敌的思想和骄傲自满的情绪，要防止敌人进行最后的疯狂破坏。同时，他们秘密开展调查校内人员政治倾向的摸底工作，为人民军队接管川大做好准备。

12月以后，川大因城内治安无法保证，学校食堂无法正常供应，提前放寒假了，但林学逋等进步学生以及很多外地学生仍不得不停留在校内。

蒋介石看到成都的局势，心中非常不安，严令王陵基拆除市内的栅栏，当军警把川大门口的栅栏拆除后，林学逋又与其他留校学生用桌椅板凳架起新的防线。

对于国民党而言，成都虽未失守，但败象横生。败退成都的国民党军政要员争先恐后地从成都乘飞机飞往台湾。12月10日清晨，蒋介石紧急飞离成都。在离开成都之前，其任命顾祝同为西南军政长官公署长官，胡宗南为西南军政长官公署副长官，负责指挥"成都保卫战"。15日，顾祝同弃城而逃，飞往海南岛，任命胡宗南代理西南军政长官公署长官。胡宗南则积极部署兵力，妄图向西昌方向突围。18日，解放军完成对成都的合围。在强大的军事攻势和政治压力下，胡宗南自己对突围也没有信心，于23日乘飞机逃往海南岛。成都守军群龙无首，乱成一团。至27日，大部分国民党军在压力下起义投诚，少量负隅顽抗者被歼，另有少量溃兵逃往西昌方向。

成都市区自25日起，国民党军就比较少了，而解放军还没有进城，是城内治安力量真空的时期。中共地下组织组织了进步青年，维护社会治安，川大学生活跃于街头巷尾，林学逋也参加了这一活动。12月26日，中共川康特委、成都市委负责人马识途、彭塞等同志返回成都，布置迎接解放的工作，川大的党组织和"民协"干事会举行紧急会议，连夜通知各系同志立即返校组织迎接解放军进城和迎接军代表的接管工作。林学逋和同学们立即开始制作"欢迎亲人解放军！""欢迎救星共产党！"等标语。12月27日，成都市和平解放，12月30日，举行了盛大的人民解放军入城仪式。川大师生举着校旗到成都市盐市口热烈欢迎解放军进城。"终于解放了！""这是人民的胜利！"这是林学逋与其他川大师生共同的心声。

入城仪式开始时，雄壮的军乐声响起，路两边挤满了欢迎的人群。首先映入人们眼帘的是先导汽车上毛主席和朱总司令的巨幅画像，后边跟着的是威武的人民解放军。鞭炮声、军乐声、欢呼声交织在一起。

入城仪式结束后，林学逋和同学们又回到了学校。他们走进教室，发现已经有不少同学在教室了，原来是学校通知大家学唱革命歌曲。黑板上写着《东方红》的歌谱，音乐老师正在教大家唱。随后还有同学讲了临汾旅的故事——临汾旅是解放战争时期，解放军攻打运城和临汾时诞生的英雄部队，是进入成都的60军辖下的一支部队。还有同学自告奋勇教同学们唱《临汾旅战歌》。此后几天，解放军的英勇故事及革命歌曲在校园中传扬、回响，听得这些热血的大学生们心向往之。林学逋曾经给乐山的老乡们表达过强烈的参军愿望，他渴望成为英勇的人民解放军的一员。

此外，成都的解放更加激发了林学逋为同学们服务的热情。他嗓门大，在课余时间，随时都能听见他略带沙哑的声音。毛相麟先生仍记得当时有个同学按照《东方红》的曲调当面调侃林学逋："林股长，像铃铛，走到哪里哪里响……""他听了后毫不介意，工作热情不减。由此可见，他不仅对工作认真负责，还具有大度的胸怀。"

学校放寒假了，但林学逋没法回老家乐山。原因是国民党在成都即将失守之际，将国民党残部和特务化整为零，利用四川山高林密的地形特点，组织游击战，袭扰新生的人民政权。他们在每个专区都设有一个名为"反共救国军"的师，十分猖獗。因此，从1950年初至1952年初，乐山、眉山、温江、龙潭寺等地区匪患猖獗，成都平原治安问题非常突出，常有土匪袭击、围攻新生的地方人民政权，杀害干部、军人。在学校，林学逋和其他同学响应号召，参加了人民解放军组织的人口登记等工作。在老乡的议论中，林学逋了解到乐山解放的经过。也正是在此时，他才知道了程杰英勇牺牲的经过，原来程杰后来被押往重庆渣滓洞，在重庆解放前夕的"11·27"大屠杀中就义。他也知道了乐山解放前夕，凌云中学的党员刘立平被捕牺牲的经历。林学逋感慨道："我们的解放来之不易，是烈士们用鲜血换来的。如果我处在他们的位置上，也会像他们一样，为理想、为人民而死，死得其所！"

1月7日，军代表进入川大。1月8日，川大在大礼堂举行了隆重的川大英烈纪念活动，林学逋等在校同学参加了这一活动。林学逋深深感动于江竹筠等英烈学友忠贞不渝的精神，向乐山老乡这样说道："一个小女生尚能如此，我一个大男人，一定会做得更好！"

这个寒假中，林学逋还积极参与军代表和"民协"组织的清产核资等工作。有一天，外出买牙膏的林学逋邂逅了原来在乐山领导地下斗争的杨彦经。他向杨彦经汇报了他这一段时间阅读的进步书籍，如《列宁》《革命颂》《毁灭》等，并讲了自己的收获。杨彦经又向他推荐了日本作家小林多喜二的中篇小说《为党生活的人》——这是日本现代文学中第一部细致地再现无产阶级先锋战士形象的作品。林学逋按照要求，从图书馆找来这本书认真阅读，并与同学们交流了看法，大家也相互鼓励，要紧跟共产党走。他暗暗下决心：我的家庭和书中主人翁相似，他都能走上革命道路，为党牺牲一切，不怕严刑拷打，我为什么不可以？

林学逋还经同学们的推荐，借阅了郁达夫的《沉沦》《茫茫夜》《茑萝行》《她是一个弱女子》等著作，深深地为郁达夫的爱国热情所感动，他在与同学们讨论郁达夫之死时还流下了眼泪。

此后的一个学期里，川大一直忙于新秩序的建立。在军代表的领导和监督下，学校成立了临时领导机构，开展整顿工作。同时，学校还经常组织开展思想政治教育和常规性的集中教育，举办时事报告会，帮助学生形成马克思主义的人生观、世界观和价值观。总之，在大学的宝贵时光中，尤其是人民政权接管川大后，在不断的学习与实践中，林学逋胸中燃起一股火苗，正等待一个展现辉煌的时刻。

大概在1950年的3月底4月初，林学逋和乔明俊先后离开了学校，林学逋加入了成都军区文工团。1950年夏天的一个晚上，林学逋随成都军区文工团话剧组到川大向全校师生献演话剧《白毛女》。毛相麟先生清楚地记得，当时有一个同学立刻认出了林学逋，他指着台上的一个演员说："那个扮演地主家端盘子的仆人的演员就是我们的同学林学逋。"

投笔从戎

1950年6月25日，朝鲜战争爆发。6月27日，美国发表声明决定武装干涉朝鲜，并侵入台湾海峡，阻止人民解放军解放台湾的步伐，公然干涉我国内政。6月28日，毛泽东主席在中央人民政府委员会第八次会议上发表重要讲话，坚决反对美帝国主义干涉朝鲜内政和入侵我国领土台湾，严正指出，全中国人民和全世界人民"将既不受帝国主义的利诱，也不怕帝国主义的威胁"。他号召："全国和全世界的人民团结起来，进行充分的准备，打败美帝国主义的任何挑衅。"① 同日，周恩来总理发表声明强调："杜鲁门 27 日的声明和美国海军的行动，乃是对于中国领土的武装侵略，对于联合国宪章的彻底破坏，美国政府这种暴力掠夺的行为，并未出乎中国人民的意料，只更增加了中国人民的愤慨……我国全体人民，必将万众一心，为从美国侵略者手中解放台湾而奋斗到底……中华人民共和国中央人民政府号召全世界一切爱好和平正义和自由的人类，尤其是东方各被压迫民族和人民，一致奋起，制止美国帝国主义在东方的新侵略。"②

党中央客观分析了当时的严峻形势，认为美帝国主义扩大战争规模的可能性已日益增大，我国人民不能不有所准备。为全力应对朝鲜变局，中央及时调整国防部署，增强东北地区的国防力量，疏散转移部分工厂。

7 月 13 日，中央军委做出决定，从各地抽调部队组建 25.5 万余人的东北边防军，迅速部署到中朝边境地区。全国各野战军也相继停止了复员和生产任务，全面开展战备整训，未雨绸缪，防止美军以朝鲜为跳板，侵略我国。

1950 年 7 月，林学逋终于可以回家乡乐山了。他自 1949 年 9 月阔别家乡，已经过了整整一个学年了，这一年国家的形势

林母杨瑞珠

---

① 见中央文献研究室《毛泽东著作专题摘编》（上册），中央文献出版社，2003 年，第 1146 页。

② 见中共中央台湾工作办公室、国务院台湾事务办公室《中国台湾问题：干部读本》，九州出版社，2015 年，第 51 页。

发生了沧海桑田般的变化。过去,他们家是大户人家,父母的日常生活都有下人照料,他们基本上什么都不用做,享福习惯了。但现在解放了,不能够再用下人了,下人们都被打发回家,开始了新的生活。父母得自己照料自己了,他们会照料自己吗?还有自己的哥哥林心,自从到了成都当空军,就再也没有回来过,后来又去了台湾。他如今过得怎么样?"儿行千里母担忧",妈妈一定会更担心哥哥。这次探亲,林学逋用了尽量多的时间在家里陪伴父母,安慰母亲不必担心哥哥。同时,他也表现得格外懂事和体贴——端茶倒水,洗衣做饭,为母亲烧洗脸水、倒洗脚水,以至于母亲都嗔怪他:"我好手好脚的,哪有让你这个大男人家伺候的!"林学逋回说:"成都的男人都要做家务事的,乐山地方小,少见多怪!"其实林学逋之所以这样做,原因有二。一是为了安慰林母——毕竟林母无论是在娘家时还是嫁过来以后,都是由下人伺候的,很多事情没做过,也做不好。自己回家一次不容易,所以要抓住机会尽可能地尽孝。二是他有一种预感:依照现在的形势来看,中国出兵朝鲜恐怕是早晚的事。林学逋受党培养多年,看了很多英雄的故事,心中始终有一个上战场的愿望。可战火无情,如遇不测,就不能在父母膝前尽孝了,所以他要珍惜一切时间。

此时林父表现得很积极,想为新中国做点什么事情,林学逋就想起了周昌华交给他保管的党的文件和书籍。当时为了安全,这些文件就放在林家后院楼上的杂物堆中一个箱子的最底层,并且用报纸包了起来。他连忙取出了这些文件和书籍,有《目前的形势和我们的任务》《中国土地法大纲》《论联合政府》等。林父决定利用自己的印刷厂印刷这些文件和书籍。林家印刷和销售的这一批单行本,是乐山解放后乐山本地印刷和发行的首批进步书籍,既宣传了党的政策,也为林家找到了不错的商机,林父林母都非常满意。

林母说:"早晓得这样,就是讨口都不要你哥去参军了,我硬是后悔死了,这下只能靠你了!"

林学逋答道:"你放心,我要回来的,守着你,孝敬你,让你过好日子。"这个回答,既是对母亲的回应,更是林学逋为了去实现那个危险的梦想而宽慰母亲的托词。

等到母亲的心情稍稍好转,林学逋抽空去见了乐山的同学。他把从报纸上看到的消息告知同学们。8月下旬,美军开始不断侵犯我国领空,轰炸安东(今辽宁丹东)、辑安(今吉林集安)等地的城镇和乡村,造成了人民生命财产损失。8月27日,周恩来总理就美空军侵犯我国领空一事,向美国提出抗议,并向联合国提出控诉。林学逋气愤地说:"现在的情况已经很明显——美国人就是想利用朝鲜作为跳板,最终的目标是入侵我国,我们决不能让战火再燃烧到我们刚刚平息战火的土地上。"同学们都对美国表示了极大的愤慨,大家相约:当祖国需要时,一定要去参军,保卫祖国。

9月15日,美军在仁川登陆,迅速介入朝鲜战争,朝鲜人民军来不及北撤,被从仁川一线拦腰截断,遭到重创,朝鲜的战况迅速逆转。此后,美军更是迅速沿铁路线和公路北进。其后,朝鲜紧急召见中国驻朝鲜大使,请求中国尽快派出军队支援朝鲜人民军作战,共同抵抗美军侵略。从报纸上的这些信息里,林学逋能够感觉到朝鲜的情况应该已经相当危急。

回成都之前,林母又让他去著名的乌尤寺烧香,为他远在台湾的哥哥祈福。林学逋虽然不相信烧香拜佛之事,但为了母亲,仍答应下来,并约了好友蒋永良一同前去,顺便再游乐山。两人一路赏玩美景,登高远眺乐山县城,不由得感慨万千。蒋永良趁机鼓动林学逋读完大学回到乐山。林学逋欣然应允,并且郑重地表示:"我要回来的,哥哥走了,生死未卜,父母还得靠我才行。"

回到成都的林学逋,始终关注着朝鲜局势的变化。从学校的宣传栏中,他了解到为了配合美军的行动,蒋介石向福建沿海发动了炮击,并且派出大批特务伙同潜藏在大陆的特务渗透到全国搞破坏,还派出飞机侦察并搜集情报,东北的情况尤其严重,他们意图利用朝鲜战争之机,反攻大陆。

10月7日，美军越过"三八线"，继续北进，并把战火烧到鸭绿江边。新中国的工业基地主要集中在东北地区，而东北地区的能源供应依靠鸭绿江上的发电厂。美军对东北地区工业基地的轰炸时刻威胁着新生的人民政权赖以生存的经济根据地。

10月19日，中国人民志愿军秘密入朝参战。10月25日，志愿军40军118师在两水洞给了南朝鲜6师出其不意的迎头痛击，120师360团在云山至温井公路上痛击南朝鲜1师，42军124师370团在黄草岭痛击南朝鲜3师26团——至此，全世界才知道中国人民志愿军已经出兵朝鲜。

10月26日，"中国人民保卫世界和平反对美国侵略委员会"在北京成立，各地也相继成立了总分会、分会，全国上下兴起了轰轰烈烈的抗美援朝运动。在川大校园中，师生齐心，揭露美帝的文化侵略；学校、系上组织学生召开座谈会，揭露美国的罪恶行径；开展"仇美、鄙美"教育，着力消除长期以来人们形成的"崇美、惧美"的社会心态，著名教授彭迪先、彭荣阁等也在报纸上发表文章痛陈美国之恶。林学逋自然不甘落后，他在讨论抗美援朝问题的会议上发言："我可以用英语喊话，瓦解敌军。"

这期间，林学逋加入了新青团。虽然此时林学逋在成都军区文工团工作，但他入团却是由川大审批的。负责林学逋入团事宜的毛相麟先生对此印象深刻："我于1950年6月加入新民主主义青年团，同年8月转正后被同年级的团员选为团小组组长。10月中旬的一天晚上10时许，外文系团支书李常智同志来找我，告诉我林学逋同学在成都军区文工团申请加入青年团，文工团领导认为他表现不错，但对他在川大解放前后半年多的时间内的情况不甚了解，为了慎重起见，还是（让林学逋）由川大审批入团为好。他们把这一想法同学校的团委沟通，得到校团委的同意。李常智说，'本来入团的事应开支部大会讨论，但是其他年级的团员对林学逋完全不了解，所以决定由你们团小组开会讨论，以你们的意见为基础，经我审核后上报校团委。'他又说，'林学逋今晚已来学校，明晨早饭前自由活动时间你们就开会，他将出席。'李常智说完话时已近熄灯时间，我立即通知团小组的其他团员，要大家明晨到大操场南侧草地上开会，讨论林学逋入团问题。次日晨，刚坐定准备开会时，李常智匆匆赶来，说昨晚深夜军区文工团领导打电话来，要林学逋立即回团。他已不能出席这个会，但校团委决定会议照开，你们把讨论结果告诉我。于是，我们根据既定的程序，先由我介绍林学逋的情况，接着大家纷纷发言，最后举手全票通过，同意他入团。会后，我向李常智同志作了汇报。校团委从进步同学的政治前途着想，对申请入团者本人无法出席会议的特殊情况，采取了灵活的态度，使林学逋同学能及时地、顺利地加入到党领导的这一先进青年的组织中来。"

而此时的朝鲜战场正急缺英语翻译人员。入朝作战的志愿军战士普遍文化素养较低，大多数是小学都没读过的，更不要说懂英语了。战士们同以美军为主的"联合国军"作战，语言不通，在对敌侦察、喊话，对战俘的审问、管理，翻译缴获的文件资料和地图等工作上都显得没有办法。因此，"云山大捷后，周恩来问先期入朝、回国汇报工作的柴成文：朝鲜前线最需要的是什么？柴答：后勤支援和英语翻译。""11月8日，中央军委下达紧急通知，紧急吁请地方高校支援英语翻译人才。"[①]

11月18日，新青团成都市委向成都的高校发出了支援前线的号召。听了动员报告的林学逋，在没和父母商量的情况下，当场写下了申请书，表达了愿意投笔从戎、保家卫国的迫切愿望。

参军要经过政审，然后是体检。体检之后，林学逋给母亲寄了一封信，告诉母亲他要去打仗了，要参加保家卫国的战斗，请母亲不要挂念。林母立即回信给他，要他回乐山一趟。林学逋没有回乐山，而是给母亲回了一封长信。他在信中解释了为什么要去当战士，他还在信中安慰母亲："谁无父母儿女？谁不希望亲人团聚？但一想到祖国的安全，便深感保卫

[①] 见《抗美援朝翻译战线上的川大学子》，载于《军魂》2017年11月纪念建军90周年专刊第57页。

祖国的责任。难道您老人家忘记日本飞机狂轰滥炸乐山的情景吗？等我和同志们打败了美国强盗，再回来看望您老人家。"他同时也给两个弟弟——林聪和林坚各写了一封信，动员他们将来在祖国需要的时候也去参军，以实际行动保卫祖国。他无法估计这场战争要打多久，只有告诉他们要做好前仆后继的准备。

据同期被选中，也被征召到60军当英文教员，来自华大的刘开政回忆：报名参加英文教员征召的同学，通过政审和体检后，还要参加英语水平测试。学生们被要求到60军军区大楼（驻地在成都的北较场）参加了测试。英语水平测试的难度比较大，是当场翻译《资本论》。考官还让每个人单独唱了一首英文歌曲。有才艺的同学还当场加试了才艺展示。最后，根据成绩的高低将大家分配到军和师。其中前往军部的共7人，主要负责敌工工作。林学逋被分到了60军的180师敌工科。60军的180师是有着光荣传统的军队，其前身是晋冀鲁豫军区第8纵队第24旅，时任军长是韦杰，师长是郑其贵。

林学逋所在的60军和12军、15军组成了志愿军第3兵团，由陈赓任司令员兼政委，王近山任副司令员，受中央的命令，将入朝替换第一批入朝作战的部队。抗美援朝战场上，敌我双方装备差距巨大，美军凭借空军优势，全面"绞杀"我军补给线，导致我军始终在极其艰苦的条件下作战，指战员们极其疲惫，首批参战部队急需休息。

11月22日下午，林学逋在接兵军人的引导下兴奋地登上了军用卡车，在群众的欢呼送别声中前往60军180师报到。

1950年12月17日，180师接到命令，行军到绵阳，然后乘汽车至陕西宝鸡，再乘火车到达河北省沧县古运河边的泊头镇集结，等待入朝作战的命令。据同批从成都高校入伍至60军的英文教员周正松和陈世刚两位老先生回忆，他们在沧县集结后停留的时间很长，约三个月。这段时间的工作主要有六项，第一是换装备、整训、等待入朝作战的命令。解放战争期间，我军的装备主要来自缴获的日军武器、国内自己造的武器和缴获自国民党军队的少量美式装备,属于"万国造"。这些装备的规格都不统一,在战场上使用会给补给造成严重问题。部队在沧县集结后,换上了苏联援助的规格统一的新式装备,战斗力提高很多。换装后,战士们集中进行了战斗技术训练。

第二是进行三视教育,使大家充分认识到美国侵略朝鲜、阻碍祖国统一及妄图进攻中国的危险性,激发大家对美帝国主义的仇恨,鼓舞斗志。经过三视教育,60军的战士们充满热情和激情,对未来的保家卫国战争充满了期待和必胜的信心。

第三是进行业务练习。新入军的学生和其他翻译人才学的都是普通英语,不懂军事方面的英语。利用这段时间,大家补练了军事英语和英语口语,同时也在空闲时教战士一些战场上能够用到的简单英语。

第四是进行一些基本的军事技能训练。从高校中应征、直接参军的学生,军事素养几乎为零。虽然英文教员的主要工作不是去前方突击,但志愿军毕竟是战士,他们仍需作为战士参与侦察等任务,因此进行日常的军事知识学习和军事素养训练、军事纪律教育必不可少,队列练习和射击练习也是必修科目。

第五是熟悉朝鲜战场上的战术、战法。新兵每人领到一册《云山战斗经验基本总结》,就敌我双方的特点、装备及应该采取的战法进行学习和总结。战士们被要求针对美军的弱点,采用速战速决、迂回包抄、断敌后路的战法,同时要注意避开公路和开阔地,以防止受到敌人飞机、大炮和坦克的攻击。进行夜战时,要保持排与排之间的联系,先以小股巡逻部队进攻,然后发起警报,大部队成纵队跟进。

第六就是进行政治教育、学唱军歌等。这些活动主要在晚间进行,既是我军的传统,也有利于鼓舞士气。

令林逋感到惊喜的是,他在这里因一次帮厨任务遇到了同被派来帮厨的小学同学余振清。原来出身贫下中农的余振清,家里在土地改革后分到了土地和房子,正要过好日子呢,突然听说美国入侵朝鲜,轰炸我国东北，便在党和政府的号召下报名参军了。由于根红苗正，又读过几天书，他被安排学习炮兵技能。余振清告诉林学逋，自己"学习很努力，技术是百里挑一的"。

余振清是从乐山老家出来当兵的，离开乐山时间短，对乐山的情况非常清楚。林学逋迫不及待地向他询问了家乡的情况，直率的余振清毫不隐瞒地说了他知道的一切。

林学逋的大伯林紫阳因曾组织反共，且杀害过人，被判了死刑。林父林乔根则因参与反共事件被捕，但他因宣传革命有功，最后被送去劳动教养了。

"自从你父亲被送去劳动教养后，你的两个弟弟也住校了，都很少回家，你妈就一个人过。"林学逋沉默不语，这时候他才知道伯父和父亲已经出事了。他这才想起妈妈来江边送他的情形，"原来是这样，怪不得她流那么多眼泪。她一辈子养尊处优，没干过农活，现在丈夫被劳教，大儿子跟国民党去了台湾，二儿子又去了朝鲜战场，两个小儿子要上学，她得有多难啊！"林学逋自言自语，不由得也流下了眼泪，心情也开始沉重起来了。他还有点担心，不知道部队知道他父亲的事之后会不会将他遣送回家。

抛开担忧与不安的心情，林学逋把全部身心投入到军事训练上。他有文化，学习能力强，善于思考和琢磨，很快就成为军事素质过硬的新兵，教员们也都很赏识他。

此外，连队组织政治学习，进行三视教育时，林学逋总是自告奋勇地给大家读上级领导送过来的相关材料。多年以后，还有战友能回忆起他为大家读苏联小说《血腥的历程》的情景。

志愿入朝

经过3个月的整训和换装，60军在召开誓师大会后，先后乘坐火车抵达中朝边境的安东。稍休整了几天，3月17日起，以181师为先导，180师负责殿后，60军于3月22日下午5时跨过鸭绿江。初次出国的林学逋和其他战士一样，在跨过鸭绿江后，回头望着身后的祖国，在心中默默地说："再见吧！亲爱的祖国，等着你的儿子胜利归来！"

进入朝鲜后，常有敌机轰炸，180师采取晚上行军、白天隐蔽的行军策略，敌机来了就躲到树林中，敌机走了便继续行军。因为轰炸，朝鲜的道路已被破坏殆尽，而1950年冬天雪下得特别大，融化的冰雪让行军更加困难。负重几十公斤的士兵们，平均每天行军上百里路，14天走完了从安东至伊川700公里的路程。不少战士的双脚满是血泡，部分战士出现了"三怕"思想：怕背得重、怕掉队、怕敌机轰炸。为了帮助战士，提高士气，180师开展了体力互助和思想互助工作，党员干部争着替战士扛枪、背背包，营团干部把马都让给病号骑或用来驮背包，连排干部和党员们在行军和宿营之时也积极地与战士们逐个谈心，和他们讲纸老虎和真老虎的关系，传授防空知识，鼓励他们树立革命乐观主义精神。

除了高强度负重行军对体力的考验，长期过着优渥生活的林学逋还得面对另两个困难。一是极差的饮食影响了身体健康。我军缺乏制空权，美国空军对我军肆意轰炸，导致我军的后勤补给困难，部队一方面缺蔬菜等食物供给，另一方面为了防止敌机轰炸，也不能生火做饭——生火做饭和烧开水要冒烟，容易引来敌机轰炸。因此，抗美援朝前线的补给主要靠每个战士自己背约7天供给的炒面。炒面是由70%的小麦加30%的大豆、高粱或磨碎的玉米炒制而成的干粮。战士们饿了就抓一把塞入口中，渴了就喝一口路边的溪水。林学逋以前从来没有受过这种苦，却仍凭着保家卫国豪情和理想坚持了下来，但他的身体还是出了毛病：因吃不到蔬菜和水果，得了口腔炎，排便也很困难。在行军途中，有一天林学逋突然发现自己看东西时出现了重影。卫生员告诉他，这是因为缺乏副食，导致身体缺乏维生素A所致。行军途中没有对症治疗的药品，只有两种土方可用：一种办法是寻找活的蝌蚪连同溪水一起喝下去，这个时节刚好有蝌蚪；第二种办法是用马尾松的松针熬水喝。林学逌当即选择了第二种。于是卫生员带他到一个朝鲜老乡家熬制了松针水，装在行军水壶中，让他随时饮用。不久之后，林学逌就可以正常视物了。另一个难题是不得不长期穿湿衣服。入朝后的急行军，昼伏夜行，又要随时隐蔽以躲避敌机轰炸，山高林密，遇到河流也没有桥梁（北朝鲜原有桥梁多在战争中被炸毁了），只能涉水而过，因此大家的衣服经常是湿的，粘在身上，分外难受，宿营时也不能生火去烤。

在行军途中，林学逌还遇到过一次几乎丧命的危险。一次美军飞机轰炸时，一颗炸弹在距他不远的地方爆炸，他被气浪掀翻，滚了一身泥土，不过好在没有受伤。林学逌爬起后，乐观、风趣地说："龟儿子没有把我送上西天，我就要继续革命！"当然，这种情况在朝鲜战场上司空见惯，战友们往往会苦中作乐，以此调节气氛，全不当一回事。

4月5日，180师到达伊川前线。4月中旬，部队完成集结，60军与26军实现换防。全师组织学习38军的作战经验，消除"三新"（成分新、装备新、敌人新）顾虑，积极响应60军党委提出的"打好出国第一仗"的号召，大家摩拳擦掌，为第5次战役的开展做好了准备。

中国志愿军入朝作战令美国意想不到，同时中国军队的战斗力也令美军吃了不少苦头，美国想迅速结束朝鲜战争的希望化为泡影。美国的全球战略重心在欧洲，朝鲜战争陷入僵持是美国政府不愿意看到的。因此，杜鲁门政府此时的考虑是在不扩大战争范围的前提下，继续以强大的军力步步紧逼，稳步向北推进，待占据军事上的有利地位后，再与中朝方面进行谈判；如果中朝不给出令美国满意的让步的话，则进一步扩大其军事行动。根据这一战略规划，由美军领衔并指挥的"联合国军"再次越过"三八线"，计划从中朝人民军队后侧登陆，配合正面进攻，将战线推进到平壤、元山一线。

但美国派出的"联合国军"司令官麦克阿瑟却与杜鲁门政府发生了分歧。麦克阿瑟希望通过扩大战争，轰炸中国本土东南沿海的工业基地、东北的志愿军后勤保障基地和军事生产基地等办法,削弱中国的战争能力,从而促成朝鲜战场的军事胜利。麦克阿瑟还通过新闻媒体发表了他对杜鲁门政府的不满。这位前线统帅在志愿军入朝作战前期大意轻敌,导致"联合国军"遭受重创,再加上擅自接受媒体采访,阐明自己与美国当局不同的想法,以此向总统施加压力,引发了杜鲁门的不满。4月11日,杜鲁门政府解除了麦克阿瑟的一切职务,由在朝鲜的美国第8集团军司令官李奇微接任"联合国军"司令。

林学逋获悉后,立即将麦克阿瑟接受的采访翻译成中文,好让志愿军的指战员了解美军试图侵略中国的目的,以激发战友们保卫祖国的斗志。

4月15日,新入朝的志愿军第3、第19兵团分别进至"三八线"附近地区完成集结,原在元山地区休整的第9兵团也重返前线。"联合国军"发觉志愿军后续兵团到达,加上部队损伤严重,除在铁原、金化地区继续进攻外,在其他地区基本上停止了进攻。4月21日,志愿军和朝鲜人民军将"联合国军"阻止在开城、长湍、高浪浦里、文惠里、华川、杨口、元通里、杆城一线,第4次战役结束。

为了避免遭受"联合国军"的夹击,中朝人民军队决定于1951年4月22日发起新的反击战役,即第5次战役。

4月22日黄昏,中朝军队以密集的炮火为先导,向"联合国军"全线发起攻击,志愿军第3兵团副司令员王近山指挥的12、15、60军在突破敌军前沿防线后在涟川以北遭到美3师、土耳其旅抵抗,进展较慢,24日晨进至哨城里、永平地区,与"联合国军"形成对峙。25日,志愿军调整部署后继续进攻,第3兵团攻占哨城里、钟悬山地区;26日,志愿军继续向纵深进攻,当日占领"联合国军"第二线阵地的锦屏山、县里、加平一线。至28日,志愿军第19兵团攻占国祀峰、白云台地区;朝鲜人民军第1军团在梧琴里歼南朝鲜1师1个营大部;志愿军第3兵团进占自逸里、富坪里地区;志愿军第9兵团攻占榛伐里、祝灵山、清平川、加平、春川地区。"联合国军"则退到汉城及北汉江、昭阳江以南地区重新组织防御。

中朝人民军队鉴于在汉城以北歼敌的战机已失，遂于29日下令停止进攻，结束了第一阶段作战。30日，林学逋所在的60军180师跑步赶到汉城以北的釜谷里、退溪院里地区。

5月16日，在经过总结后，中朝人民军队发起了战役的第二阶段。

这次战役中，中朝人民军队采取正面突破、两翼迂回、层层包围、各路钳击的战法实施突击，志愿军有多部突入纵深数十公里，一度切断了"联合国军"各部之间及其与南朝鲜军的联系。

但"联合国军"在李奇微的指挥下，不在意一城一地的得失，在我军进攻时就撤退。朝鲜多南北走向的山脉，公路基本是沿着山势呈南北走向，非常有利于摩托化的"联合国军"快速撤退。而我军则基本是步行，道路少而拥挤，易互相干扰，机动速度远不及"联合国军"。且东西方向交通不便，不利于我军的迂回穿插和交叉掩护。是以，"联合国军"与南朝鲜军在撤退中得以重新形成了东西相连的完整防线。中朝人民军队经过连续作战，粮弹将尽，继续进攻已有困难，为保持主动，遂于21日结束第二阶段作战。

就在这次战役中，林学逋又遇到了老乡余振清，双方来了个"望梅止渴"，互相以乐山的美食来为对方鼓劲。

在战斗中，林学逋等英文教员学过的英语就派上了用场。按照《日内瓦公约》，发生战争时，交战双方应在条件允许下为伤员救治提供便利。他来到美军伤员身边用英语告诉他们，现在要用担架将他们抬到路边，以便等待美军的战地医务人员把他们运走。

林学逋用英语向美军的阵地喊话，要求双方停止射击，以便他们的重伤员得到及时抢救。志愿军阵地上首先停止射击，由戴着红十字会标志的中方医护人员抬着担架，把美军的重伤员放在担架上。林学逋用英语对美国伤员讲："中国人民志愿军，对伤员不杀是基于人道主义。"随后，中国的医护人员将美军的重伤员抬到路边，守护在隐秘地段警戒的志愿军战士目睹美军的战地医务人员把伤员接走。

审问、押送、管理和交换战俘也是林学逋等英文教员的重要工作内容。他奔走于美军战俘之间，押送他们到指定的地点，分配给他们食物。美军战俘是受到优待的，志愿军战士包括管理战俘的林学逋，吃的是干涩而难以下咽的炒面，美军战俘则吃的是罐头和饼干。林学逋与他们交流，说："美军士兵都是受资本主义压迫的牺牲品，只有脱离资本主义的地狱，才能走向共产主义的天堂。"战场上也进行过战俘交换，林学逋对那些美军战俘讲："回去告诉你的同伴，讲讲你们在这里受到的人道主义待遇，你们是帝国主义的炮灰，不要再来卖命了，要调转枪口对准美国帝国主义。"林学逋还与一个美国黑人战俘交流，跟他讲了美国入侵朝鲜，实质上是资本主义进入帝国主义阶段后，在罪恶的垄断资本的主导下依靠国家军事力量扩张地盘和产品销售市场的行为，得利的是垄断资本，而打仗牺牲的是普通平民的生命。这个出身贫寒的美国兵颇受感动。他表示，他的祖父母为了生存，被迫从非洲到了加利福尼亚州，祖辈都受到了帝国主义的剥削和压榨。他讲着讲着，哭了起来。林学逋继续做他的工作，要他不要再为帝国主义和资本家卖命了。这个美国大兵表示自己后悔参加朝鲜战争，也为自己在战场上做的事感到惭愧。

第5次战役第二阶段作战结束后，志愿军各主力受命转移至"三八线"附近地区进行休整，各兵团各留下一个师到一个军来进行运动防御。第3兵团留下60军在春川地区阻击敌人。"联合国军"则趁机集结兵力于23日晨发起反扑。60军179师、180师在春川方向北汉江两岸地区顽强抗击美7师、陆战1师，南朝鲜6师的进攻。由于"联合国军"利用机动性强的优势抢占了部分交通要点，180师在驾德山地区几乎陷入敌人的全面包围之中。

180师损失惨重，师长郑其贵决定分散突围。师代政委吴成德此时正在巡查各团突围情况，当他带着警卫员回来时，已经找不到师部，遂向西北师部突围方向追赶。

此时的林学逋正和300多名伤员躲在树林中，等待救援。吴成德一行来到山口时，借着信号弹的亮光，发现了这些伤员。林学逋向吴成德汇报了情况，说这些重伤员跟不上部队，请吴政委想想办法。伤员们见到吴成德，就像找到了主心骨，纷纷喊了起来："吴政委，一定要带上我们啊！""吴政委，我们能冲出去吗？"

如果吴成德继续赶路，将很快追上师部，势必能够成功突围。但当看到这些满怀期待的眼神时，吴成德毅然下马，来到伤员们中间，高声喊道："同志们，我与大家在一起！"

此时，不断有突围的部队经过，吴成德就鼓励他们赶快突围。他镇定自若地指挥人员将伤员分类，按伤势轻重合理搭配，坚决不准把受伤最重的伤员留下，他要带着他们一起突围。林学逋按照吴成德的指示，将伤员每40人分成一组，由一至两名干部率领，互相搀扶着开始突围。林学逋则带领一队伤员殿后，把生的希望留给战友们，虽然有很多重伤员已经呼吸困难了，但他还是坚持带着他们，他坚信，救援的部队一定会来，一定能够找到他们，他们一定会脱险。

事实上，60军和志愿军司令部彭德怀元帅确实也派出了人员，试图寻找和接应180师，但由于180师采取分散突围的办法，又没有了通讯设备，无法找到人，救援行动失败了。

180师遭受重创的消息，引起了震动。乐山的老乡们互相打听起来，他们都在关心林学逋。他的老乡和小学同学，同在60军当炮兵的余振清千方百计地不断向突围出来的180师官兵打听林学逋的情况，可是得到的回答是让人失望的："那种情况下，情况不容乐观，谁失踪、战死、被捕了都很正常。"余振清的心情沉重起来，但他因为没有听到关于林学逋的确切消息，仍感到一丝安慰：没有消息也未必是坏事，至少证明他还不一定是牺牲了。他幻想着林学逋一定会创造奇迹，有一天会突然回到部队来。

憾为楚囚

林学逋带着伤员，走在这支满是伤员、艰难行进的突围队伍的最后。正行进间，又突遭暴雨，本来就泥泞陡峭的山路更加湿滑难行了。由于路滑，再加上已断粮三天，饿得头昏眼花、双腿发软的林学逋摔倒了，跌下了山崖。他这队的伤病员们停止前进，折到山腰来守着他。行进中的"联合国军"士兵用望远镜发现了他们，立即围了上来，俘虏了他们。

当林学逋苏醒过来时，映入眼帘的是美国兵，他的心一沉，意识到自己被俘了。当他看到身边自己带的一些伤员也被俘时，一行清泪不争气地流了下来，他在心中暗暗地骂自己：怎么这么没用，有负大家的期望啊！

"联合国军"在朝鲜半岛南端的釜山建立了战俘营，用来关押中国人民志愿军和朝鲜人民军战俘。林学逋他们也被押送到釜山。林学逋等伤员被要求互相搀扶着行进，所幸林学逋从山崖上跌下时伤得不重，只是脚受了伤，但伤口在雨水的冲淋下无法愈合，仍流着血。他找了根棍子作为拐杖，一瘸一拐地随队前行。由于他们都是伤员，行进缓慢，负责押送的美国兵显得很不耐烦，就用枪托把林学逋和他的战友推倒了。林学逋用英语同他们交涉："你们这样做是违反《日内瓦公约》的！"美国兵冷笑一声，不但不收敛，反而又用枪托去推他。但这次林学逋有了准备，没有被推倒，两个人厮打了起来，直至一个军官过来，制止了两个人的拉扯。

押送途中，美国兵肆无忌惮地违反《日内瓦公约》，对待战俘极不人道，美国兵自己吃罐头，却没有为战俘准备食品，哪怕我们的战士被俘时已断粮近三天了。不少战士都走不动路了，甚至饿晕过去。林学逋也饿晕过去了，醒来时，有美国兵拿出两块饼干给他吃，林学逋不敢接，看到旁边的战士朝他示意，他才接过来吃下去。一路上，志愿军战士们被迫以水中的蝌蚪、昆虫、草根、野菜充饥，林学逋也不例外。他第一次吃蝌蚪时，望着手心里捧着的正在游动的蝌蚪，恶心得不行，但为了活下去，他只有硬着头皮连水带蝌蚪一起喝下去，直至被送进釜山战俘营才吃到第一顿饭。

在釜山战俘营，懂英语的林学逋被指定为翻译。他还率先从美军看守那得知了苏联驻联合国大使雅可夫·马立克于1951年6月23日在联合国每周公共广播节目中发表了有关和平解决朝鲜问题建议的讲话："苏联人民相信，战争是能够解决的……作为第一步，交战双方应开始停火与休战进行讨论，规定双方都把军队撤离'三八线'……能够采取这种步骤吗……我认为能够……只要有结束在朝鲜流血战斗的真诚愿望。"[1] 苏联是当时的两个超级大国之一，苏联大使的话，使林学逋看到了回国的希望！

接着，林学逋又从收音机中听到其他国家对中国政府6月25日发表的《人民日报》社论表示赞许的评价。《人民日报》是党中央的机关报，其社论代表着中共中央的态度，社论中说："中国人民完全支持马立克的建议，并愿为其实现而努力。"[2]

随后，6月29日，釜山战俘营的广播播出了李奇微的讲话："我以'联合国军'总司令的名义，奉命通知你们如下：我得知你们可能希望举行一次会议，以停止在朝鲜的敌对行为以及一切武装行动的问题。在接到你们愿意举行这样一个会议的通知之后，我将指派我的代表。那时我将提出双方代表会晤的日期，我提议这样的会议可以在元山港内一艘丹麦的医疗船上举行。"[3]

林学逋听到这个讲话，虽然不知道祖国与朝鲜的态度，但有一种预感：和平可能真的快来临了。

祖国与朝鲜的回应很快就来了，提议在开城举行会谈。7月10日，各方达成一致意见，在开城的来凤庄开始了停战谈判。

谈判一开始，美方就提出了自己的企图，而朝方不同意。朝方提出建

---

[1] 见许金华《百年国际政治风云录2：铁幕沉沉》，中国档案出版社，1996年，第146页。
[2] 见罗学篷《中国人眼中的朝鲜战争》（下），重庆出版社，2018年，第669页。
[3] 见许金华《百年国际政治风云录2：铁幕沉沉》，中国档案出版社，1996年，第146页。

议：要求恢复1950年6月的状态，双方都撤至"三八线"，所有的外国军队离开朝鲜。在"三八线"建立一条20公里宽的非军事区。[①] 在开城谈了几次后，会谈地点改至板门店。谈判中双方针锋相对，互不相让，许多问题包括战俘问题，没能达成一致。

关押在釜山战俘营的战士们，刚开始还能按时吃上饭——虽然供应的只有劣质米饭。可是很快，发生了据说是40年不遇的洪灾，道路被冲毁，食品供应不上，战俘营因此常常断炊。被关押起来的战士们没有行动的自由，无法像押送途中一样，饿了还可以用草根、蝌蚪和昆虫充饥，很快就有人饿倒了。可是在这个时候，战俘营还坚持要从部分战士身上抽血，用于救治南朝鲜的伤员。面对这种情况，作为战俘营为数不多会英语的战俘翻译，林学逋挺身而出，同美军辩论，痛斥美军违反《日内瓦公约》中的战俘条款。战士们不同意抽血，与强行抽血的医护人员搏斗。南朝鲜士兵用皮鞭抽打战士，林学逋出面制止看守士兵的暴行，却被免去翻译职务，并且受到严密的监视。

林学逋抗议了战俘营对他的监视，这招致了南朝鲜士兵的报复，如在他的饭中掺沙子。林学逋借此机会控诉美军虐待战俘的罪行，号召大家进行绝食斗争。战士们本就不满于吃霉变食品、被强行抽血等虐俘行为，便一呼百应。美军看守持枪过来镇压，战士们把林学逋护在中间，手挽手高呼："我们不吃变质食品！我们是人！""与违反《日内瓦公约》的人作斗争！"

眼看斗争扩大，美军急忙调来十几辆坦克，并且开火镇压，导致不少战俘伤亡，美军称之为"釜山暴动"。事件发生后，举世哗然，国际红十字会强烈要求访问战俘营。为了避开媒体和国际红十字会的关注，美军决定把战俘转移到偏远的巨济岛上去。

巨济岛是一座荒芜、偏远的岛屿，是朝鲜历史上关押和流放犯人的地

[①] 见许金华《百年国际政治风云录2：铁幕沉沉》，中国档案出版社，1996年，第147页。

方。岛上有原住民和难民约2万人，食物奇缺，设立战俘营后，供应更是困难。美军最初的设想是建立8座战俘营，每座战俘营关押700~1200名战俘，但很快，战俘数量就超过了战俘营设计容量的10倍——朝鲜人民军战俘13万人，中国人民志愿军战俘1万多人都被转移到了巨济岛。志愿军战俘被关押在第72、第86集中营，这些集中营也叫联队。由于关押人数严重超出预计，供战俘居住的每个帐篷要关押50名战俘，无法安置床，只能在潮湿的地上铺上草席，每张草席上睡两人，每人一条旧军用毛毯。战俘们每天两餐，每餐只有半碗饭。

林学逋是7月底被转移到巨济岛第72集中营的。第72集中营关押了7000多名志愿军战俘，被编成6个大队和若干小队。由于懂英语，林学逋被指定为翻译。林学逋除了积极反映战俘们的疾苦，维护他们的合法权益，为战俘们争取更多更好的生活条件，还试图利用翻译方便走动的有利条件，秘密联络战俘中的新青团员，寻求建立统一的有组织指导的斗争。

第72集中营归属战俘营警备队第7联队管辖。战俘营警备队大多由在朝鲜战场上被俘后叛变投敌的人组成，这些人大都是原国民党投降、起义士兵，立场并不坚定，还有一些本就是国民党留下的特务，他们参加志愿军时就已心怀不轨。他们形成了战俘营中的一股反动力量，对共产党员和其他拒不投降的战俘展开了惨无人道的迫害。在他们的淫威之下，不少被俘的志愿军战士被迫将遭返目的地改为台湾地区。美军就从战俘营中挑选了几百名这样的反动分子，送到美国中情局设在东京的特工训练基地进行特工专业训练。受训完成后，这些人返回战俘营从事战俘管理、情报收集和战俘策反工作。

第7联队队长叫王顺清，副队长叫李大安。王顺清在东京的培训中学会了四门外语，表现出在情报收集方面的价值，受到美军赏识，当了联队队长。

战俘营警备队队员都会配备棍棒和匕首，用以毒打战俘。无论是朝鲜战俘还是志愿军战俘，都遭受了他们的折磨。刚押送来的战俘，都要经历他们的"杀威棒",另外,不听话或者和美军作对的,也由他们充当打手,出面"镇压",不少战俘被打残、打死。警备队还设有"肇事者监狱"和"小监狱",专门对付意志坚定者。他们在战俘营中施行高压管理,禁止信仰自由,规定两个人以上不准谈话,不准互相串联,上厕所要先报告,讨论会必须发言,唱反动歌曲必须张嘴。

他们一般分三天毒打战俘。第一天一般是预审、核实身份、进行登记。问的内容主要是"你是哪里人""是否是共产党员";对于第一天不配合、没有核实清楚的,第二天还要进行毒打,并增加"你在哪里打过仗""你是否打死过美国人"等内容;第三天又增加"保证不参加暴动""当老实俘虏"等内容。很多志愿军战士很鄙视这些叛徒,骂他们是"叛徒""美国佬的走狗",自然又免不了要受一顿毒打。更为恶毒的是,他们经常强迫坚持要回国的战俘写下不愿意回祖国大陆的"血书",在他们身上刺"反共抗俄"的标语,企图迫使他们放弃回祖国大陆的要求,并以此为"板门店和谈"中美国代表坚持的"自愿遣返"提供"事实依据"。因此,在第72集中营"每天上千人挨打,数百人关禁闭,如孟庆章被刺甲缝,薛德劳被压杠子,孙文清被从肛门灌入沸水烫死。战俘营已成为名副其实的人间地狱"。被俘的"538团副参谋长杜岗因组织'回国小组'被打掉了四颗门牙,180团机关连指导员孔繁堂因反对在去台湾的文书上签字,肛门被三次灌水"。[①]

与其他战俘不同的是,林学逋到战俘营之后,没有遭受毒打。这是因为王顺清、李大安认为林学逋极具劝降的条件:出身于资本家家庭,父亲林乔根是国民党乐山县党部书记,伯父是国民党乐山县党部的书记长;他父亲被劳教,伯父被枪毙;林学逋原来过惯了富家少爷的生活,而解放后则需亲自参加劳动。他们还认为,林学逋的哥哥林心去了台湾,从这个意

---

① 见《历史的回音》编审委员会《历史的回音——一八〇师实战录》,现代出版社,2015年,第459—460页。

义上讲，林学逋属于反革命家属，没有理由不接受劝降。所以他们只是把林学逋押到审问现场，让他观看打手们是怎样折磨战俘的，想摧毁他的心理防线。但林学逋根本不为所动，并极为气愤。虽然嘴被封上了，不能说话，但林学逋还是通过怒视、跺脚来表示抗议。

那个时候的巨济岛基础设施很差，食品和淡水都得从他处通过船只运输过来，所以岛上经常缺水，战俘用水就更少了，战俘的生活极其困难。通常是5天供应一次开水，每个战俘仅有一小缸。每餐的食物是半小碗用带壳的大麦和碎玉米煮的饭，配两小块萝卜，含水量也很少。因为缺水，很多战俘患有口腔溃烂，为了能喝口水，有的战俘不得不用手指在草席旁就地挖些小坑，好让潮湿的地面渗出点浑水，以此保证基本的生理需要。

为了增强斗争的力量，战俘营中的中共党员和朝鲜劳动党员也组织了地下组织开展斗争。林学逋想方设法联系组织，但因不是党员，没能与党组织取得联系。但他还是参加了丁先文、张达等成立的"青年团爱国小组"，其成员有丁先文、张达、陆建勋、谢义荣、张辉忠、任啸、林学逋等。539团团支部见习员丁先文、张达也是从四川参军的知识青年，且都是国民党军官子弟，他们目睹了国民党的腐败，又体验了人民军队官兵平等的生活，对共产党和新中国非常热爱。当集中营中的国民党特务把他们作为拉拢对象时，他们却偷偷地组织了"青年团爱国小组"，坚定要求回国，虽被多次拷打，仍矢志不移。他们还编写了诗歌《可爱的中国》：

可爱的中国，
是我们的家园。
坚决回去，死也不变。
不给仇敌当奴隶，
不背叛自己的祖先。
总有一天，
胜利会实现，

永做祖国的主人，永做祖国优秀的儿男。

这首歌充分反映了战俘们的心声，很快就在战俘营中传唱开了，极大地激发了战俘们的斗志。"青年团爱国小组"还经常宣传当时的形势，对战俘们秘密进行爱国主义和革命气节教育，他们经常以苏武牧羊的故事互相鼓励。林学逋还将普希金的一首诗《致西伯利亚的囚徒》推荐给其他战俘，用以鼓舞他们与敌人做斗争的勇气。这首诗写道：

在西伯利亚矿坑的深处，
望你们坚持着高傲的忍耐的榜样，
你们的悲痛的工作和思想的崇高志向，
决不会就那样徒然消亡。
灾难的忠实的姊妹——希望，
正在阴暗的地底潜藏，
她会唤起你们的勇气和欢乐，
大家期望的时辰不久将会光降。
爱情和友谊会穿过阴暗的牢门
来到你们的身旁，
正像我的自由的歌声
会传进你们苦役的洞窟一样。
沉重的枷锁会掉下，
阴暗的牢狱会覆亡——
自由会在门口欢欣迎接你们，
弟兄们会把利剑送到你们手上。

警备队队员们听到这首诗，气急败坏，认为是有人在煽动暴动，迅速将情况报告美军，并启动调查，结果一无所获。

林学逋还经常利用当翻译的优势，获得一些中朝军队胜利的消息，并将这些消息传递给其他战俘，燃起他们斗争的希望。他还写过一首诗，念给"青年团爱国小组"的成员们听。这也是林学逋个人留下的唯一的一首诗，同样也是他表明心志之作。

> 一心抗美当英烈，
> 不幸疆场作楚囚。
> 身陷虎穴心向党，
> 甘洒热血壮神州。

留取丹心

朝鲜战场上，谈判和战争交替进行，至1951年11月，和谈陷入僵局，美方坚持以"自由遣返"为由扣留我方被俘人员，企图给我党我国脸上抹黑，于是美方和国民党特务就在第72、第86集中营中公开宣布"谁回大陆，谁就是我们的敌人"，并展开"甄别"工作。为此，美国中情局与蒋介石勾结起来，美国中情局人员赴台面见蒋介石，最终商定由蒋介石派出特工受美国中情局调遣，从事情报收集工作。蒋介石派出了400人的队伍到达巨济岛的战俘营，他们在物色目标时了解到林学逋的情况，认为他是很好的发展对象，便通过李大安再次对他进行劝说，想让他认识到他与共产党有仇。林学逋坦然答道："出身不由己，道路是人选择的。"

李大安又劝道："凭你这样的学问，将来去台湾、到美国，都可以平步青云，何必跟着共产党跑。眼下你要做苦工，挨冻受饿。就算你回到大陆，也会遭到怀疑，一辈子都翻不了身！"

林学逋坚定地回答："人各有志，用不着你们替我操心！"

特工们气急败坏，他们想不通林学逋这种家庭出身的人怎么会死心塌地地追随共产党，于是就指使李大安等人对他施以严刑。特工们要林学逋交代"釜山暴动"中的同伙，用皮鞭打得他皮开肉绽，但是他咬紧牙关坚持着，始终不吭声。直至林学逋昏迷，打手们才停了下来，把他关进小监狱，而且不让战友们照顾他。

第72集中营解除了林学逋的翻译职务，不断地审讯他。有一次，警备队的人把林学逋绑在木柱上，审问他是不是写了《可爱的中国》，其中一个人说："如果不是你写的，那你就唱一首国民党的歌曲，我就放了你。"林学逋高昂着头，根本不理睬这些人。穷凶极恶的特工们气得一拥而上，把林学逋打昏了过去，然后趁他昏迷的时候，在他左臂上刺下"杀朱拔毛"四个字，想让他断了返回祖国大陆的念头。刺完以后，又用冷水浇醒他。看到特工们盯着他的左臂冷笑，林学逋下意识地看了看自己的左臂，发现了刚刚刺好尚带血迹的字，林学逋无比愤怒地说道："你们能在我的皮肤上刻字，却永远不能把这些字刻进我的心！"

警备队的人把林学逋放回了帐篷，想看他是否会有变化。他们的本意是想通过这种办法，绝了他对共产党和新中国的念想，让他受到孤立，被迫走上反共的道路。可特工们失算了，看到遍体鳞伤的林学逋回来了，战友们围了上来，扶他在草席上坐下，林学逋向同帐篷的战俘们诉说了自己被毒打和昏迷时被刺字的遭遇。这激起了公愤，大家都大骂特务们无耻，并且纷纷谴责这种违反《日内瓦公约》的行为，誓言要斗争到底。而且大家对林学逋表现出的英雄气概深表敬佩，认为他是集中营中的英雄。

警备队见形势并不如所想，害怕林学逋煽动战俘们闹事，就将林学逋所在帐篷的战俘都押到一个露天的土坑中，在坑外四周布置人员进行看守。此时已是寒冬，志愿军战俘们还穿着单薄的衣服，被迫坐在地上不准动，没有食物和水，不让上厕所，晚上也不让睡觉。寒风凛冽，战俘们被冻得浑身发抖，但无人屈服。

第7联队队长王顺清看硬招不行，就想了个软招——让林学逋去演戏，演一个战俘们痛恨的叛国者。他们组织力量编写了一个吹捧战俘"弃暗投明"的剧本，并指定林学逋演主角。林学逋不从，警备队就用高音喇叭在战俘营中不停地播放台词，让大家无法睡觉。为了其他战俘，林学逋不得不答应了他们的要求。但在排练中，他故意拖延进度，一度耽误了演出时间。

第72集中营用唱歌和演戏来"教育和感化"战俘的做法,深受美军好评。他们就在巨济岛上推广这一做法,还将第72集中营评为"模范战俘营",要求各联队都要来学习王顺清的经验。王顺清、李大安要求林学逋加紧排练,提高演出水平,不要给他们丢脸,并威胁林学逋,如果搞砸了,就把林学逋同一帐篷的战俘统统枪毙。为了其他战俘的安全,林学逋不得不含泪排练。

正式演出的当天,王顺清、李大安带领其他来学习的联队头目一起在场下观看,王顺清、李大安得意洋洋。这部剧的情节是这样的:国民党军队与解放军正在打仗,林学逋扮演的是一个不愿意打仗、贪生怕死的解放军战士,很快就被俘了。受审时,按照剧本的台词,林学逋扮演的角色应该回答"我不愿意跟着共产党这些王八蛋做不正义的青年"。可是,台上的林学逋却把台词改了,只见他在说到"我不愿意跟着"时停了下来,故意咳嗽了一声,然后用轻蔑的目光看着王顺清、李大安,高喊:"这些王八蛋做不正义的青年!"

顿时,场下像捅了马蜂窝一般,王顺清和李大安率先跳到椅子上破口大骂,警备队队员也纷纷捡起石头向台上甩,现场乱作一团。李大安拿着棍棒冲上舞台,抓起林学逋就走。王顺清则冲到后台,将台词拿过来看:林学逋只省略了"共产党"三个字,但表达的意思完全相反,变成了对他们的辱骂,变成了绝不投降的宣言!王顺清气得七窍生烟。

王顺清赶到警备队时,李大安已经在毒打林学逋了,他吩咐道:"给我狠狠地打,不要让他安宁!让他坏我的好事!"打累了,李大安又换着花样折磨林学逋,给他的鼻子灌辣椒水,直至他昏迷过去。

第二天,美军集中各联队队长开会,就第72集中营演出时出现的问题进行总结,王顺清受到美军严厉的指责和批评。从此,王顺清、李大安对林学逋恨之入骨。

自1951年7月以后,中、朝两国和美国的谈判一直在进行中,但美国缺乏诚意。美国一方面大举向朝鲜半岛增兵，新补充10余万兵力到朝鲜，其中包含大量的炮兵和坦克部队，大大增强了前线的火力，并且新增轰炸机联队入驻日本，新修10多个军用机场，出动大批轰炸机轰炸志愿军的运输线和后方基地，试图以战场上的优势逼迫我方让步。另一方面，在战俘遣返问题上动手脚，设置障碍，要求给予战俘遣返去向的自由选择权。他们意在向公众显示美国"一方面不愿意战俘再回到共产党阵营。另一方面是想把这些战俘补充到李承晚军和蒋介石军中去，以加强他们的兵力"。美军采纳了心理战专家的两条建议，其一是："把那些原是国民党军和那些害怕因投降而受到共产党惩罚的中国战俘送到台湾去。因为台湾在法律上是中国的一部分，这一计策可以保证美国至少在法律意义上是遵守《日内瓦公约》的。"[1] 这一建议还暗藏祸心：可以诱使或者强迫大量志愿军战俘选择前往台湾地区，意在向全球展示新中国的统治不得人心，不受人民拥护，战俘都不愿意选择回大陆。其二是："一些中国战俘会愿意被秘密地送往大陆登陆，然后回到自己的家园或游击队占领区[2]去。"[3] 这一项建议被进一步发展为从战俘中挑选特工人员潜回大陆或者混入遣返的战俘中回到大陆，意图从中国内部入手，颠覆新生的人民政权。这也是美军在战俘营中开展"甄别"行动，强行要求志愿军和朝鲜人民军战俘"自愿"选择被遣返到台湾地区或南朝鲜问题的由来。

"甄别"行动开始后，首先遭到了朝鲜人民军战俘的反对，他们坚决不去南朝鲜，并写了请愿书。为了让世界知道美军践踏战俘人权，强迫战俘们选择不愿意去的遣返目的地的暴行，战俘们在请愿书中用鲜血签名。朝鲜劳动党地下组织将用鲜血写的请愿书带了出来，各国媒体纷纷报道，

---

[1] 见［美］约瑟夫·格登《朝鲜战争：未透露的内情》，解放军出版社，1990年，第684页。

[2] 这里的"游击队占领区"指国民党残军及土匪占据的山林地区，1953年以后基本被解放军肃清。

[3] 见［美］约瑟夫·格登《朝鲜战争：未透露的内情》，解放军出版社，1990年，第729页。

世界舆论一片哗然。

　　巨济岛紧张起来了。为应付国际舆论，混淆视听，美军要求各联队也发动战俘写请愿书，表示愿意去南朝鲜和台湾地区。王顺清拿着拟好的请愿书来到林学逋的帐篷，要求战俘们签名。林学逋他们看到请愿书要求遣返的目的地是台湾地区时就坚决拒绝签名。李大安来到林学逋身边，手上拿着皮鞭，要求他带头签名，林学逋把头转开，坚决不签。李大安气得拿起皮鞭就打，可是无论怎样打，林学逋就是不签。其他帐篷的战俘们知道情况后，开始声援林学逋，拒绝签名，美军混淆国际视听的阴谋就此破产。

　　第 62 集中营关押了 5600 名朝鲜人民军战俘，"甄别"活动进行到这里时，警备队队员对战俘的威逼和毒打引发了战俘们的愤怒，进而引发了双方的冲突，美军进行了镇压，当场打死数十人，打伤百余人，后来又有数十人因流血过多而死亡。林学逋等战俘当即发起声势浩大的声援活动。1952 年 2 月 23 日，朝鲜抗议美军暴行，国际舆论亦发出谴责。美国被迫更换了战俘集中营司令，弗朗西斯·杜德准将被任命为新司令。

　　第 62 集中营事件，促使美方同意朝方成立"中立国监督委员会"，以此监督双方关于停火和战俘交换问题的提议：战俘应先被押解到中立地区，他们将根据自己的意愿选择遣返目的地。但谈判双方在中立地区的选择上陷入了僵局。4 月 3 日，美国出尔反尔，仍然决定将战俘直接遣返至南朝鲜或台湾地区。两天后，美军第 8 集团军司令詹姆斯·范弗里特开始执行该计划。

　　詹姆斯·范弗里特要求集中营警备队事先警告所有战俘，在接受口头"甄别"和做出选择之前，不得同其他战俘议论和商定他们做出的选择，以免受其他人的影响，并且要求战俘们三思而后行，一旦做出选择，就不允许反悔。

　　根据这一要求，集中营警备队通知参加口头"甄别"的战俘可以携带衣物，并且告知他们：如果不返回中国大陆或者北朝鲜，就不需要回到战俘营继续受苦和劳动，有车会直接将他们送到台湾地区或南朝鲜，结束战俘生涯。

王顺清和李大安专门针对第72集中营的战俘们炮制谣言，声称志愿军战俘"一回到大陆，一定会被杀死"。他们以为所有的战俘一定会被吓住，不敢选择回大陆。4月7日，李大安将第72集中营的战俘们集中起来，说："现在开始'甄别'，汽车就在外面等着，愿意回大陆的，赶快站出来。"没有想到，他的话音刚落，林学逋就高呼："要回祖国大陆的跟我走！"一下子就有许多人站了出来跟在林学逋的身后。

气急败坏的李大安大吼道："要回大陆的，先把手臂上的字留下来！"说着，连续割下100多名战俘手臂上带字的肉。这些意志坚定的战俘手臂上刺字的由来和林学逋遭遇的情形差不多。李大安还把割下来的人肉用铁丝穿起来高悬示众，以威胁其他战俘。

第72集中营的"甄别"进行得很艰难，警备队员轮流吃饭和休息，战俘们却不得片刻的喘息。

王顺清问林学逋："你去哪里？"

"回祖国去！"林学逋毫不犹豫。

"给我打！"王顺清一声令下，棍棒、皮鞭一齐落在了林学逋的身上。

"到底去哪里？"打了一会儿，王顺清又问道。

"我是中国人，死也要回祖国大陆去！"林学逋仍然坚定地回答。

王顺清怎么也想不明白，像林学逋这种家庭出身的人怎么会这么顽固。他让手下人把林学逋抬到联队部去，准备继续折磨他。林学逋此时已经流了不少血，为了保护林学逋，战俘们与警备队发生了冲突，有战友趁机拿出一面折叠好的五星红旗，在林学逋滴在地上的鲜血上蘸了一下，悄然收入怀中。

林学逋仍被带到了联队部。4月8日清晨，李大安恶狠狠地追问他："要不要命？到底要到哪里去？"

林学逋毅然回答道："活着是中国人，死是中国鬼！回祖国大陆去！"

"你为什么偏要回大陆去?"李大安吼道。

"我生是大陆人,大陆有我的父母和亲人。"林学逋回答说。

"你哥哥在台湾,台湾也有你的亲人啊!"李大安继续劝。

"我要回大陆!"林学逋无比坚决。

李大安用刀挑开林学逋右臂的衣袖,露出"反共抗俄"四个大字,林学逋鄙夷地说道:"无耻!"

李大安手起刀落,带着"反共抗俄"四个大字的肉条落到了地上。他把刀尖放到林学逋的胸口,逼视着林学逋:"你再仔细考虑一下,到底到哪里去?"

"没什么可以考虑的,我是中国人,回祖国大陆去!"林学逋手臂上鲜血淋漓,几近昏迷。

李大安让人用冷水泼醒林学逋,又用刀抵住林学逋的胸口,鲜血顺着刀柄不断地渗出。在模糊的意识中,林学逋听到一个声音在问:"到底去哪里?"

他吃力地挤出一句话:"我生为中国人,死为中国鬼!共产党万岁……"

直至生命的最后时刻,他仍以几不可闻的声音说道:"祖国万岁!"

看到林学逋如此倔强,李大安恼羞成怒,竟剖开林学逋的胸膛,在一片血淋淋中剜出了他的心脏。李大安将仍然温热的心挑在刀尖上,看它兀自跳动。

罗老师当初建议林身改名为"林学逋",是想让他成为林逋那样身心高洁的学者,却不曾想到林学逋最终以生命向林逋学习,以宝贵的生命践行了林逋的名言"宁以义死,不苟幸生,而视死如归"。

此时,第72集中营的战俘们仍然在接受"甄别"。李大安挑着林学逋的心脏来到"甄别"现场,他的暴行惊呆了在场的所有人——包括警备队的人员。他癫狂地叫嚣着:"看见了吗?谁要回大陆,就这样去找毛泽东。"他走到每个战俘跟前,强迫他们观看。

这天，第 86 集中营也在进行斗争，4 名战俘被打死，数百人受伤。

林学逋等人争取回国的英勇事迹在巨济岛上传开了。"我们是中国人，我们要回到祖国大陆去！"这一呐喊成为巨济岛上最响亮的口号。受林学逋的激励，第 71 集中营 200 多名战俘冒死升起了一面五星红旗，并高呼要求回到祖国。

林学逋等人英勇斗争，要求回归祖国大陆的事迹被朝鲜劳动党地下组织传了回来。在谈判桌上，中朝代表对美国提出了强烈的抗议，要求美方立即停止"甄别"活动，并就林学逋事件给出解释，双方陷入了争吵。世界舆论纷纷谴责美军在战俘问题上的暴行，美国政府被迫让步。

林学逋的事迹传回军中后，5 月 1 日，180 师为林学逋同志举行了追悼会。战友们追忆了林学逋的事迹，向着巨济岛方向默哀，并发誓要为林学逋报仇。

林学逋虽然牺牲了，但巨济岛上战俘们的反抗斗争仍在继续。5 月 6 日，第 76 战俘营的战俘们以绝食相威胁，要求与战俘集中营司令弗朗西斯·杜德准将进行谈判，并于 5 月 7 日成功地扣留了杜德准将。5 月 9 日晨，德国电视台首先披露了这一事件，称之为"杜德事件"，让美军在战俘营中虐待战俘，搞强迫性的"甄别"活动，从而制造中朝战俘不愿被遣返回中国大陆或者北朝鲜的假象等无耻行径更加为世人所知。10 日，在板门店谈判桌上，朝方代表南日宣读了经毛泽东主席同意的抗议稿：

> 我奉我方司令官之命通知你方：在我方被俘人员被你方收容期间，你方就有计划地采取一系列的野蛮办法来实现你方蓄意已久的强迫扣留我方被俘人员的目的，你方这种在自愿遣返名义下进行的罪恶行为，彻底破坏了《日内瓦公约》，违犯了人类行为的最低标准。我方被俘人员对于你方这种非法不义行为的反抗完全是正当的。你方对我方被俘人员所进行的接二连三的血腥镇压，都不能动摇我方被俘人员要求遣返的坚决意志。你方司令官竟于最近公然声称要对我方手无寸铁的我方被俘人员施行又一次屠杀，这是不能容忍的。你方应该清

楚知道，保护双方司令官收容下的战俘的安全，并尊重他们的人格，仍是双方司令官所不可逃避的义务。你方必须对我方被俘人员的安全负完全的绝对的责任。①

美方谈判代表乔埃·哈里逊等人，在事实面前狼狈不堪，无言以对。同时，巨济岛第76集中营又通过朝鲜劳动党地下组织送出了一份声明，上面有战俘集中营司令官弗朗西斯·杜德准将承认集中营当局存在虐俘等有罪行为的声明。美方新任战俘营负责人查尔斯·柯尔生准将承认了迫害、屠杀我方被俘人员的血腥罪行，并且保证要"使暴力行动和流血事件不再发生"，不再对战俘进行强迫"甄别"。板门店谈判桌上，巨济岛上的声明也成了话题，朝鲜人民军的代表以"杜德事件"诘问美军代表；中国人民志愿军代表也就林学逋、杨文华被害问题要美军代表给予答复。

"杜德事件"一度成为国际舆论关注的焦点，英、法等国的媒体纷纷发表评论："'杜德事件'使美国的'甄别'方式臭气熏天起来。""此后，人们不会再相信美国所谓的战俘不愿回到他们祖国的说法了。""美国政府发言人也承认：这个事件使美国在这个紧要时刻，在整个东方丢脸……"②美国被迫成立了一个调查组调查"杜德事件"，林学逋成为调查组经常提起的名字。

朝鲜战场上的角力依然在进行着，美军发动了对中国人民志愿军和朝鲜人民军的"绞杀战"。巨济岛战俘营里的中共党员们在秘密联络，他们打算在1952年10月1日——祖国第3个生日这天举办一项庆祝活动。10月1日，巨济岛战俘营突然升起了10面染有战俘们鲜血的红旗，其中有一面红旗就染着林学逋烈士的鲜血。

1953年7月24日，中朝两国与"联合国军"的谈判达成合意，双方

---

① 见柴成文《板门店谈判纪实：纪念中国人民志愿军赴朝五十周年文集》，时事出版社，2000年，第50页。

② 见肖云斌《大出兵》，团结出版社，1993年，第312页。

同意以"三八线"为界，实现停战，中国人民志愿军司令员彭德怀，朝鲜人民军最高司令官金日成，"联合国军"总司令马克·韦恩·克拉克分别在停战协定上签字。

中国人民志愿军以惊天地泣鬼神的顽强战斗意志和优秀的战术素养，以极差的武器装备顶住了以美军为主力并且具有极大火力优势的"联合国军"的疯狂进攻，将其从中朝边境的鸭绿江畔打退到"三八线"附近。从朝鲜战争的整体情况来讲，双方的战事始于"三八线"，最后止于"三八线"。但就中国人民志愿军参战的抗美援朝战争而言，战争起于鸭绿江畔，止于"三八线"，就战略意义而言，毫无疑问是我方取得了胜利。

双方停战以后，6000 余名志愿军战俘被遣返回国。9 月 11 日，同样被俘并被关押在巨济岛战俘营的志愿军战士、林学逋的堂弟（林季根之子）林镯向祖国和人民汇报了他们在战俘营中的斗争，专门讲述了林学逋的事迹。林镯在战俘营中并没有见过林学逋，但他听说过他的事迹。当听到林学逋英勇牺牲的消息，他流下眼泪，当场高唱《义勇军进行曲》，并呼喊口号："坚决回到祖国大陆去！"林镯因此受到特务们的毒打。林学逋的感人事迹让在场的中国人民第三届入朝慰问团成员潸然泪下，演讲结束时，口号声和哭泣声响成一片。慰问团中的黄启璪是西南师范大学（今西南大学）物理系三年级的学生，听了林学逋的事迹后，被深深地感动了，不知哭了多少次。回国后，他多次在川内①举行报告会，介绍林学逋的事迹，在学生中产生了强烈的反响。

离开巨济岛的林镯，最大的心愿就是向祖国和亲人们控诉美帝与蒋介石的罪行，让林学逋的事迹传遍全世界。

林学逋的名字还不断出现在中外的报刊中。著名作家巴金曾将他的事迹写成报告文学《忘不了的仇恨》，黎明将他的事迹写成《我们是中国人》，方明将他的事迹写成《血债》，称赞林学逋是祖国最坚强的儿子、最

---

① 那个时候西南师范大学所在的重庆还未成为直辖市，仍然是四川省的组成部分。

勇敢的战士。这些文章在全国产生了极大影响，成为新时期爱国主义教育的范例，感动了一代人。林学逋的战友张达在开城接受了英国和法国媒体的采访，介绍林学逋的光辉事迹，让林学逋的感人事迹走出国门，走向世界，成为新中国青年的楷模。

志愿军被俘人员归国后，归国志愿军管理委员会专门为林学逋同志开了追悼会，会场上安放着林学逋的遗像，战友们宣读了《人民日报》《光明日报》《人民文学》等报刊上关于林学逋事迹的文章。

遗憾的是，林学逋作为革命烈士的申报材料由归国志愿军管理委员会负责上报，但在材料还未得到批复之时，归国志愿军管理委员会就被撤销了，致使林学逋的烈士待遇没有及时得到落实。

尤使人感念的是，林学逋的母亲一直都不知道林学逋的情况，一直期待他有一天能够归来。林学逋的父亲林乔根在劳改过程中不幸身亡。余振清转业后在洛阳地质队工作，也与家乡失去了联系。林学逋的母亲在"上山下乡"时，主动申请下乡到了娘家人聚集的"杨家花园"，并在亲戚的帮助下从事劳动。让她感到欣慰的是，林凤娇时常过来帮忙并和她说说话，可惜好景不长，林凤娇突然得病去世。1962年，林母怀着对儿子的期待与思念，在贫病交加中悄然而逝。

党的十一届三中全会后，1980年，中共中央、国务院、中央军委联合发文，推动处理有关志愿军战俘的遗留问题。1981年，解放军总政治部转发了山西省军区《关于志愿军被俘人员复查处理情况的报告》，督促各省市抓紧落实归来者的复查处理，林学逋的事迹在志愿军战友中重新被提起。林学逋牺牲30周年纪念日时，《中国青年报》发表了纪念文章。其中，林学逋的战友赵国玺、张泽石写了一篇《他的心永远为祖国而跳动》，轰动全国。他们饱含深情地写道：

> 整整三十年过去了，许多往事早已淡忘，但是他那颗被敌人剖腹挖出来刺穿在匕首尖上的心，那鲜红的、冒着热气的、仍在微微搏动

的心啊，却依然晃动在我们眼前！他那临死前的呐喊："生为中国人，死为中国鬼！"他那就义时深情的高呼："中国共产党万岁！祖国万岁！"也依然轰鸣在我们的耳际……啊！林学逋烈士，我们的好战友，离开我们整整三十年了……忠魂归来兮！我们的烈士！

当年宣传林学逋事迹的大学生黄启璪，发现林学逋的烈士身份没有得到落实，立即寻访四川省民政部门，为落实林学逋烈士称号而奔走呼吁。

1982 年 9 月 16 日，乐山市人民政府发出《乐山市人民政府关于追认林学甫①同志为革命烈士的通知》，追认林学逋为烈士。

1987 年 4 月 8 日，在林学逋烈士遇难 35 周年之际，四川大学、共青团四川省委、中共乐山市委在四川大学举行隆重的纪念活动，正式将林学逋的名字补刻进四川大学的革命英烈纪念碑中，该碑至今仍然矗立于四川大学公共管理学院前的川大英烈纪念亭中。四川大学还编写了《抗美援朝烈士林学逋生平简述》《川大英烈——林学逋》等文章，成为激励川大学子爱国奉献、奋发成才的重要力量。

林学逋被公推为"当代乐山青年四杰"之一，在《乐山市志》《乐山历代人物传略》《乐山市中区志》等地方志中均有传，成为乐山青年学习的榜样。作家靳大鹰也在《昆仑》杂志上撰写了《志愿军战俘纪事》，丁先文写了回忆录《在火中成长，在烈火中永生——记林学逋烈士生前片段》，乐山作家张碧秀也撰写了《他的心为祖国而跳动》，宣传林学逋的事迹。同时，林学逋作为一位普通文职人员，却在战俘营中受到那样的迫害和非人对待，他的事例成为朝鲜谈判的重要议题，已经成为世界战俘史研究中经常提到的案例。

---

① 此处的"林学甫"即"林学逋"，应系当时工作人员弄错了林学逋的名字。

出师未捷身先死　长使英雄泪满襟
——袁守诚烈士传

袁守诚（1928—1951），男，1928年农历八月十五日（公历9月28日）出生于四川省内江市资中县恒升当铺（今资中县北街110号）中，籍贯资中县谷田公社宁国寺大队十一队（今资中县重龙镇宁国寺村8组），是成都解放以后四川大学团组织公开之前发展的中国新民主主义青年团员。袁守诚1940年小学毕业于资中县立北城小学，1943年初中毕业于私立岭南中学，1947年高中毕业于省立资中中学，同年考入国立四川大学先修班，1948年正式升入国立四川大学外文系就读，1951年响应党的号召，参加抗美援朝，经过报名、选拔，成为中国人民志愿军60军180师英文教员，1951年2月光荣牺牲，1951年4月被评为烈士。

袁守诚烈士

在寻访了解袁守诚人生经历的过程中，编者有幸翻到了一封信。这是1987年四川大学在校内英烈亭中的英烈碑上补刻袁守诚烈士之名时，袁守诚的堂妹袁瑞英为寻求一些材料致信当时在内江市良种场工作的堂哥袁守忠（即袁守诚的胞兄）而得的一封回信。信中充满了袁守忠对弟弟狠心抛下自己挚爱的父母、兄妹、未婚妻，只顾为国效力而忽视战争的残酷和个人牺牲会对家庭和亲人的打击的埋怨，以及自己失去弟弟的悲痛和对弟弟的深切怀念。30多年了，今日读来，仍能感受到袁守忠失去弟弟的切肤之痛，文字情真意切，让人潸然泪下。

九妹①：

  很感激你为三哥为国捐躯的英灵流芳百世所做出的努力，当我看到你的信的时候，它充满着你的一颗热忱的心，流露着手足之情，字字句句都引起我往日的回忆：他刻苦勤奋读书的情景，聪明、活泼（的模样），和蔼可亲的笑容，我真舍不得他。我真控制不住我的眼泪，它直往下流。老实说我真有点恨他太傻，为啥不考虑战争的残酷无情，尽（竟）断送了他年轻而宝贵的生命。二十三岁，太可惜的二十三岁！大学生，一个外语系的大学生，你尽（竟）这样糊涂，你（难道不为）在短暂的人生的道路上没有走上一步幸福的路而感到遗憾吗？你忘记了父母养育之恩，悄悄地离去！父亲正直开朗，他（因）为国生养了这样一个儿子而感到自豪。而母亲呢？儿子是她身上的肉，她终日思念你，呕心沥血，愁伤成疾，抛弃我们而去！亲爱的弟弟，你感（受）到父母养育之恩（却）不报，还要留给母亲的是心酸和眼泪，你忍心吗？……

  照片，我找了所有放照片的地方都没有（找到）。回忆中，我清楚的（地）记得我看到过他两张照片，一张是半身的，在背面是他用英文形式写的汉字名字：Hos（袁）、（守）、（诚）②。一张是在冰天雪地的一个路边，他穿一身军装，外披一件军大衣，英姿潇洒，靠在一棵大树上的照片。

  孃孃回忆妈妈还在的时候，她看到过一张守诚和志彬③的合影照片，我记得我在广西桂平金田乡益州村的时候，是三叔（你父亲）④写信告诉我守诚的一些事：

---

① 此指袁瑞英，她在袁家本家行九，故袁守忠称其为九妹。信中有少量别字，以及不符合当下语言规范的表达，为便于理解，编者以括注形式进行了修订，并修改了部分标点。
② 此处或有缺漏，可能是袁守忠没有记全照片背面的英文。
③ 志彬是袁守诚的未婚妻，也是他的同班同学，名叫刘志彬。
④ 这是信中原有的注释。

解放前夕，川大闹学潮与他有关，国民党要逮捕他，他跑到农村同学家去避难。解放后响应祖国的呼唤，抗美援朝，保家卫国，他义不容辞，挺身而出，扛起了枪杆，跨过了鸭绿江。

又听说他是在板门店与美国鬼子停战谈判时牺牲的。

80年（即1980年）左右，资中县革命烈士纪念馆曾派了一个同志来内江市良种场，了解守诚的一些情况，守国可能知道，因为他要找烈士证。

我须（虽）然已经退休，农场还是要找我帮忙，所以我还是没有什么空的时候，再见！守忠亲笔。

5月13日

自古家国难两全，好男儿保家卫国义无反顾，但他们的英勇之举却要留给家人无尽的伤痛。可皮之不存，毛将焉附，没有国哪有家。爱好和平的中华民族却在遭受外敌的觊觎！我们不想欺负别国，但总有人妄想将战争的灾难强加给我们。我们热爱和平，主张国与国之间不分大小和平相处，但任何国家都有自己的底线，任何民族都有自己的尊严，当国家安全、民族尊严等核心利益受到威胁时，我们只有放弃幻想，勇敢斗争。战争来临时，国家需要热血青年保家卫国，但我们不能让英雄的家人在流泪的同时，还生出无尽后悔，更不能让人们为他们感到不值，我们应当永远铭记为国捐躯的英雄们，让英雄的家人们感到光荣和受到敬仰。只有国人形成尊英雄、重英雄的氛围，国家在危险关头，才有人愿意不计生死，挺身而出，而这正是中华文化绵延五千年生生不息的内在动力之一。

袁守诚的父亲名叫袁崇辉，母亲叫陈淑贞。据袁守诚仍然健在的堂弟袁守国说，袁守诚的亲兄妹有四人：老大叫袁守忠，后来在内江市良种场工作，老二叫袁守诚——这两个是男孩；老三叫袁蜀毅，老四叫袁蜀秀——这两个小一点的是女孩。袁家惯常将本家的孩子放在一起排行，按这种排法，袁守诚就是老三，兄弟姐妹都称他为三哥。袁蜀毅和袁瑞英在

1987年写给四川大学的材料中这样描述她们的哥哥："袁守诚自幼聪明活泼，勤奋好学，品学兼优，待人接物真诚坦率，心地十分善良，品德高尚，乐于助人。长大后，他仪表端庄，风度翩翩，并且对爱情很专一，爱劳动，爱弟妹，爱唱歌，脸上总是挂着真诚的微笑。"

袁守诚的堂弟袁守国

袁守诚在资中县城北街长大，这条古老的街道自2000多年前资中建县起即已存在。资中县是四川为数不多的人口过百万的大县，位于成都和重庆之间，距成都145公里，距重庆200公里左右，四川著名的沱江穿城而过。水通常会赋予一个城市灵气，人文鼎盛之城往往与水相伴，资中也正是这样一个有水有灵气的城市。资中县始建于汉武帝建元六年，即公元前135年，迄今已经有2000多年的历史，因尧之子"资"曾协助大禹治理沱江水患，故沱江又名资江，而资中县城正好在沱江的中段，故名资中。资中还是使孔子感到"余音绕梁，三月不知肉味"并从之学琴的宫廷乐师苌弘的故里，自古崇文重教，还曾经出过两个状元——宋代的赵逵、清代的骆成骧，这一辉煌的成就在四川县一级的城市中是非常罕见的。1991年，资中当选四川首批三个县级历史文化名城。

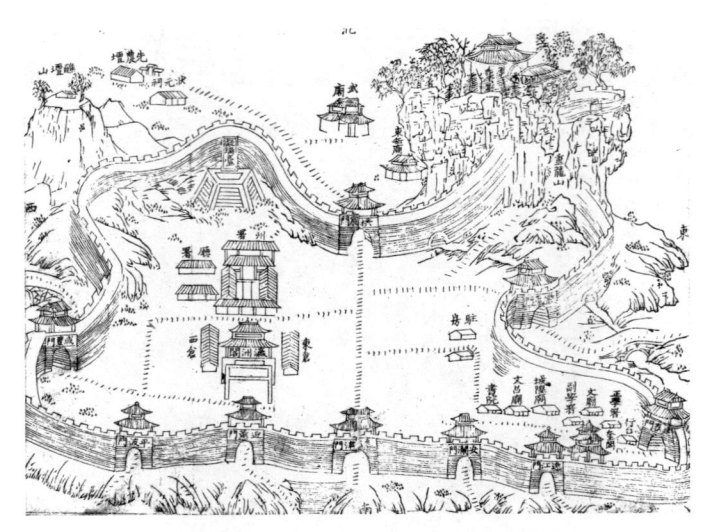

资中古城（正对城门的大街即为北街）

现存的资中古城墙

今天的资中县城北街

1934年至1940年，袁守诚就读于资中县立北城小学。这个地方原为始建于宋代的东岳庙（现在看到的山门是明代复建的），民国时期改为资中县立北城小学，现为资中教师进修学校。1940年至1943年，他在私立岭南中学读初中，此地原是清代道光年间创办的凤鸣书院，也叫南华宫，位于资中县城西门外。民国时期，一所学校在凤鸣书院旧址落成，1931年更名为私立岭南初级中学，1941年增设高中部，更名为私立岭南中学，现已改建为资中县委党校。

揆文奋武 抗美援朝战争中的川大英烈

袁守诚曾经就读的北城小学所在地（原为东岳庙，现为资中教师进修学校）

私立岭南中学（现为资中县委党校）

1944年2月，初中毕业的袁守诚如愿考入省立资中中学，这是一所久负盛名的县级省立中学，也是当时资中的最高学府。早在1905年，资中人便在成都创办资属旅省中学堂，1906年便在资中县城大东街的珠江书院之中建立了资州中学堂。该校于1912年更名为资中学校，1913年更名为资中县立中学，1934年更名为省立资中中学，1950年更名为川南资中中学，

1953年以后为资中县第一中学。袁守诚于1947年1月高中毕业。

(1)

(2)
省立资中中学旧照

至今在资中县关于省立资中中学的档案中，还留存有袁守诚的投考申请表（含口试和体检表）及在校第一学期和第二学期的成绩表。该表显示，袁守诚的口试成绩为"B"，体检成绩为"B−"。

从袁守诚在省立资中中学一年的成绩来看，他的学习成绩还是比较优秀的，数学、国文、图画、英语、历史等科成绩都比较突出。

1947年10月，袁守诚考入国立四川大学先修班戊班，学号36391。1948年7月，袁守诚如愿从先修班升入国立四川大学外文系。当年国立四川大学的招生数仅1000余人，能够考入国立四川大学殊为不易。

有关袁守诚入读国立四川大学的时间，说法不一，包括袁守诚胞妹袁蜀毅及堂妹袁瑞英撰写的材料在内的许多文献，都将袁守诚当成"外文系1947级的学生"。这其实是一种误解，错将袁守诚就读国立四川大学先修班的一年时间算进了其正式入读国立四川大学的时间。

袁守诚所读的省立资中中学的一个学年往往于一年中的2月开始，到次年的1月底结束，学制是三年，所以袁守诚高中毕业的时间是1947年1月底。而国立四川大学及先修班的入学时间都是10月初，所以他在高中毕业后过了一个约8个月的超长假期，才进入国立四川大学先修班，并于翌年正式升入国立四川大学。

现今，四川大学档案馆仍存有关于袁守诚的档案。根据《国立四川大学三十七年度第一学期新生名册》，袁守诚确系于1948年入学。名册中的"三十七年度"即民国三十七年，也即1948年，名册中的第一个学生就是袁守诚，下面的"院系及年级"一项中也明确写有"文学院外文系一年级"。《国立四川大学三十七学年度入学学生注册簿》第2页显示袁守诚的学号为"370114"，其前两位代表民国纪年的入学年份，"37"代表"民国三十七年"，据此也可确定袁守诚是1948年入学的。在学生注册簿中，袁守诚的注册次数有5次。第一次是"10月5日"，是1948年入学的注册时间，应无疑问；第二次是"2月23日"，即1949年2月23日，是一年级第二学期的注册时间；第三次是"10月11日"，是二年级第一学期的注册时间，为 1949 年 10 月 11 日；第四次是"3 月 2 日"，是二年级第二学期的注册时间，为 1950 年 3 月 2 日；第五次是"9 月 23 日"，是三年级第一学期的注册时间，即 1950 年 9 月 23 日。随后，袁守诚于 1950 年 11 月作为英文教员随 60 军集结，准备赴朝鲜参战。这一时间段是连续的，符合逻辑。因此，袁守诚是国立四川大学外文系 1948 级的学生是确凿无误的。

国立四川大学三十七学年度入学学生注册簿（左）和国立四川大学三十七年度第一学期新生名册（右）

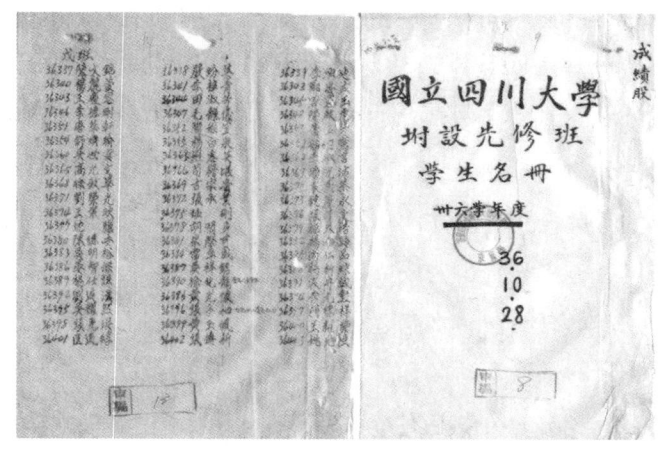

国立四川大学附设先修班学生名册

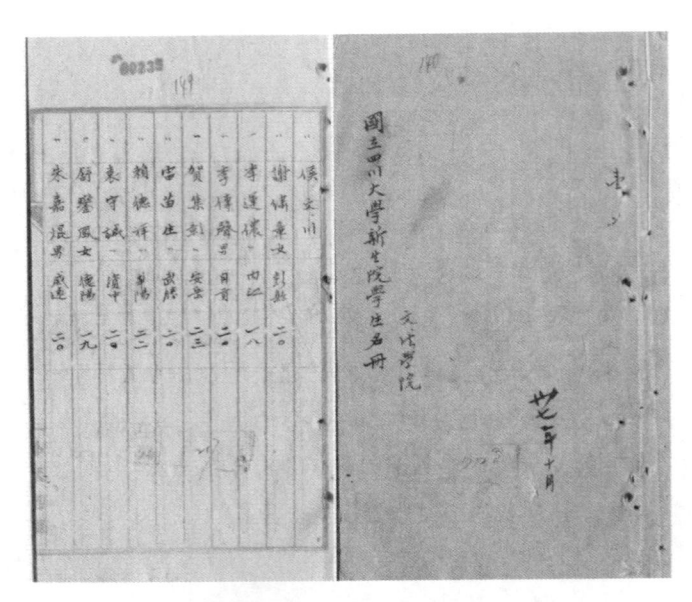

国立四川大学新生院新生名册，袁守诚在左三

在川大，袁守诚找到了挥洒青春与热血的地方。国立四川大学是国内最早成立的现代大学之一，历史悠久。早在1704年，在汉代文翁石室的原址上，一所著名书院——锦江书院诞生了。1875年，洋务派领袖、时任四川学政的张之洞另建了一所新型书院——尊经书院，这两所书院成为四川大学的两个源头。1895年，四川总督鹿传霖依照西方现代大学的办学体制，采用赫尔巴特教学法创办了一所新式大学——四川中西学堂，并于1896年将试办学的成果上奏光绪皇帝，得到清廷的正式批准，中国西部第一所现代意义上的大学由此诞生了。1902年底至1903年初，两所书院和四川中西学堂奉旨合并，成立四川通省大学堂，拉开了四川现代高等教育的大幕。四川通省大学堂甫一成立，就有大量的师生秘密加入同盟会，以学校师生和校友（有胡峻、张澜、吴玉章、杨庶堪、张培爵、尹昌衡、龙鸣剑等）为骨干的保路运动掀开了中国民主革命的篇章。五四新文化运动中，从尊经书院走出的吴虞走在革命的前列，被称为"只手打倒孔家店的老英雄"。十月革命成功以后，1920年秋，王右木就在成都高师（即国立

成都高等师范学校，1916年成立，是四川大学的前身之一，这是四川大学国立化的开端）成立了西南地区第一个马克思读书会，随后创办刊物介绍马克思主义。1922年10月，西南第一个团组织在成都高师诞生。1923年夏，西南最早的党组织——中国共产党成都独立小组在成都高师诞生。同时，时任校长的吴玉章大力支持马克思主义的发展，亲自作了题为《马克思主义的中国势力》的报告，他还延请恽代英、王右木等早期的共产主义者到校任教（王右木1919年即在成都高师任教，后因传播马克思主义被开除，在吴玉章任校长后，被重新聘回）。1925年，吴玉章卸任成都高师校长以后，在成都高师学生童庸生的介绍下加入共产党。川大在共产主义早期传播中的地位非常突出，这种以民族振兴为己任，始终走在时代前列的家国情怀深深地植入川大人的血脉之中，影响和培养了朱德、郭沫若、杨尚昆、吴玉章、王右木、童庸生、杨闇公、刘伯坚、江竹筠、韩天石、胡绩伟等许多革命英雄。

袁守诚考入的正是这样一所革命传统浓厚，深深浸透着"川人从不负国"理念和知识分子的责任与担当意识的学校。他考入学校的时候，川大的党组织刚刚恢复活动①，党领导下的"民协"以及数量众多的进步社团在川大却异常活跃。据不完全统计，那个时代活跃于川大校园内的进步学生社团达43个。时任外文系主任的谢文炳即中共地下组织成员，在其领导下的外文系追求进步的气氛相当浓厚。

袁守诚这个思想活跃、性格开朗、时常面带笑容的年轻人，在这里和他的很多学长学姐一样，喜欢阅读进步书籍，受到学校内风起云涌的进步活动的影响，思想日趋进步。据袁蜀毅和袁瑞英撰写的材料记载，袁守诚在国立四川大学读书期间，"偷偷地阅读进步书刊，并且将画报中毛主席和斯大林的画像剪下来收藏。在他牺牲以后，家乡（人）在整理他的遗物的时候，发现了这些剪下来的画像"。

---

① 新中国成立前，成都局势复杂，在国民党的高压统治下，共产党的活动极受限制。

袁蜀毅和袁瑞英撰写的材料中还提到，袁守诚参加了抗议美军强奸北京大学女学生沈崇的斗争。川大学生反对签订卖国的《中美友好通商航海条约》（简称《中美商约》）和抗议美军强奸北京大学女学生沈崇的斗争发生在 1946 年 11 月至 1947 年 2 月下旬，这与他读高中的时间多有重合。那么他只有在高中毕业后，即 1947 年 1 月以后才有机会到成都参加抗议活动。从小和袁守诚住一个院子、袁守诚最小的堂弟袁守国证实，袁守诚在高中毕业后就来到成都租房居住了，他应参加过这些活动的。

1946 年 11 月 4 日，《中美商约》签订。该条约规定美国在中国境内享有种种特权，美国商品可以在中国大地上无限制地倾销，美国军舰可以在中国河海自由航行。条约共 30 条，美其名曰"中美友好"，实质是出卖国家主权，以换取美国支持国民党政府发动内战的卖国条约。消息传出后，举国愤怒。全国各地的进步报刊纷纷抨击国民党政府。11 月 30 日晚，川大部分学生在校内游行示威，沿途高喊"反对《中美商约》""《中美商约》是新的不平等条约""打倒卖国贼，打倒美帝国主义"，并高唱《义勇军进行曲》。

川大的党组织和"民协"随后决定，进一步发动和组织师生参加反对《中美商约》的斗争，并且通过"民协"负责人何富华做通了川大学生自治联合会的工作。川大学生自治联合会在理事长刘传森的主持下，冲破了反动分子的阻挠，通过了如下决定：（1）反对发表《中美商约》的宣言；（2）快邮代电国民政府；（3）举行教育周；（4）快电国民大会；（5）川大学生自治联合会联合成都市全市各大学、中学及工商界，开展反对《中美商约》的运动。随后，500 份《国立四川大学为反对中美商约告各界人士书》（即反对《中美商约》宣言）于 1947 年 1 月 4 日发往全国各地并在校内张贴。宣言指出："商约是卖国条约，是新的不平等条约""赶走了日本法西斯，又来了个披着'友谊'外衣的美帝国主义，前门送狼，后门进虎，这是国家民族的大灾难"。川大学生自治联合会还向国民政府、国民大会发了反对《中美商约》的电报，并把宣言发往全国各地，在《新华日报》上发表，成为轰动全国的大事。

正当反对《中美商约》的斗争方兴未艾之际，1946年12月25日，美国大兵强奸北京大学女学生沈崇，这一极大损害中华民族尊严的行为，激起了全国人民的愤怒，川大同学，特别是女同学，对此反应极为强烈。川大的党组织和"民协"不失时机地决定将反对《中美商约》的斗争同反对美军暴行的斗争结合起来。1947年1月5日至1月6日，在川大的党组织和"民协"的领导下，川大学子连同成都其他学校的进步学生举行了声势浩大的集会和游行。

　　反对《中美商约》和抗议美军暴行的斗争，标志着国统区由共产党所领导的人民民主革命的新高潮的到来。1947年1月9日，《解放日报》发表社论："这是中国青年继'五四''五卅''一二·九'以后又一次轰轰烈烈的大运动。"旅居成都，准备上大学的袁守诚经历并深度参与了这些活动。这次斗争持续时间较长，袁守诚正是在人生成长的关键时期认清了美帝国主义的丑恶嘴脸，同时也坚定了努力学习、报效祖国的决心。

抗议美军暴行的同学们在华西坝广益广场集合，准备出发

　　1947年5月底，袁守诚还参加了川大学生声援南京"五二〇"血案的斗争，并因此"被迫到城郊的同学家暂避"①。

---

① 见袁瑞英在1987年写给四川大学的材料，现存于四川大学档案馆。

1949年，国民党在成都炮制"四二〇"大逮捕后，白色恐怖氛围笼罩着成都市，川大多数共产党员和"民协"等进步社团成员陆续撤退，转移到外地，仅有少部分人在校内坚守岗位。这一时期，他们根据党的指示，将工作重心转向争取群众支持、调查研究校内情况、保护校产，以迎接解放。作为留校的进步青年，袁守诚积极参与了共产党和"民协"组织领导的护校工作。他深知这一工作的危险性，在回到资中探亲时，曾对未婚妻刘志彬说："现在的社会太黑暗，以后很可能没有机会再见到你了。"①

在此期间还发生了一段小插曲。四川大学档案馆现存有一份袁守诚1949年11月6日手写的申请，显示他曾因病需住院治疗而向时任校长黄季陆提出请求，希望学校能向省立医院出具一份公函，以减免费用。从申请中可以看出，当时袁守诚家庭的经济情况应该不是很好。这份申请是袁守诚仅存的手书。

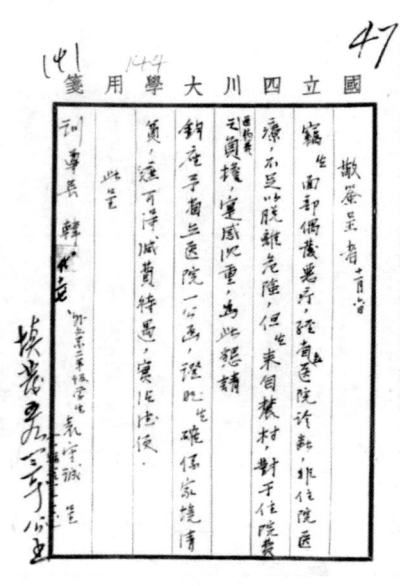

袁守诚手写的申请书②

---

① 见袁瑞英在1987年写给四川大学的材料，现存于四川大学档案馆。
② 1949年11月6日，袁守诚呈交申请书。1949年11月7日，黄季陆签批同意填发公函。

其原文如下：

敬鉴呈者：

十一月六日

窃生面部偶发恶疗，经省立医院诊断，非住院医疗不足以脱离危险，但生来自农村，对于住院费、医药费之负担，寔（同"实"）感沉重，为此恳请钧座予省立医院一公函，证明生确系家境清贫，庶可得减费待遇，实沾德便。

外文系二年级学生　袁守诚　呈

1949 年 12 月下旬，成都解放前夕，川大校园里流传着国民党四川省主席、刽子手王陵基要"血洗川大"的消息。为了防止意外，川大的党组织和"民协"决定动员组织各系大部分同学转移进城（当时的川大已经在望江楼附近，远离城区）或疏散在学校附近住宿，同时留下一些必要的人员，在杜德培组织下负责保卫学校。袁守诚应是经历了这一事件。

12 月 26 日，即成都解放的前一天，中共川康特委、成都市委负责人马识途、彭塞等同志返回成都，布置迎接解放的工作，川大的党组织和"民协"干事举行紧急会议，连夜通知学生立即返校准备迎接解放军进城。12 月 27 日，袁守诚随着其他川大师生举着校旗到成都市盐市口热烈欢迎解放军进城。

1950 年 1 月 7 日，军代表曹振之、鲁光、杨明甫进入川大接管学校，并公布成都军管会接管川大的公告。至此，袁守诚完成了他的护校任务，从旧时代的川大学生变成了新时代的川大学生。也就是在这一时期，袁守诚加入了中国新民主主义青年团。据时任川大团委书记黄桂芳老师讲，由于袁守诚的积极表现，1950 年初，在川大党团组织还未公开之时，袁守诚就被发展为中国新民主主义青年团员，是成都解放后川大最早发展的团员之一。

川大团组织的公开要早于党组织。在川大党支部尚未公开，政治教育组织、工会等尚未建立的情况下,团组织以及团组织指导下的学生会在配合川大党支部、军代表实现资产清理、政治鉴别、反特、土改宣传、宣传和组织参军参干等活动中起到了巨大的作用,是当时学校各种活动的主要宣传者、组织者和参与者。而袁守诚,作为一个进步青年、早期的新青团员,全身心地参与了这些活动。

四川大学档案中 1950 年早期的团员名册,袁守诚在最后一列第 13 行

1949 年 10 月 1 日,毛主席在天安门城楼上庄严宣告:"中国人民从此站起来了!"这一宣言,令长期受到帝国主义欺辱的中国人民欢欣鼓舞,建设新中国的热情高涨。但在 1950 年 6 月 25 日朝鲜战争爆发后,美国武装干涉朝鲜,并且将第 7 舰队开进台湾海峡,阻止人民解放军解放台湾。美军还将战火烧到鸭绿江,派飞机轰炸我国安东、辑安等地,使我国人民的生命财产受到损失。

消息传到成都后,群情激奋。在毛主席和周总理相继发表讲话并向联合国提出抗议后，袁守诚所在的外文系立刻组织了部分学生，加紧翻译《联合国宪章》并印刷出来，到成都市内发放，让大家都明白美帝国主义公然违背了《联合国宪章》。

1950年10月以后，全国掀起了轰轰烈烈的抗美援朝运动。川大校内还掀起了对美国的文化侵略行径进行揭露的活动。除了参与这些活动，袁守诚还利用各种机会了解前方的情况，想着如何为抗美援朝战争贡献一份力量。

志愿军战士普遍文化素养较低，对英语几乎是一窍不通，是以他们入朝和以美军为主的"联合国军"作战时，在对敌侦察、押送、审问、管理战俘，翻译缴获文件资料等方面的工作上都力有不逮。为此，1950年11月8日，中央军委下达紧急通知：吁请地方高校支援英语翻译人才。

1950年11月18日，新青团成都市委向成都的高校转达了中央军委的通知，并号召各校积极支援抗美援朝前线。具有悠久革命传统的川大当仁不让，立即在校内召开动员大会，发动同学们踊跃报名。校团委书记黄桂芳在大会上做了动员讲话，号召同学们以实际行动保家卫国。大会的效果很好，当场就有200多人写了申请，甚至有不少同学写了血书，坚决要求上朝鲜前线。"好男儿当血洒疆场"的信念在听了动员报告的袁守诚脑海中激荡，他认为这正是他自己报效祖国的大好机会——这么多年努力学习的英语终于有了用武之地。于是他在没有征得父母和未婚妻同意，也没和任何同学商量的情况下，当场写下了申请书，表达了愿意投笔从戎、走上朝鲜前线保家卫国的迫切愿望。

报名之后，他们还需经过政审、体检和英语测试。对于本身已经是团员的袁守诚而言，政审自然是没有什么问题的，很容易就过关了。体检也没能难住袁守诚，且当时考虑到英文教员对身体素质的要求较一般战士要低一些，所以袁守诚很快就收到了参加英语测试的通知。英语测试在位于成都北较场的60军军区大楼中进行，题目是翻译《资本论》。

最后，袁守诚被录取并分到了60军180师，担任英文教员。为了不让家人担心，直到此时，袁守诚仍然没有将自己即将奔赴朝鲜战场的消息告知家人。1950 年 11 月 22 日下午，四川大学团委组织了欢送会并与参军的同学话别，黄桂芳书记勉励袁守诚等人要好好表现，用所学知识保家卫国。此后，袁守诚在接兵军人的引导下登上了军用卡车，在群众的欢送中离开了伴他成长的母校，前往 60 军 180 师的驻地报到。其后，60 军 180 师奉命行军至陕西宝鸡，最后全师乘火车抵达河北省沧县古运河边的泊头镇。

在河北沧县，战士们换上了苏联援助的新式武器，这些武器大部分是苏军在第二次世界大战中使用过的旧武器，但仍比解放军原来用的"万国造"要好些。战士们在这里抓紧熟悉新装备并进行整训，同时接受政治教育。袁守诚等英文教员还要学习军事英语。日夜学习操练的战士们等待着入朝的正式命令。部队里不时会传出朝鲜战场上的动态，这些消息牵动着战士们的心弦。

至此，关于袁守诚的记录就很少了。这期间，袁守诚向家里去了一封信，终于将参军赴朝的消息告知了父母。他在信中诉说了他不怕牺牲、赴朝参战的决心，以及受到沿途父老乡亲热烈欢迎的情景。无疑，此时袁守诚心中充满了报效祖国的自豪，哪怕心怀对父母的愧疚也不能抑制住这充沛的情感和坚定的信念。袁守诚还在信中附了两张他在冰天雪地里穿军装的照片，好让家人放心。

入朝的命令终于来了，60 军全体将士无不摩拳擦掌，准备痛击美帝国主义。据《人民日报》记载，60 军在 1951 年 3 月中旬乘坐火车抵达安东，稍事休整后，从 1951 年 3 月 17 日起，以 181 师为先导，179 师、军部先后渡过鸭绿江，180 师殿后，全军于 3 月 22 日下午 5 时跨过鸭绿江，进入朝鲜半岛。入朝后，他们又经过 14 天的艰苦行军，才到达前线。

差不多与此同时，"部队来人将袁守诚的血衣，连同他口袋贴身保存的他和未婚妻刘志彬的合影、他父母的照片以及两万多旧人民币交给资中县人民政府。"资中县人民政府将来物转交给了袁家。对袁家而言，这无异于晴天霹雳。日前收到来信的心情犹未平复，噩耗却已传来。

袁守诚的溘然离世是谁也没有想到的。袁家留存的烈士证存根显示，内江行署于当年 4 月 31 日[①]确认了袁守诚的烈士身份并对袁家予以及时的抚恤。烈士证存根上还记录了袁守诚牺牲的经过：1951 年 2 月 4 日在抗美援朝工作中牺牲。前来传信的同志告知袁家，袁守诚是遭遇美军机轰炸而牺牲的。可这一时期，60 军 180 师应是不曾遭受过轰炸的。但确有与袁守诚相熟的人称其死于轰炸，牺牲在朝鲜战场上，那其牺牲时间就不应在 1951 年 2 月 4 日。

关于袁守诚牺牲的时间与地点莫衷一是[②]。可一位矢志报国的可爱青年的确是离我们而去了。一位川大外文系的热血青年，怀着对父母与未婚妻的深深的爱，于国家需要之时挺身而出、投笔从戎，本想以自己的才华在抗美援朝战场上挥洒青春，建功立业，却未料"出师未捷身先死，长使英雄泪满襟"。从此，一对父母失去了一位优秀的儿子，川大也痛失了一位优秀的校友。

袁守诚和未婚妻刘志彬的合影，也是袁守诚牺牲时贴身存放的照片（由袁瑞英提供）

[①] 该日期并不存在，应系误填，相关事件大概发生于 4 月下旬。
[②] 编者就此做了一番考证，详见附在本节末尾的文章。

关于袁守诚牺牲的时间和地点

关于袁守诚牺牲的时间和地点，一直没有确论，这可以说是一个不大不小的谜团，传者往往语焉不详，主要有以下两种说法。

第一种说法：袁守诚在战斗中壮烈牺牲，时间在入朝以后三个月内。

持这一说法的以原川大团委书记黄桂芳为代表。她在《袁守诚烈士——慷慨高歌上战场》中写了袁守诚的参战经历："袁守诚在硝烟弥漫的战场上表现英勇，冒着连天炮火用英语向敌人喊话，在极端困难的条件下，他不顾生命安危努力工作，成绩十分出色，多次受到嘉奖。可惜入朝作战不到三个月，他即不幸于1951年2月4日在一次激烈的战斗中壮烈牺牲，把自己年轻宝贵的生命贡献给了祖国和人类正义事业。"[①]

第二种说法：袁守诚被美国飞机炸死在行军途中。

持这种说法的以刘开政为代表，袁守诚的家属也持这一观点。

刘开政，原志愿军60军政治部翻译，是和袁守诚同期被选中从军的。刘开政来自当时的华西协合大学。刘开政写了一篇回忆文章《抗美援朝翻译战线上的川大学子》，文中记录了袁守诚的遇难："第5次战役共投入3个兵团11个军……我靠两条腿，敌靠车轮子。敌有制空权，我只得昼伏夜行。不幸的是，分配到60军180师的川大外文系三年级学生袁守诚，在美机的一次狂轰滥炸中成为第一个在抗美援朝翻译战线牺牲的川大校友。1951年4月22日，第5次战役开始前夕……"[②] 这里说袁守诚死于美军飞机轰炸，时间不明确。但结合此段文字的上下文可知，袁守诚遇难时间应在60军进入朝鲜后至第5次战役开始之前这段时间，也就是3月22日至4月22日之间。

袁守诚的家属（以其堂弟袁守国为代表）说，当年政府通知他们接收

[①] 见党跃武、陈光复《川大记忆——校史文献选辑（第四辑）》，四川大学出版社，2011年，第357页。

[②] 见《抗美援朝翻译战线上的川大学子》，载于《军魂》2017年11月纪念建军90周年专刊第57页。

袁守诚烈士遗物时，称袁守诚是死于飞机轰炸的，时间是1951年2月4日，他们便以为袁守诚是死在朝鲜战场的。

编者认为这两种说法与事实均有出入，其中应有误会，不足采信，理由如下。

就第一种说法而言。黄桂芳认为袁守诚是入朝后三个月内在战斗中牺牲的。而编号为"蜀烈字第002074号"的袁守诚烈士证存根明确写着袁守诚的牺牲时间：1951年2月4日。内江行署予以确认的时间是："1951年4月31日"①。而袁守诚是1950年11月22日入伍的，并且烈士证存根在"生前所在单位及职务"栏明确写着"六十军一八〇师英文教员"，抚恤一栏写着"1951年5月31日发抚恤粮600斤"。再结合袁守诚胞妹袁蜀毅和其堂妹袁瑞英在1987年写给四川大学的材料中有"3月份收到部队寄来的血衣"的说法，可知这张烈士证存根的记录是符合事实的，是足可采信的。也就是说，袁守诚烈士牺牲于1951年2月4日，而60军入朝已是1951年3月22日的事了，那么第一种说法就不攻自破了。

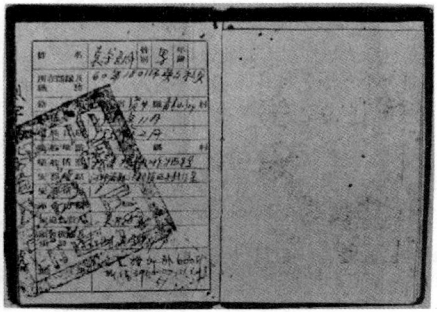

1951年颁发的旧版烈士证（由袁守国提供）

---

① 此日期有误，详见前文。

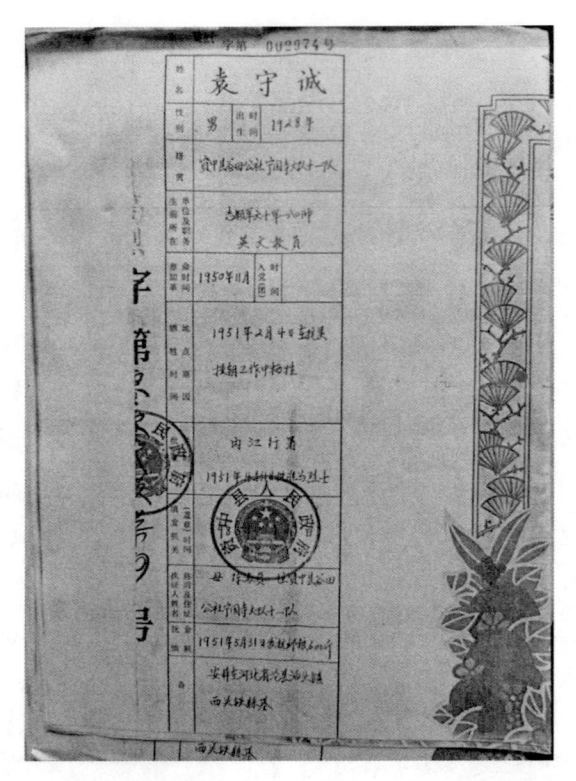

1983 年换发的新版烈士证存根（由袁守国提供）

1983 年换发的新版烈士证（由袁守国提供）

我们再来看看第二种说法：袁守诚在1951年2月4日这个时间点有可能遭遇轰炸吗？此时，60军180师在哪里？1950年的12月至1951年3月上旬，180师集结于河北省沧县泊头镇，进行整训换装，等候轮换入朝作战。那么当时有美国飞机到河北沧县轰炸吗？编者查遍资料，没有发现这种情况，美国曾轰炸或用机枪扫射安东、辑安并造成人员伤亡，但没有资料显示美国轰炸了河北沧县。

那么有没有一种可能是袁守诚曾先期入朝，然后因遭遇美军机轰炸而牺牲。

60军有先期入朝的人员吗？有，60军军长韦杰确实提前入朝了。事情是这样的：60军原军长张祖谅患有胃病，不适合入朝作战，再加上四川的匪患未除，需要他留川主持剿匪工作，因而中央决定让张祖谅留守成都，调在南京军事学院学习的61军军长韦杰任60军军长，入朝作战。接到命令后，韦杰直接从南京奔赴朝鲜。

那么韦杰有可能带袁守诚入朝吗？编者认为基本上不存在这种可能，原因有三。第一，韦杰在南京军事学院学习时，根本不需要带翻译，也不可能提前预料到自己要被派到朝鲜战场。而且他当时的身份是第61军军长，怎么可能带60军的一个刚应征参军的一般人员去呢？何况61军也征召有英语翻译。第二，60军是第二批入朝部队，是入朝替换先前作战部队的，在"三八线"以北的地区，地面上是由我军控制的，入朝途中没有向前穿插、执行侦察因而需要英语翻译的客观需求；且韦杰先期入朝只是到友军中去了解情况，为大军到来以后的作战行动做准备，而不是先期去执行侦察或者作战任务，因而也暂时不需要英语翻译。第三，韦杰即使需要英语翻译随行，也不可能调已分到180师的袁守诚，原因有二。其一，当时60军英文教员的分配是按入伍测试时的英语水平分配的，水平最高的7人留在60军政治部服务，其他人则分到了师、团等单位，而袁守诚去了180师，说明他的英语水平不算突出，韦杰在并不认识袁守诚的情况下，如要从60军调翻译，不太可能放弃水平更高的军部英语翻译而直接向180

师点名要袁守诚，因为这既不合情也不合理。其二，韦杰入朝带的人员并不多，在韦杰及其同行人员的各种回忆文章中，没有人提及他带了英语翻译，也没有人提及在路途中遭遇美机轰炸并出现人员伤亡，更没有人提及袁守诚。

如果袁守诚随行入朝并牺牲的这种情况是不可能发生的，那么会不会是袁守诚参加了180师自己组织的先头侦察部队于2月初就入朝了呢？编者认为也不会。第一，入朝侦查必然要经过请示，其请示及行动总该留下痕迹的，执行人员一般也会在事后进行回忆而留下记录，但现有资料全无关于这件事的记载，口述资料都没有，这太不寻常了。第二，当时中美双方已经几经交手，互相基本了解。第一批参战部队已经及时对与美军作战的方式、经验和教训进行了总结，并向集结的志愿军进行了传授，180师没有必要再组织人员提前这么长时间（近两个月）入朝去侦察这些情况。

显然，袁守诚先期入朝的可能几乎是不存在的。那么1950年2月4日这个时间点，袁守诚极大概率是和180师的其他成员一起在河北沧县泊头镇等待入朝命令，并在此期间因故牺牲了。

此外，袁守诚烈士证存根显示袁守诚安葬在"河北沧县泊头镇西关铁丝墓"，也可佐证这一观点。

抗美援朝期间，战斗条件极为艰苦，志愿军运输能力也较为薄弱，志愿军处理牺牲战士遗体的办法往往是就地安葬，一般不作长途转运，运回国的烈士都是团级以上军官及著名战斗英雄。如遇回国治病的重伤员终因医治无效而死亡的，则会根据实际情况进行转运。

战后，中朝政府建了8座烈士陵园，安葬了部分烈士。朝鲜还修建了62处志愿军墓地，集中安葬了大部分分散在各地的烈士。国内的志愿军烈士陵园则主要有三处，分别是沈阳抗美援朝志愿军烈士陵园、丹东抗美援朝志愿军烈士陵园和赤壁市志愿军烈士墓群，这里面并无河北沧县。沈阳的烈士陵园安葬了许多团级以上军官烈士及著名英雄的遗体，如特级战斗英雄黄继光、杨根思，一级战斗英雄邱少云、孙占元等；丹东的烈士陵园是50军修建的,是国内最早的抗美援朝烈士陵园;赤壁市的烈士陵园主要安葬了回国治疗但终因伤重去世的烈士。

如果袁守诚是在朝鲜战场牺牲的,那么不仅时间上存在矛盾(如上文所述),而且将他的遗体运回国并安葬到河北也是不可能的——这不符合中国人民志愿军牺牲军人遗体的处理方式,袁守诚也不符合被运送回国的条件。袁守诚不是安葬在志愿军烈士陵园而是单独安葬在河北沧县泊头镇这一60军180师出国之前集结整训的地点,无疑是袁守诚并未出国赴朝的有力证据。

这一点从三位同期被征召到60军服役的老战士的回忆中也能窥见一二。华大被征召的刘开政知道袁守诚,并且在回忆文章中写了关于袁守诚的事迹。其他两位则对袁守诚的事迹一无所知:华大学生唐正松说他不认识袁守诚,而1950年11月从成华大学应征入伍的陈世刚也说不知道有袁守诚这个人。而从各种资料来看,袁守诚确实是在那个时间作为英文教员应征入伍了。这就说明袁守诚在军队的时间很短,由于军队中纪律严格,战时串门找老乡、同学的这种机会很少,大家需要一定的时间才能逐渐了解、接触。袁守诚正是因为待在军中的时间很短,使得较多人不了解甚至不知道他。

至于袁守诚牺牲的真正原因,可能存在两种情况:一种是因病去世,一种是在集训中因武器故障或人为失误等意外情况而受伤去世,编者倾向于后一种。结合部队送还给家属的袁守诚的血衣和遗物并解释说他死于飞机轰炸的情况来看,袁守诚不大可能是病死的——如为病死,部队大可直说,无须隐瞒;且这无法解释袁守诚血衣的来历。而根据同期的人都不谈论或者不了解的情况来推断,后一种情况的可能性较大。这也可解释为何烈士证存根关于他因何牺牲一栏中只有很笼统的一句话:1951年2月4日在抗美援朝工作中牺牲。这里的表述,用了"抗美援朝工作"而不是"抗美援朝战争",显然是事出有因的。"抗美援朝工作"的涵义要宽泛得多——可以包括在国内的有关抗美援朝的宣传、组织等,而"抗美援朝战争"则直接指向了朝鲜战场。

  当然这些都是猜想,有待于史料进一步的披露,以彻底揭开这个谜底。但袁守诚没有到过朝鲜战场,是在国内牺牲的,也不是死于美国飞机轰炸或者激烈的战斗,应该是可以确认的。

以笔为戈　血洒汉城
——张建华烈士传[①]

> 你倒下了，倒在解放汉城前线，
> 你手中的武器，不是步枪、手榴弹！
> 你的武器，是一个本子和一支笔，
> 你的武器，是《进军号》和多首战地诗篇！[②]

张建华（1930—1951），男，1930年生于成都，曾在华西协合中学校（今成都华西中学）就读，是四川大学的校友。1949年12月，张建华追寻革命，离开成都到已经解放的重庆参军。1950年随50军走上抗美援朝战场，书写了《进军号》等战地诗篇，是志愿军中的"小诗人"和"小秀才"。1951年1月4日，抗美援朝战争第3次战役期间，他在汉城外围中弹牺牲。

结缘华西

近代的四川有一对双子星城市——成都和重庆，成都历来是四川的政治、经济和文化中心，重庆则是近代发展起来的工商业重镇。四川地势险要，易守难攻，因此重庆在抗战期间被国民党政府选作陪都。沦陷区的大量高校和地方政要、富商为躲避战乱，纷纷拖家带口迁至重庆或成都。一时之间，位于西南的成都、重庆人口骤增。为解决他们子弟的就学问题，这一时期成都的私立中学如雨后春笋般应运而生。成都东门附近有成城、敬业、益州中学，以及中华女子中学等校，南门附近有高琦、济川、建

---

① 本文是编者在志愿军老兵郝树森关于张建华的回忆文章的基础上写成的。
② 这是郝树森为张建华写的诗。

国、甫澄、浙蓉中学等校，西门附近有蜀华、协进、民新、南薰、立达、培英、荫塘中学等校，北门附近有列五、天府中学等校；市内有华英、华美中学等女校。成都的私立学校多于当时的公立学校。

张建华的家庭较为富有，但他本人生活却十分简朴，经常穿一般的学生装和布鞋，给人的印象完全不像是有钱人家的"少爷"。他先后在高琦中学、浙蓉中学、华西协合中学校就读，直到1949年12月离开成都，他20年的人生中，在成都就生活了19个年头。

1946年春，张建华在高琦中学初中毕业后，即考入浙蓉中学（今成都第25中学）。顾名思义，这所学校是由浙江人在成都兴办的学校。成都浙蓉中学位于成都南门附近的小天竺街，街对面是成都济川中学（今成都石室锦城外国语学校）。

张建华和比他年龄小但个子却比他高的弟弟张建鸿同班就读。他们从高琦中学初中毕业后，双双考入浙蓉中学读高中。同班同学中有一位同龄学生莫若健，他是由浙蓉中学初中部直接升入高中部的。莫若健瘦高个儿，英语底子好，但数理化却不如张建华兄弟。在班里，莫若健算是跟张建华"说得拢"的朋友。后来，他们一起投笔从戎，加入50军。

在班里，张建华忠厚老实，言语不多，按成都俗语，他不是那种"爱出风头"的学生。他对同学和善，从不与同学争论，论学习成绩，他与张建鸿均名列前茅。莫若健曾说过自己"除了英语，各科都不如张氏兄弟"。

在浙蓉中学就读期间，张建华兄弟俩同莫若健都认为浙蓉中学较小，一个教室常要容纳七八十个学生，不利于学习。因此，他们都萌生了转到他校就读的想法，于是想到了离浙蓉中学不远的华西坝后坝的华西协合中学校。经他们观察和了解，这个由教会办的学校不仅环境好，师资也很强。英语教师中，既有中国的英语教师，还有外国教师。他们听闻国文教师马谦和是一个政治思想进步的教师（他们后来才知道，马谦和乃是中共四川地下组织的领导人之一）。华西协合中学校是西方教会所办，学校的民主氛围很浓，且师生穿着也与其他私立中学不同，高中学生不穿麻制服，不打绑腿，也不戴有国民党党徽的学生帽。除此之外，这所学校的最大优点是小班教学，一个班仅三四十人，比起浙蓉中学一个班七八十人，几乎少了一半。这一切，都让张建华兄弟俩和莫若健感到满意，因而他们一致决定：这期读完，就转到华西协合中学校就读。

投笔从戎

1946年下半年，张建华兄弟俩同莫若健如愿转到华西协合中学校就读，在这里，他们又认识了几个志同道合的朋友。其中，有一个四川自贡籍的学生叫黄贞义。黄贞义生于1926年，比张建华整整大四岁，因而成了班里的"老大哥"。这位"老大哥"在数学方面很有天赋，被同学们誉为"数学高手"。而张建华则偏爱读文学书，常写散文、评论文，并喜欢写诗、画画。他在学校中办壁报，自写、自编，还自画壁报刊头，因而被黄贞义等同学称赞为"学习多面手"。在莫若健的眼中，张建华"才思敏捷，是一个人材"，他因而很佩服张建华。与张建华的相遇，让莫若健十分喜悦，他觉得张建华在很多方面都值得他学习。

1948年华西协合中学友谊读书会同学合影（照片由华西中学王进老师提供）

张建华在华西协合中学校学习期间，正是抗战胜利后，蒋介石挑动内战，实行独裁统治，疯狂镇压人民、学生的几年。张建华积极投入反对国民党的"反内战、反饥饿、反迫害"学生运动，他在学校秘密办壁报，用他的笔，写批判文章抨击国民党的贪污、腐败及倒行逆施。他办壁报的事，除了他的亲密学友莫若健、黄贞义等少数几个人知情，大多数同学都不知道。学校的三青团多方打听办壁报的人，问到莫若健、黄贞义等人时，他们都回答说"不晓得"，以保护张建华。

1949年12月下旬，大批国民党部队溃退到成都周围，而此时，重庆已经解放。一天，张建华、莫若健、黄贞义等十余个班上关系好的同学在华西坝后坝一个人迹罕至的地方开了一个秘密会议。会上，张建华向大家提出"去重庆，投奔共产党，参加解放军"的倡议，并谈了理由。大家听后，一致赞同他的看法，并决定由莫若健去包一辆中型客车，由成都驶往重庆，去实现他们"投奔共产党，参加解敌军"的宏愿。此后不久，张建华便离开了故乡成都，一去不归。

十余名同学到重庆后，一起考入了中国人民解放军第二野战军军政大学。他们在这里学习后，便调到50军教导团。之后，张建华和他的几位同学便被分配到50军各部。

50军在中国人民解放军序列中，是一支年轻的部队，这支部队原是国民党的60军，绝大多数官兵是云南籍的军人，军长是曾泽生。1948年，曾泽生率部起义，其部队被改组为中国人民解放军第50军，曾泽生仍然任军长。后来，该军奉命挺进大西南，参加解放四川的战斗，到四川后，一大批青年农民、青年学生加入了这支部队。

张建华、莫若健、黄贞义等被分配到50军的3个师。张建华被分配到148师，莫若健、黄贞义被分配到149师任文化教员，其他同学则被分配到150师及上述两个师。

初入军营

1950年1月，张建华来到50军148师442团下属部队，当时该部正在川北射洪县驻防。

这天，在50军教导团就已换穿配有"中国人民解放军"胸章的解放军军装，并戴上有"八一"军徽的军帽，背上被包和挎包的张建华，精神抖擞地来到442团1营营部。迎接张建华到来的有1营营长李永福、政治教导员刘进昌、副营长刁剑明和2连连长杨守信、指导员王殿忠。

学生兵虽然没有打过仗，没有经历过战争考验，但他们有文化，部队现在打仗少了，战士学习文化，部队文娱活动的开展，需要有文化的学生兵参与才行。学生兵是连队开展文化、宣传活动的主要力量，也是连队政治指导员开展政治思想工作的重要助手。因而对于学生兵的到来，1营营长、教导员和连队指挥员无疑都是非常高兴和欢迎的。

"欢迎你，张建华同志！"一双双热情的手，紧紧地握住新调来的年轻军人的双手。"我叫刘进昌，是1营的政治教导员。我代表全营的官兵欢迎你调到我们1营下属连队来工作。"说完，教导员刘进昌指着他身边的干部说，"他是咱们1营营长李永福同志。"刘进昌又转身介绍另一位干部，"他是1营副营长刁剑明同志。"

"欢迎你，欢迎你！"营长与副营长异口同声地说，同时两人伸出手握住了张建华的手。松手后，张建华立即向他们各行了一个军礼。

"这位是你要去工作的2连的连长杨守信同志……"刘进昌的话刚讲完，张建华立即向杨连长行了个军礼。他知道，2连就是他的家了。

"这位是2连指导员王殿忠同志。"刘教导员的话音刚落，张建华也立即向面前的指导员行军礼。他仰望对方，对方比他高一两个脑袋——王殿忠有1米8以上的个子。

"欢迎你，张教员，欢迎你到2连任文化教员！全连战士盼你好几天了！"王殿忠说的是东北话。

在营部的欢迎仪式结束后，2连连长杨守信、指导员王殿忠便领着张建华到了他们连队驻地。2连全体官兵早已排好整齐的队列等着欢迎他了，100多位官兵人人满脸笑容，每个人的双眼都射出热情的光芒，不停地鼓掌，欢迎文化教员张建华的到来，掌声如雷，响彻2连驻地。几位老兵，还敲着锣鼓欢迎他，像欢迎战斗英雄回队一样。这突如其来的欢迎仪式，让张建华感动得眼泪都快从眼眶里滚出来了。

19岁的张建华平生第一次经历这种场面，他来到队伍的正前方中间位置，鞠躬行礼后，鼓掌表示感谢。他深深地感受到：军队不仅是大学校，也是一个温暖之家！

"同志们，"王指导员用他的东北话高声说，"今天，上级首长给我们2连调了一位文化教员，他叫张建华，成都人，高中学生，大家欢迎！"2连100多位官兵又一次热烈鼓掌，掌声震动着张建华的耳膜。

"从今天起，"王指导员又大声对全连官兵说，"我们2连的文化教育工作、娱乐工作，就会蓬勃地开展起来了！"

2连全连官兵尤其是指导员对张建华寄予厚望。张建华听到指导员如此讲，深深感到肩头责任沉重。他暗暗下决心："我一定要在2连努力工作，不然，就对不起2连全体同志对我的厚望！"

全连战士并不知道，他们今天迎来的这位个子不高的文化教员，是一位学生诗人。谁也没预料到这样一位不起眼的文化教员，却在抗美援朝战争开始后，随志愿军50军入朝作战，并在朝鲜战场写下那首著名的诗篇《进军号》。《进军号》后来经人谱曲，成了激励全体志愿军将士同仇敌忾、英勇杀敌的雄壮进军曲。2连干部、战士无不为"咱们连有位诗人"而骄傲！

写诗读信的生活

报到的当天晚上，张建华彻夜未眠。白天经历的一切，一一浮现在他的脑海。他受到 2 连如此热情的欢迎，真的像回到了温暖的家一样。他暗下决心：今后一定要努力为战士服务，做一位称职的文化教员。

不久，他所在部队奉命东调，离开四川射洪县开赴湖北省沙市钟祥县（今荆门市钟祥市），转入农业生产并参加当地的筑堤防洪劳动。

一天，战士们发现教员空闲时，独自一人在树荫下，坐在那里的石头上，用笔在一个厚厚的本子上写着什么。随后，他又写在连队的黑板报上，让大家看：一行一行的，不识字的战士不知那些字写的是什么；能认识几个字的战士，又念不全他写在黑板报上的那些字。

"教员，你写在黑板报上那一行一行的字，写的是些什么呀？你念给我们大家听一听好吗？"好些战士都说着这样的话。张建华听后，心都痛了。因为他苦心写的诗，战士们根本不知道它的内容。战士们不识字，怎么能读懂他的诗呢？旧社会，这些战士在家替地主喂猪、喂牛、放羊，还替地主种地，可他们自己却吃不饱、穿不暖，更没读过书，因而当了"睁眼瞎"！他们参军后，为了推翻万恶的旧中国，为了解放全中国的穷苦人，打起仗来谁都不怕死，人人冲锋在前，负伤不下火线。而今，他们什么都不缺，缺的就是文化。部队没有文化教员，就无法解决他们的识字问题。因此，他极想很快就能提高战士的文化水平，让他们能自己看报，以了解国家大事；能自己写信，告诉父母他们在部队的情况。

张建华写的诗是对战士们在参加筑堤、生产中的好人好事的赞扬，以及鼓励大家努力生产、减轻国家负担的豪言壮语，可因为战士们不识字而没能起到作用，让他颇有重拳打在棉花上的感觉。在教战士识字之余，张建华还萌发了给战士们念诗的想法，好让战士们知道他写的诗的内容。从此以后，凡写一首诗，他便在大家劳动休息时念给大家听。当战士们知道他们的张教员写在黑板报上那一行一行的字是诗，诗是一句一行地写，而且听起来很押韵后，都很爱听教员念诗。战士们向他提出希望，欢迎教员多写一点诗念给他们听，以后张建华一直坚持这样做。

此外，在连队，多数战士不识字，少数战士识几个字，这就产生了一个问题：战士们收到家信后认不得，只好请张教员念给他们听；要给家里回信，也只有请张教员代笔。一百多个战士，今天这个家里来了信，明天那个家里又来了信，念信和代写回信，就成了张建华每天要做的事情之一。但是生产又不能耽误，政治学习也要进行，张建华只有利用晚上休息时间和节假日为战士们念信、写信了。

从此，白天，这个从来没种过庄稼的学生兵张建华，也同其他战士一样，打着赤脚、卷起裤腿、挽起衣袖下田劳动；晚上，就在灯下为大家念信、写信。张建华还抓紧休息时间为战士们读报，教战士们唱歌，同时在连队开展了文化教育活动。他把连里战士分成两班：一个班是纯文盲，教他们识数，教他们写字；另外一个班是上过几天学、粗识几个字的，叫"文化提高班"，就让他们识的字更多一些，还教他们如何写信。这样，全连做到了边学习、边生产，生产学习两不误！张建华的做法受到了全连官兵的欢迎。这一切，使得张建华很忙碌，但忙碌的张建华，心中却感到很愉快，因为，他觉得只有这样才能回报战士们敲锣打鼓欢迎他入伍的热情。

入朝作战

本以为已经无仗可打，谁知不久，报上登载了朝鲜战争爆发的消息，这让老战士们心中生出了一个想法：他们是否会重新走上战场？可想到朝鲜战争是邻国的战争，当时的中国，大部分地区已经解放了。大家一致认为：今后再不会有什么大仗可打了。

哪知到了当年9月，眼看2连在钟祥县驻地种的水稻就要收割了，一天，连长、指导员从营部回来，叫全连紧急集合。队伍站齐后，指导员王殿忠向大家说："同志们，上级命令我们不搞农业生产了，叫我们丢下农具拿上武器……"老兵一听此话就很敏感，还没等指导员说完就大胆问："指导员，是不是又要打仗了？"

"具体任务，请连长给大家讲！"指导员没有正面回答老兵。

"同志们，"连长杨守信严肃地说，"上级命令我们从今天起，不搞农业生产了，把已经入库的武器全部取出发放给大家。一个小时内，全部武装完毕，然后到火车站上车。大家除应带的干粮、米袋外，所养的猪、所种的菜和田中的水稻，都交由地方接收。这方面的事情及群众工作，由团部派人处理。解散后，各人回去做好一切出发前的准备工作。"

老兵和新兵，对战争的反应迥然不同。

老兵几乎都打过仗，收到消息后虽然激动，但主要关注的仍是前线的形势。

而没经历过战争的新兵们一听有打仗的事，都有些胆怯，便问老兵："班长，真的要打仗了吗？到哪里去打呀？我刚参军到部队，就喊我栽庄稼种田，还没摸过一天枪哩！"

"你们操啥心？到时上级会安排的，别多问。没摸过枪，有时间叫你练兵学打仗的！快！回去做好一切出发准备。"

战士们坐上火车出发了。

火车直开东北，一切都很紧急，政治动员工作只好在列车上进行。各个部队在火车上进行了三视教育。张建华所在的1营的政治动员工作由教导员刘进昌负责，他高声说："同志们，敌人打到我们的国门口了！上级命令我们出国作战，支援朝鲜人民，进行抗美援朝、保家卫国的战争。"

刘进昌慷慨激昂的陕西话，回响在每位战士的耳中。我军历来有这样的光荣传统：政治工作总是走在军事行动的前面。听了政治教导员的讲话，不说老兵们激情满怀，连从未作过战的学生兵张建华也为之热血沸腾。为保卫祖国而战，他一生只等到了这一次。抗日战争爆发之时，他尚年幼，而今正是他报国之时。他为能够参加这场保卫国土、保卫人民的反侵略战争而感到光荣！无疑，张建华入朝后的诗作《进军号》里的一些诗句，是他入朝前后心绪的凝结，是早已酝酿好的。

1950年10月20日，张建华所在的50军148师开到鸭绿江边辑安近郊，进行军械换装及军事训练。新兵在老兵的带领下，除了进行爬山训练，大部分时间都在进行步枪、冲锋枪和投掷手榴弹训练。张建华同全连官兵一起投入紧张的训练中。

一天，全连集合，连长杨守信作了讲话："同志们，上级来了命令，我们部队改番号为中国人民志愿军，赴朝作战。因此，解散后每个人要回班去彻底清理自己的着装及所带的物品，凡是有'中国人民解放军'标志的东西，包括胸前戴的胸章及军帽上的'八一'帽徽都要摘除。不要问原因，这是规定。除此之外，其他不需带走的东西，一律打包，写上名字送交团留守处。"接着又说，"部队现在等待命令，首长说，部队入朝作战时间，也就这么几天了！"大家一听，都紧张了起来，因为再隔几天，就要用手中的武器，用学到的军事技术，同敌人面对面打仗了！

杨连长讲完，指导员王殿忠的东北话接着响起了："同志们，连长刚才讲的，人人都要照办。现在，我传达首长的指示：我们现在已经不是解放军而是志愿军了！我们是以志愿军的名义出国作战。目前，朝鲜局势急剧恶化，大批朝鲜人民军已纷纷向朝鲜北部撤退，但敌人仍疯狂北犯。美国军队和李承晚的军队，有的快打到鸭绿江边了。敌人叫嚣要在圣诞节前结束朝鲜战争，所以他们疯狂得很！上级命令我们要出国挡住他们！这既是一场支援朝鲜邻邦不被灭亡的战争，也是一场保家卫国之战！这仗必须打胜，不获全胜，决不收兵！"全连官兵人人激情满怀，热血沸腾！

"咱们部队过江进入朝鲜战场后，"王指导员又开始宣布纪律要求，"上级首长强调，因为我们是抗美援朝，因此，每位战士都要爱护朝鲜的一草一木，若有侮辱强奸妇女的，一律枪决，严惩不贷！为了保密，部队过江后，不会朝鲜话的，不要讲中国话，由派给连队的联络员出面讲话！"

听到这里，新兵都默默记住，个别老兵却在心里嘀咕："入朝后不在朝鲜人民面前讲话，那我们不就成了'哑巴兵'了吗?"但他们不知道的是：为了达到作战的隐蔽性和突然性，为了保密和迷惑敌人，国内媒体均未发布志愿军出国作战的新闻，直到志愿军入朝作战后，新华社才第一次报道中国人民志愿军入朝作战并取得重大胜利的消息。

初尝胜果

1950年10月26日这天，正是首批入朝参战的志愿军向敌发起第一次战役的第2天，442团1营1连、3连及张建华所在的2连，在该团副团长陈平的率领下，冒着小雪过了辑安的鸭绿江大桥，直奔炮声隆隆的前线。张建华记得，因前线战事紧急，1营一过满浦即快速向前挺进。对从没上前线打过仗的学生兵张建华来说，这样紧急而又快速的行军，是他一生绝无仅有的经历！前线炮声隆隆，响在初次上战场的学生兵张建华的耳边！他沿途所见，不是被敌机轰炸的工厂，就是被炸毁的房屋！被炸毁的朝鲜工厂，烟囱不再冒烟！田里的庄稼，荡然无存！美丽的朝鲜，满目疮痍！朝鲜人民正因美帝国主义的侵略而遭受无穷的痛苦！无数的人们在呻吟，在哭泣……

张建华所在的1营入朝后的第一仗，是部队进入温井地区的一场遭遇战。温井距离鸭绿江只有50公里。从没有上过战场的张建华，首次近距离地听到敌我交战的激烈枪声。入朝前，2连连长给张建华的任务是担负伤员的救护工作，因而没给这个文弱书生配枪，但为防意外，仍发给他一枚手榴弹用于自卫。虽然连队领导没给他发枪支，可他自己却准备了一支枪——自来水笔。他像爱惜自己生命那样疼爱这支自来水笔，生怕在行军中丢掉。他懂得，对于一个诗人、一个文化教员而言，丢掉笔，就像战士丢掉手中的枪支一样！

1营刚进入温井地区，担任前卫的1连尖刀班突然发现了敌人！尖刀班战士一边鸣枪向指挥员示警,一边向敌人开火。营长李永福听到1连尖刀班的鸣枪,知有情况,立即下令:"2连向左,3连向右,两面开进,夹击敌人!"

此时,正急着赶路的2连连长杨守信听到命令后,立即喊了一声:"2连往左,跟我来!"杨连长下令后,便提着手枪冲在前面,张建华紧随连长,走在他的后面。杨连长看到张建华紧跟在他身后,便向他发话:"教员,你就跟在连队后面,做好救护工作就行了!"

张建华只好转到队伍后面。杨连长知道,不能把张建华这个文化教员当成一个普通战士使用,冲锋陷阵并非其所长,他最适合用他的笔鼓舞战士的士气。

战斗打响后,敌人枪声急促。1连2排排长毛贵闻敌枪声即大声呼喊:"2排跟我来!"话说完,他即率2排冲在最前面。不料,毛排长被藏在左侧的敌人射中胸膛,血流不止。1连连长刘永清看到排长毛贵中弹倒下,立即命令:"机枪掩护,还击敌人!"又高呼,"卫生员,快抢救毛排长!"

"是!"1连卫生员当即背起药箱奔到毛贵身边,1营营部医生朱开游也背着抢救药箱奔了过去,两人替毛排长进行包扎抢救,然后把毛排长往后送。

"同志们,我们一定要打好入朝第一仗,不消灭敌人,决不罢休!"教导员刘进昌有力地挥着右手,大声地用陕西话在阵地上高声呼喊。

此时,1营的3个连队从各个方向向敌猛烈开火,枪声震耳欲聋,枪声中,司号员的冲锋号响了,枪声夹着号声,合奏了一支胜利曲。在枪声、号声中,"坚决消灭敌人""缴枪不杀""志愿军优待俘虏"的口号声四处响起。张建华生平第一次见识了战争,第一次亲耳听到这样的军号声和口号声。而出国前王指导员说的部队出国后不准讲中国话,要大家当"哑巴兵"的"清规戒律",老兵们似乎已把它抛在脑后,忘得一干二净了!

起初,敌人以为他们的对手是朝鲜人民军,而朝鲜人民军曾是他们的手下败将，因而没把志愿军放在眼中。可此次遭遇战，他们看到的是着装与朝鲜人民军完全不同的军队，着黄绿色棉军装，虽然也是黄皮肤、黑眼睛的军人，但没佩戴任何军衔标志，看起来也不像是朝鲜群众游击队，说的又不是朝鲜话，吹的是他们从来没有听到过的军号声。敌人分析，对手在战场上作战勇猛，执行战术坚决果断，敢于穿插，长于以局部绝对优势分割包围对手，从而形成围歼之势，战术素养极高，一定是中国军队出动了！

遭到迎头痛击的敌军一下子被打蒙了，丢盔弃甲，争相向南溃逃。

"抓俘虏，不要让敌人逃掉！"副团长陈平大声呼喊。

1营指战员听到副团长陈平的命令，立即带领战士们向逃跑的敌人追去。

这场遭遇战是张建华所在的148师442团1营入朝后的首战。此战取得的战果是：打伤敌人90多人，缴获轻机枪、卡宾枪各十多挺（支），重机枪数挺，还有少量其他枪支，以及大量毛毯、鸭绒被、军大衣等军用物资。1营指战员兴奋异常，缴获的鸭绒被、毛毯和带瞄准镜的洋枪，不要说刚刚从农村来的战士们从来没有见过，就连在国内征战多年缴获无数的副团长、营长、教导员，也是首开眼界。看到缴获物资中的卡宾枪，营长李永福、教导员刘进昌眼馋不已。报告团部后，团部批复：除重武器及部分缴获物资上交外，其他缴获物资均归1营各连。营长、教导员想要一支卡宾枪，经批准后，如愿各得一支。它比"盒子手枪"高级多了！两人把它挎在肩上，顿时洋气起来！缴获物资中还有两支带瞄准镜的自动步枪，是老兵都从未见过的。它比传统的三八式步枪新式多了，让人眼界大开。这两支缴获的枪支，在第4次战役中发挥了重要作用。因它带瞄准镜，射击非常精准，战士们用它毙敌多人。初上战场的张建华，不仅亲历了这场战斗，还亲眼看到这么多战利品，高兴极了。

抓到的俘虏经审讯，承认是南朝鲜6师的一部。这支军队战前相当猖狂。该师7团在张建华所在的50军入朝前，就已到达了离鸭绿江不远的楚山，并用大炮向我国进行轰击。

初战告捷，鼓舞了张建华所在的148师442团1营全营战士。之后，张建华用诗的形式来记录他眼中所见到的一切。他同其他战士不一样，其他战士是用手中的枪向敌人开火，而张建华则用他手中的笔同敌人战斗。

战地诗人

入朝作战后，火热的战斗生涯极大地激发了张建华的激情。在第1、第2次战役时，他就写下了多篇战斗诗篇。每写完一首，他都要用成都话朗诵给战士们听。

这些诗描写的都是志愿军亲历的战斗生活。他见了就写，写了就念给全体战士听，及时快速，很受战士欢迎。正因为如此，2连入朝以后，干部、战士都改变了对文化教员的称呼。战士们起初叫张建华"张教员""秀才教员"，后来，听了他写的多首诗后，都叫他"诗人教员"。全连战士都没想到，从成都参军的这个学生兵是一个喜好写诗，以诗作为武器的诗人战士。

张建华的诗来自战斗，来自行军。他有感即写，有闻必录。

2连指战员记得：全连在零下20℃的严寒中夜渡大同江时，几个新战士连呼"好冷啊"！是的，天气很冷！当张建华和全连战士脱掉军棉裤过江时，冰水刺得大家双腿麻木。一上岸，浸过水的军裤已结了冰。

部队休息时，大家看见"张秀才"掏出自来水笔在他厚厚的本子上写起来；写完后，他拿着手中的本子当着大家大声地说道："同志们，我把我们渡大同江的情景写成诗念给大家听听。"

张建华是用成都话说的。这个口音，全连干部、战士都十分熟悉了，也感到很亲切。

大家一听"张秀才"要给大家念诗，都高兴地、认真地、静心地听他念。张建华说："我现在给同志们念我写的《夜过大同江》。请大家听听，是不是这么回事？"

　　　　冰可破皮肉，

　　　　但不能伤筋骨；

　　　　腿可僵硬，

　　　　但杀敌的心不能麻木；

　　　　乘胜前进，

　　　　岂容敌人片刻歇宿。

　　最后一句，张建华还大声重复念了一遍。他念后便问大家："同志们，我们追击敌人时，能不能让敌人有片刻歇宿之机呀？"全连官兵听后当即答道："不能让敌人有片刻歇宿之机！要穷追猛打，打过'三八线'，坚决消灭敌人！为朝鲜人民报仇，为祖国人民立功！"

　　大家说毕，指导员王殿忠乘兴鼓动说："同志们，我们的'秀才教员'写的诗好不好呀？"

　　"好！"

　　"请教员再写一首行不行呀？！"

　　"行！"

　　全连战士包括连长杨守信、副连长李德枝都一边鼓掌一边齐声附和："好！再写一首！"

　　"同志们，"张建华红着脸说，"不要急，下次我发现有写的，我还会写，写好后，还会念给大家听的。"大家听他这样说，又鼓起一阵热烈的掌声。在全连，对张建华最感满意的，是指导员王殿忠，他称赞张建华写的诗，鼓舞了全连战士与敌作战的士气。按照指导员对张建华的分工，他不仅做好了抢救伤员这项工作，还随时写诗鼓励全连战士不畏艰难、战胜敌人。王殿忠因而对张建华赞不绝口，分外满意。连队里来了人，不管是军里下来的文艺团创作组的同志，还是团里的宣传股长，乃至团首长，王殿忠总会主动向他们介绍：连里的文化教员张建华是个小诗人、小秀才。

解放战争期间，解放军 60 军出现了一位以写快板诗做宣传鼓动工作的毕革飞，该军战士都称毕革飞为"快板诗人"。毕革飞是一位从抗日战争开始就参军的老八路，曾在连队任过政治指导员，后升任解放军 60 军政治部宣传科科长，人称"快板科长"。他写了很多快板诗，散发到部队连队，供战士们传阅朗读，以此鼓励战士们英勇杀敌，不怕牺牲。

而今，在朝鲜战场的志愿军 50 军 148 师连队又出现了一个用诗进行宣传鼓动的文化教员张建华。为便于文化程度不高的战士理解，张建华在战场上写的战地诗多采用质朴甚至直白的语言，通俗易懂，深受战士们喜欢，成为鼓舞他们斗志的精神食粮。

在张建华眼中，革命英雄主义、乐观主义、战场感怀、战斗捷报，乃至表战斗决心、对敌的声讨等皆可成诗。第 2 次战役中，他所在的 50 军突破"三八线"后，他即兴写了一首诗《突破敌人三八线防线》：

好一个纵深百里、横断朝鲜、
牢不可破的三八防线，
志愿军仅用二十分钟，
就把它踏个稀巴烂！
美国兵丢了大炮、枪杆，
李伪军甩下热腾腾的牛肉罐！

另有《笑谈麦克阿瑟》诗云：

南岸火海，北岸火山，
敌机扫射，炸弹连串。
麦克阿瑟暗算：
今天定叫志愿军尸横一片。
哈，哈，哈，哈！
可惜美国佬的千吨炸弹，
只耽误了志愿军一场睡眠！

《捷报》诗云：

> 松林雪花飘，
> 传来捷报，
> 战士们沸腾的心啊，
> 能把冰雪融化掉。
> 昨天杀人的"英雄"，
> 今天半死半活跪地向我求饶！
> 这是侵略者的结局，
> 这是人民的庄严警告。

《血绫带》诗云：

> 我们要呼吁，
> 我们要控诉，
> 美军滔天罪行，
> 岂能再容宽恕！
> 玷污朝鲜神圣的领土，
> 奸淫烧杀朝鲜妇孺，
> 一个婴儿也难幸免，
> 血绫带便是敌人的罪证之物！

"小秀才"

张建华所在连队的战士在国内时，要给家里写封家信，总是去找张教员，去找指导员呼喊的"小秀才"。张建华虽是个有高中文化的小知识分子，但他对战士很和蔼，很亲切。战士们有什么困难，他总是想方设法为他们排忧解难。他帮助战士们写信，帮助他们提高文化水平。在国内如此，在朝鲜也是如此。

第 2 次战役即将结束之际，张建华所在部队奉命向清川江挺进，中途经过新安州火车站，战士们发现美军慌忙逃跑时丢下的后勤专列上，有美国饼干、猪肉和牛肉罐头，以及一些蔬菜。其中还有一个重达 30 斤的大罐头，战士们用缴获的小十字铁镐打开一尝，是一种酸甜味的东西。战士们没吃过这玩意儿，也没见过，刚入口便吐了出来，还气得说："这是啥东西，这么难吃？"战士们便去请教张建华："这是啥东西？"张建华看了看英文说明，告诉战士：它是用西红柿做的营养饮料。战士们佩服他不仅会写诗，还认识英文。

2 连连部通讯员从战利品中看到几盒像牙膏一样的东西，心想自己正缺这个，十分高兴，便取了一支拿去用。刷牙时，他看到牙膏是黑色的，但还是放进了嘴里。站在镜子前的他刷着刷着终于觉得不对劲了："这是啥玩意儿？味道难闻不说，越刷牙越黑、嘴越黑？"他用水冲了几次，也冲不干净。于是他拿着这个战利品去问张建华："诗人教员，这是啥东西呀？我用了后满嘴漆黑！"张建华一看满嘴黑乎乎的通讯员，当即笑了，忙拿过通讯员说的"牙膏"看了看，立即对通讯员说："这不是牙膏，是鞋油。你不认得英文，但这玩意儿的商标上，不是画了一只大皮鞋吗？"连长、指导员一看通讯员漆黑的嘴，也忍不住大笑起来，并说："还是我们'小秀才'有本事，人家认得英文！"

在 2 连，全连指战员都敬佩张建华，指导员王殿忠更是把张建华视为连里的"宝贝"！

连里又岂止是王指导员敬佩他，连陕西籍的营教导员刘进昌，都把这个有时会扣错军衣扣子的张建华视作是难得的人才。他没想到这个"娃娃头儿"文化教员"满肚子是墨水"。干部们夸奖他是"咱们连的小秀才"，说他"小"，是因张建华个子不高，身材瘦小。他人虽瘦，却十分精干，从外表看，他也确实像是一个"娃娃兵"。

《进军号》

如果要在张建华入朝后写的众多战地宣传诗中选一首最好的，应首推《进军号》。这首诗既是诗人张建华的心声，也是志愿军 50 军广大战士的心声。张建华以《进军号》写他所在的志愿军 50 军全体战士的誓言，这也是两百多万参战志愿军的誓言。该诗不仅反映了广大志愿军战士的爱国主义精神，也反映了他们的国际主义和革命英雄主义精神。因而，它不仅感动了军旅作家刘白羽，也感动了军旅作家、剧作家宋之的及作曲家彦克。

这是张建华在部队突破临津江后写的一首诗。当时天色刚亮，东方的天空已露出了红色的曙光，他所在部队正在急速行军。

美军有强大的空军，掌握了战场的制空权。因此，在志愿军入朝前，上级就明确指示：为严格保守秘密，渡河部队每日黄昏开始行动，至翌晨 4 时即停止，5 时以前隐蔽完毕。而今，天已大亮，且已过了 5 时，部队却还没有隐蔽。正在情况紧急之时，师指挥部来了命令：部队立即停止前进，就地防空。张建华所在的 148 师 442 团 1 营指战员根据上级命令，让队伍停止前进，就地隐蔽。战士们就地蹲在山沟各处，隐蔽防空。他们还把棉大衣反穿在身上，露出白色里子，以达到隐蔽效果。（1950 年冬，朝鲜半岛分外寒冷，雪下得很大。）

此时，张建华看到连队饲养员把他的军棉衣搭在棕色的战马身上。这样做，一是给战马御寒，二是给战马防空。饲养员把战马看得比自己生命还重要，不进入山沟，直接隐蔽在战马肚子下面。为防战马因敌机轰炸、扫射而受惊，在马肚下的饲养员用手紧紧地攥住缰绳，并让战马嚼着黄豆充饥，可他自己却饿着肚子。眼前的情景，感动得张建华眼泪都流出来了。他立即拿出笔，掏出他那本厚厚的记事本，用他冻得通红的手写了起来。他平生的绝唱——《进军号》就此诞生了！诗中这样写道：

揆文奋武 抗美援朝战争中的川大英烈

进军号，洪亮的叫，
战斗在朝鲜多荣耀，
看我们的红旗哗啦啦的飘，
好像是太阳在空中照！

进军号，洪亮的叫，
战斗在朝鲜多荣耀，
就是我们今天吃点苦，
能使我们祖国牢又牢，
不被炸弹炸，
不被烈火烧，
我们的父母常欢笑。

进军号，洪亮的叫，
战斗在朝鲜多荣耀，
就是我们今天流点血，
能使朝鲜兄弟生活好，
工厂再冒烟，
庄稼长得高，
灿烂的鲜花开满道！

进军号，洪亮的叫，
战斗在朝鲜多荣耀，
用我们的青春和生命的火，
把战魔烧死在朝鲜半岛，
让和平的太阳永远在空中照！

这首 4 段 23 行的诗,充分反映了抗美援朝战争中中国人民志愿军全体战士坚决保卫祖国、保卫朝鲜的爱国主义、国际主义、革命乐观主义精神,以及不怕流血牺牲的坚强意志。战士们知道,为使"祖国牢又牢",为"使朝鲜兄弟生活好",为使朝鲜的工厂"再冒烟",为使朝鲜人民的庄稼"长得高",志愿军只有勇敢战斗,不怕牺牲,才能把发动战争的"战魔""烧死在朝鲜半岛";也只有这样,才能"让和平的太阳永远在空中照"!这是诗人的誓言,也是他所在的志愿军 50 军全军战士的誓言和决心!

血洒汉城

50 军在第 2 次战役胜利结束后,紧接着又参加了第 3 次战役。根据中朝联合部署,第 3 次战役打响后,志愿军 50 军及 38 军、39 军、40 军与朝鲜人民军第 1 军团作为进攻汉城的右翼集团。该集团于茅石洞至永平地段突破临津江后,即向东实施突击,伺机夺取汉城。50 军则在高浪浦里地段同 39 军并肩战斗。

1951 年 1 月 3 日夜 9 时,50 军 442 团接到命令:攻占汉江大桥。接到命令后,张建华所在的 1 营副营长刁剑明即率领全营各连向汉江快速前进。由于地图存在偏差,1 营耽误了一些时间,几小时后,天色渐渐明朗,东方天边已露曙光时,全营才达到汉城延禧里。不想部队刚到此地,预先埋伏在汉江堤上及洞口等地的美军立即向 442 团 1 营前卫连 1 连开火,敌坦克炮、远射程炮向我军齐射,我军伤亡惨重。跟在 1 连后面的营长李永福当即命令张建华所在的 2 连连长杨守信率队占领右侧高地并向前推进,教导员刘进昌则率 3 连迅速占领左侧山岭并作攻击前进。此时,敌机正在阵地上空盘旋,但因敌我距离很近,敌机没有进行轰炸扫射。2 连副连长李德枝乘势率 2 排从高地如猛虎般冲下,敌人见势几乎未作抵抗便撤出阵地,2 排只抓住一个未能逃走的美军。

1951 年 1 月 4 日凌晨 2 点,即离进攻汉城的时间只有 3 个小时的时候,张建华在汉城外围遭敌机扫射,胸部不幸中弹,不断涌出的鲜血染红了他的棉军装,染红了他的军挎包!

"诗人教员,你醒醒!快醒醒!"

"小秀才!我们的秀才教员,你快醒醒!"杨连长和他身边的战士对着张建华呐喊。急行军下,医疗力量极为匮乏,目睹着年轻战士的生命一点点地流逝,战士们毫无办法。他们只能流着悲伤的眼泪,期待奇迹的出现。

"小秀才,小秀才!"王指导员也流着眼泪呼喊他的"小秀才",可张建华再也醒不过来了!

年仅20岁的张建华终因流血过多,在这异国他乡的土地上长眠了,为了祖国和人民。

"这样的学生兵,这样的学生兵,哪里去找啊!"杨连长呢喃着。对于张建华的牺牲,最为难过的是指导员王殿忠,对他来说,张建华不仅是工作上离不开的重要助手,更是患难与共的好同志。当时,50军各个连队都分配有在川东参军的各县学生兵,唯独这个来自成都的学生兵会写诗。他不仅教全连战士认字写信,还用诗做宣传工作,用诗鼓励全连战士奋勇杀敌。他牺牲了,整个2连好像被敌人砍断了一支臂膀!王殿忠的难过可想而知。他认为张建华的诗,比他用嘴鼓动战士们英勇杀敌的作用还大。不要说在2连,在1营,在442团,就是在148师,一说起1营2连有个会写诗的成都学生出身的文化教员,都称赞不已,羡慕不已,他是大家的骄傲啊!可今天他却离大家而去了。王指导员的耳边,仿佛又响起张建华的《进军号》:

> 进军号,洪亮的叫,
> 战斗在朝鲜多荣耀,
> 就是我们今天流点血,
> 能使朝鲜兄弟生活好,
> ……

再过 3 个小时，进攻汉城的战斗就要打响了。王殿忠同身边的战士不得不将张建华就地掩埋。掩埋张建华前，连部通讯员取下了张建华身上那个被鲜血染红的军用挎包，里面装着张建华写诗用的笔记本和一枚未用得上的手榴弹！

在张建华牺牲地附近有一片凹地，战士们用铁铲铲去地上的雪，又用十字镐挖了一个坑。战士们把张建华按头朝祖国的方向抬入坑中，好让诗人教员能时时看到祖国，然后用土盖上，再将雪盖在土上。

"诗人教员，您好好走吧！"一位请张建华为他写过家信的老战士流着热泪对埋着张建华的地方说。此时，他耳边也响起了诗人教员生前用成都话给全连战士朗诵的诗句：

> 进军号，洪亮的叫，
> 战斗在朝鲜多荣耀，
> 用我们的青春和生命的火，
> 把战魔烧死在朝鲜半岛，
> 让和平的太阳永远在空中照！

"诗人教员，我们一定要给您报仇！安息吧！亲爱的诗人教员！"新老战士都这么暗下决心。

《进军号》的发表

抗美援朝战争开始后，为鼓舞士气，中央先后组织了大批作家奔赴战火纷飞的朝鲜战场进行实地采访、报道，组织艺术家慰问志愿军战士。张建华的诗能够得到发表，应该归功于著名的军旅作家刘白羽。根据安排，刘白羽所到的部队，正是参加了解放汉城的战斗，最后打到"三七线"附近的 50 军，也就是张建华生前所在的部队。从第 3 次战役到第 4 次战役，刘白羽都在这个军所辖各部生活、创作，时间长达数月之久。其间，他以

50 军的战斗事迹创作的《歌唱白云山》一诗，由著名作曲家郑律成谱曲后，在志愿军 50 军全军传唱。

在这里，刘白羽见到了张建华留下的记事本。记事本不重，可张建华在本子上写下的一首首战地诗却使作家刘白羽心里沉甸甸的。《进军号》这首诗质朴但饱含深情，没什么涂改，应该是一气呵成的战地诗篇。刘白羽读罢很高兴，也很感动。

刘白羽把张建华写的《进军号》反复看了 2 遍，他在志愿军 50 军深入采访了几个月，接触了很多指战员，从军长曾泽生到师长、团长、营长、连长，他知道，这是一支不怕困难、敢于与敌拼搏的队伍。在第 1、第 2、第 3 次战役中，他们都是在忍饥挨饿、极端严寒的艰苦条件下与敌顽强作战的，并且取得了一次接一次的胜利。特别是在攻占汉城前夕，50 军全歼英国侵略军 29 旅皇家坦克营，创造了志愿军入朝作战一次歼灭敌一个营的辉煌战果。之后，50 军奉命在汉江南北两岸进行防御作战，其环境之艰苦，战斗之惨烈，部队牺牲之大，难以用语言描述，事迹非常感人！

50 军的指战员面对强敌为什么能如此勇敢？这不正是《进军号》中所描述的，是为了使祖国"不被炸弹炸，不被烈火烧"吗？不正是因为他们有着"就是我们今天吃点苦，能使我们祖国牢又牢"的强烈信念和新中国铁血军人保家卫国的责任感与使命感吗？

刘白羽在战地看了张建华写的战地诗集后心生感慨：既然 50 军的同志请我把张建华在战地上写的诗集带回国，我就不能仅是把它交给军事博物馆，让它受人参观而已，更应该让祖国人民知道这些诗。张建华写的诗既代表他自己，也代表他所在志愿军 50 军全体战士的心声和决心。最后，他用稿笺工整地抄下张建华的《进军号》，通过志愿军军邮寄给了宋之的[①]。

宋之的看到刘白羽抄录的《进军号》，并看了刘白羽写给他有关这首

[①] 此时，宋之的正负责《解放军文艺》的创刊工作，刘白羽把张建华写的诗寄给他，是希望他把该诗发表在《解放军文艺》上，让全国人民都知道这首诗。

诗来历的信后，决定把《进军号》发表在当年（1951年）6月创刊的《解放军文艺》上。这首诗在全国军民中影响很大，感动了许多读者。

刘白羽在将《进军号》寄给宋之的的同时，又抄录了一份寄给我军著名的青年作曲家彦克，请他为牺牲的战士诗人张建华烈士写的《进军号》谱曲。

彦克收到刘白羽寄给他的《进军号》后，立即进行谱曲，几天后，《进军号》歌曲谱成，随后交给了正在创办的《解放军歌曲》杂志。当年8月，由彦克谱曲、张建华作词的《进军号》刊登在《解放军歌曲》的创刊号上，首先在国内军中传唱，随后便在全国群众和朝鲜战场上的志愿军中传唱起来。后来，该歌曲还被编入《百首战歌集》，并名列榜首。

永远的怀念

几十年后，编者在成都采访了时任张建华所在的1营教导员的刘进昌。他还念念不忘这个来自成都的学生兵张建华。他对张建华的印象极为深刻，虽然他年事已高，将张建华记成是1连的文化教员，但谈起张建华，他连说这种学生兵"少有！少有！"。他告诉编者：

> 张建华是你们成都人，他不仅给我留下很深的印象，就是当年我们1营的营长李永福、副营长习剑明，包括随1营跟进指挥作战的副团长陈平，团宣传股长黄晓然，无一不对张建华的表现称道不已。他们都称赞张建华，说在50军全军的连队文化教员中，他是唯一一位战士诗人！他们一致认为：如果他还健在的话，在写诗这方面肯定会有更大的成就。他写的那首《进军号》，当年在全志愿军中传唱，但是，谁也不知道这位诗人是咱们50军的人！是咱们50军148师442团1营的人！

他把"1营"两个字说得很响。从他的话中听得出：他很为张建华这样的连队诗人出在他们 1 营感到骄傲和自豪！我看到，他的眼中闪出一种兴奋而又自豪的光芒。紧接着，刘进昌教导员继续向编者介绍：

> 咱们 1 营，指战员都没有把张建华叫成张教员。连长、指导员叫他"小秀才"，战士们叫他"诗人教员"。当然，写作是离不开纸的。每次战斗结束，当大家都在战利品中找武器、食品等物资时，张建华却在到处寻找纸张和墨水。行军中，我看到他除了背公家的物品，他的挎包总是鼓鼓的，不仅装有书籍，还装有纸张和他写诗的笔记本。他牺牲后，战友们为他整理遗物时，才发现他那厚厚的一本笔记本写了有 100 多首诗。他是以诗作武器与敌人战斗的，是以诗为武器鼓舞战士们英勇杀敌的！

在这场新中国的保家卫国之战中，英勇的中华儿女为了祖国的安全和伟大的国际主义，不畏强敌，不怕牺牲，面对武器装备远远超出我军的以美军为首的"联合国军"，打出了军威，打出了士气，打出了新中国的尊严。1949 年 10 月 1 日，毛泽东主席在天安门城楼上庄严宣布："中国人民从此站起来了！"但因积贫积弱多年，新中国的宣誓并没有引起西方列强的重视。而抗美援朝战争中，我军将"联合国军"从中朝边界的鸭绿江边赶回"三八线"附近，并迫使美军签订停战协定，这实质上是我方取得的巨大胜利，极大地震撼了西方列强，让他们看到了一个全新的、不一样的中国！毛主席的宣言从此有了实力的支撑。从此，中国的声音才开始为西方列强认真倾听，抗美援朝战争，为新中国的建设争取了几十年和平的国际环境。当然，我们也为此付出了不小的代价，不少志愿军将士献出了自己年轻的生命，长眠在异国他乡的土地上，我们应当永远铭记这些不朽的战士。

为国捐躯的志愿军将士们，你们安息吧！

青春无悔
——詹振声烈士传[①]

詹振声（1929—1952），1929年出生于四川巴县（今重庆市巴南区）。家境贫寒，幼年丧父，其母独自将他抚养成人。1944年，他考入重庆博文高中就读；1946年初，转入重庆市私立求精中学；1947年被保送进入私立华西协合大学。后因身体原因休学一年，复学后转入1948级就读。在校期间，他积极在学生公社等处勤工俭学。新中国成立后，翻身做主人的詹振声更是以满腔的热血投入到政治学习之中。1950年11月，他报名参军到朝鲜战场上当翻译。在朝鲜战场上，他工作积极，任正排级翻译。1952年12月23日夜，他因执行侦察任务负伤，终因流血过多英勇牺牲，后被确定为革命烈士。

詹振声烈士

结缘华西

詹振声，1929年出生于四川巴县。詹振声幼年时父亲早逝，由其母独自将其抚养成人，家境贫寒。1944年，詹振声考入重庆博文高中就读，1946年初，转入重庆市私立求精中学就读，1947年6月毕业。求精中学是一所由教会创办的学校，实行免费教育，因此吸引了大批家庭贫寒、读

[①] 本文由编者根据金开泰、孟继兴的《詹振声烈士——长眠在异国他乡》提供的信息及刘开政等人的回忆编写而成，四川大学档案馆的雷文景老师也提供了不少帮助。

不起书的同学前来就学。该校学生基本由两种人组成：一种是家境殷实，但更加信任西方教育的人家的孩子，一种是真正的穷人家的读不起书的孩子。同时，这所中学与私立华西协合大学渊源甚深，很多学生都被保送至私立华西协合大学就读。

詹振声和他的许多同学走的正是保送这条道路。在 1947 年 6 月重庆市私立求精中学举办的毕业考试中，他在全班一百多名同学中名列第二，"成绩等级：甲等，操行等级：甲等"，被保送进入私立华西协合大学。最初他报的志愿是"外文系"，进校后转入药学系。一年后，他因身体虚弱休学一年，后留级转入 1948 级。①

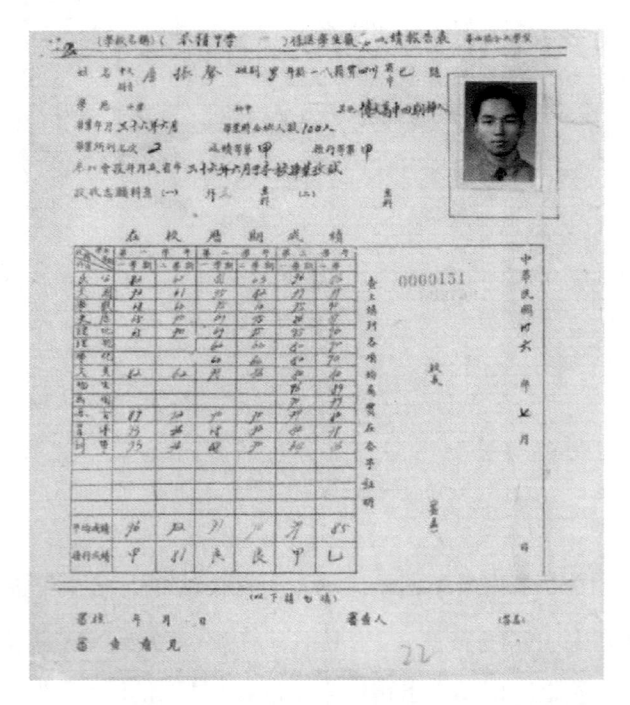

1947 年，詹振声以优异的成绩保送进入私立华西协合大学

---

① 有些回忆录和传记文章称詹振声是 1948 年考入的，都属误解，其原因就在这里。关于詹振声的入学经过，现今四川大学留存的档案中有明确记载。

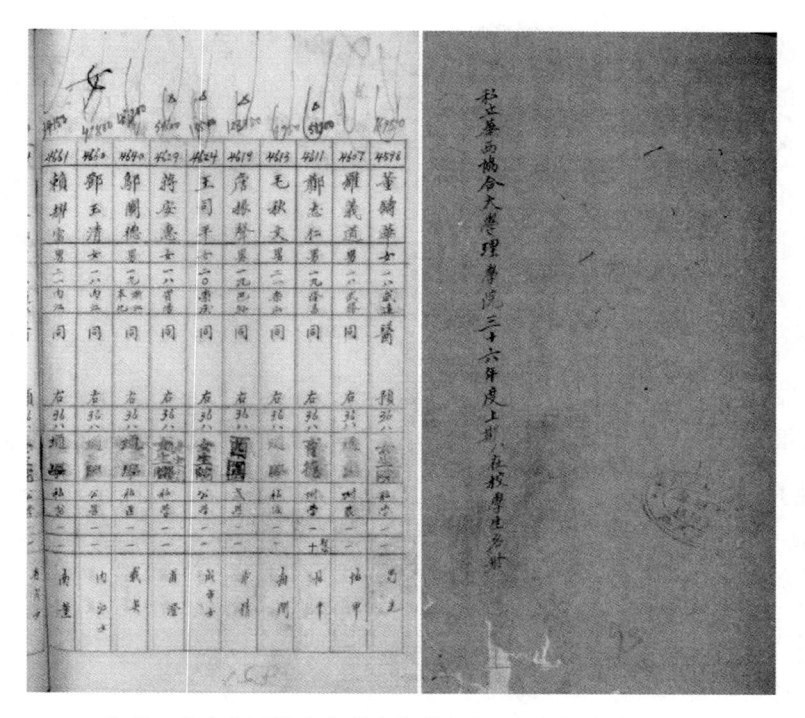

1947年秋，私立华西协合大学在校学生名册。詹振声在左六，住西园

1948年留级学生名单，詹振声在左七，留级原因"同上"（即休学）

詹振声鼻梁比较高，待人又和蔼，同学们便给他取了个亲切的绰号——"鸽子"。大学生涯中，在课余和节假日，他仍然坚持在中学时形成的好习惯：尽量多地做有益于他人的工作。他先后加入了共产党领导下

的进步组织牛津团契，积极参加医药服务团的活动和"保护学校、迎接解放"的斗争，长期在校内的公益组织"学生公社"中尽心尽力地为师生提供服务。

华大的学生公社是一个学生公益服务机构，其宗旨是在课余时间开展适合青年的活动，为师生提供一些生活服务。1947年后，国统区物价飞涨，学生的生活日益艰难，华大就成立了学生公社。学生公社将有一技之长或者贫困的学生组织在一起，办一些阅览室、理发室等，为全校师生提供价格低廉的服务，方便师生们节约生活开支。这为贫困学生提供了勤工俭学的机会，使其能获得一定的收入，以维持生活。学生公社为华大师生提供了不少便利，因此华大加入学生公社的学生比较多。同时，共产党和"民协"一直将它当成团结教育青年的阵地。据时任中共成都市委副书记彭塞回忆："党组织还控制了华大的学生公社，开始由吴德华，后由基督教中的秘密党员和'民协'成员姜源林同志负责，四八年（1948年）左右又由秘密党员×××[①]同志负责。学生公社订了大批进步书刊给同学们阅读，并经常组织报告会、讨论会、联谊会、文艺晚会等宣传进步思想，联络广大同学。当时，党和'民协'领导的进步团体，如大风诗社、时事研究会等都利用学生公社作为活动场所，把绝大多数进步同学都组织起来了。"[②] 詹振声在为学生公社工作的同时，受到许多进步同学和书刊的影响，不断追求进步。

詹振声的生活并不宽裕，甚至是比较困难的——四川大学现存的档案中，还有其因为困难申请缓交学杂费的记录，但他非常有爱心。1950年苏北、皖北、河北、河南等地发生灾情，为了救济灾民，川西区人民政府于1950年10月21日发起"劝募寒衣运动"。詹振声立即响应号召，捐款

---

① 原文如此。
② 见彭塞《解放战争时期中共成都地方党组织活动情况——在市委召开的党史座谈会上的发言》，载《华西坝风云录》编辑组《华西坝风云录》，第77页。此文献为内部资料。

100000 元①，并且还捐助了 6 个银元。作为早年丧父、家境比较贫寒的学生，詹振声的捐款数额可以比肩学校的一些知名教授。这是詹振声 1950 年 11 月离开学校开赴朝鲜之前在学校档案中留下的最后记录。

詹振声曾申请缓交学杂费

詹振声捐款 100000 元

---

① 当时使用的是第一套人民币，最小面额为 1 元，最大面额为 5 万元。

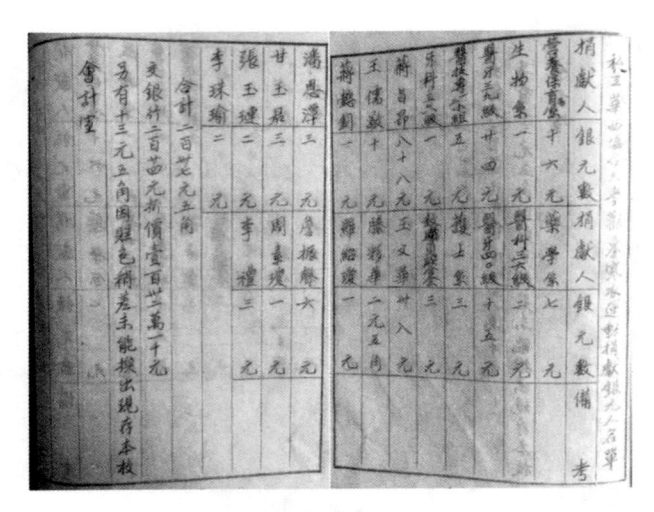

詹振声捐银元 6 元

投笔从戎

1950年6月25日,朝鲜战争爆发。不久,战火烧到了鸭绿江边。10月19日,中国派志愿军赴朝参战,这是在国门外进行的保家卫国战争。当时,我军的中下层指战员大多数没有读过书。我们的志愿军战士,绝大多数文化程度较低,具有小学文化的兵员都算是"知识分子",要被抽调到炮兵等技术兵种中去。读过初中和高中的就少了,懂英语的就更少了。战士们面对以美军为首的"联合国军",语言不通,在情报收集和掌握战场情况等方面,基本是两眼一抹黑的情况,很吃亏。从前线回来的中国驻朝鲜大使柴成文认为,朝鲜战场最急需的是英语翻译人才,他将这个情况汇报给了周恩来总理。

其后,中央决定由地方高校向抗美援朝前线支援英语翻译人才。当时,由于抗美援朝总会和各地分会掀起了轰轰烈烈的抗美援朝运动,全国各地的大学生参军参战热情高涨。新青团成都市委发出号召后,各学校的团组织立即组织了宣传活动,很多同学当场就写下志愿书要求报名。对于一直积极学习、追求进步且英语底子很好的詹振声而言,这无疑是一个报效祖国的绝佳机会。所以,他虽然身体素质较差,但仍义无反顾报名了。

顺利通过政审、体检和英语水平测试以后,詹振声和其他初步入选者一样,来到60军军部参加英语水平面试。这场面试由60军政治部主任李哲夫亲自主持,参加测试的人员主要来自成都的大学。60军通过当场翻译《资本论》、唱英语歌曲和展示其他才艺等测试,共招收了翻译23人。其中,华大是入选人员最多的学校,在成都选出的23名翻译中,有14人来自华大,他们是詹振声、刘开政、张光宇、王仕敬、廖运掌、王克武、王华英、陈单特、熊光复等人。

根据英文水平的高低,选出来的人员被派到了不同单位。水平最高的7个人被分到了60军政治部,其中有6人是华大的,他们分别是詹振声、张光宇、王仕敬、刘开政、陈伯毅、陈单特;其他的则被分派到师、团等单位。无论是在军政治部,还是在师、团等单位,都是在相应单位的敌工科工作。

1950年11月华西协合大学医牙学院学生欢送詹振声等参军同学合影

1950年年底,60军行军至陕西宝鸡,然后乘火车至河北省沧县古运河边的泊头镇完成集结。部队在这里待了约3个月,主要进行换装整训,并等待正式入朝作战的命令。

战士们换上了苏联援助的新式装备,日夜进行操练。詹振声等翻译人员则在军部的组织下加强翻译业务学习,主要是熟悉军事,学习英语军语、俚语等。军部给大家发了军事英语教材,大家通常会利用休息时间进行自修学习。同时,詹振声等翻译人员还要充当战士们的英文教员,教战士们一些简单的战场喊话,如"缴枪不杀""放下武器"等。战士们普遍没读过书,且口音很重,教学进行得很困难,詹振声就和其他翻译人员想了很多办法帮助战士们学习英语。此外,部门还组织了三视教育和其他政治教育,以及一些文娱活动,詹振声等上过大学的新兵在这些活动中都发挥了积极作用。

云山大捷、长津湖战役的胜利等消息传回时,战士们无不欢欣鼓舞。大家集中学习了前线战士的战斗经验后,学习、操练的劲头更足了,都想着尽快入朝痛击美帝国主义。

为国捐躯

1951年3月中旬,60军乘坐火车来到安东,这里是入朝的前哨站了。部队休整了几天,等待入朝。詹振声身体比较弱,此时他的双腿和脸部都出现了明显的浮肿。领导怕他不能适应朝鲜艰苦的环境和经常性的长途急行军,多次劝他留在国内进行治疗。他却坚决地谢绝了,表示自己一定能行,绝不为一点小病而临阵退缩。

3月17日起,60军启程离开祖国,正式奔赴朝鲜战场。3月22日,60军全军跨过鸭绿江进入朝鲜半岛。

抗美援朝战争初期,我军基本没有制空权。所以60军进入朝鲜后,很快就遭遇了敌军轰炸。此后的行军都特别困难,不得不昼伏夜行,却仍需保持急行军。兼之1950年的冬天出奇地冷,雪下得尤其大,雪融后,道路泥泞不堪,更是为战士们的前进平添了极大的阻力。

制空权的缺失，还给后勤带来了极大的麻烦，战士们只能自背武器弹药和口粮，负重极大，每个人的背包都有 40 来斤。行军途中也不能生火，因为这容易暴露位置，招来敌机轰炸，所以战士的口粮都是干粮，主要是炒面，渴了就喝沿途的溪水。不少战士因此患上了口炎、维生素 A 缺乏症，出现便秘的就更多了。这都是行军途中很难解决的问题，只能依靠一些土办法解决，如熬煮一些草药吃等。詹振声的浮肿一直没有完全好，其间的艰难可想而知。可以这样说，他完全是凭着抗美援朝、保家卫国的伟大理想和过人的毅力，才咬紧牙关坚持了下来。

4 月 5 日，60 军经过 14 个日夜的艰难跋涉，行军近 700 公里，到达伊川前线，与 26 军等部队实现换防，为第 5 次战役的开展做好了准备。

在朝鲜战场上，詹振声等翻译人员的日常工作主要是搜集情报，如通过电台等渠道搜集关于敌军的情报并编译成敌情报告，翻译战士们缴获的地图和文件。押送、管理和交换"联合国军"战俘，以及与战俘交流，做他们的思想工作，使他们产生厌战情绪，这些也是翻译人员需要完成的工作。

作战时，詹振声等翻译人员需要在战场上对敌喊话，如有了伤员后，要对敌喊话建议停火，以便双方转运伤员进行救治。有时也需要翻译人员在对峙时，对敌进行政治宣讲，使对方认识到发动这场侵略战争的非正义性，鼓励他们反战。翻译人员还要做一些传达命令等文职人员的工作。由于我军通讯技术比较落后，很多时候都需要他们这些人冒着敌人的炮火，穿行于阵地之间，口头传达信息。要冲锋的时候，詹振声等翻译人员往往是在第二梯队，到了敌人阵地后就要四处搜罗敌人的地图、文件等有用的资料。这些工作还是有比较大的危险性的，譬如和他同在 60 军的陈世刚就曾因此荣立三等功。

此外，翻译人员常要做的是对敌军的抵近侦听以及抵近喊话，也有牺牲的危险。在敌我前沿，入夜常常是"人造月夜"的景象。因为"联合国军"怕夜战，在阵地前沿设置了许多探照灯，整夜不熄，把我方的前沿阵地照得如同白昼。往往是阵地上一有人影晃动，美方便会进行定点射击，我方则以炮群火力进行压制。此时，美方就以远程炮进行压制，我方又实施反压制，如此反复。

战斗之余，詹振声常抽空教战士们读书识字，帮他们写信、读信，了解家乡、家人的情况，了解祖国如火如荼的建设信息。与家乡和亲人的联系，祖国日新月异的变化，不断激励着他们英勇战斗。中国人民志愿军的抗美援朝运动，让中朝军民结下了深厚的友谊。詹振声等发回学校的信件记述了他们同朝鲜人民的交往：他们经常节约口粮送给生活艰难的朝鲜老百姓，而朝鲜老百姓也把他们当成亲人，做了好吃的，一定要请他们尝一尝，他们不吃的话，老百姓还会生气；他们转移的时候，老百姓还会送出很远。与祖国的通信，与学校的联系，成为激励他们不断克服困难的动力。詹振声就曾写信回来，要求同学们及时把学校的消息寄到朝鲜前线，把每期的《新华大》寄到朝鲜前线，好让在前线的华大学子了解母校情况。学校的消息，他们经常是要"细读两三遍"的。1951年12月，华大在60军的同学们有幸第一次聚到了一起，拍了一张合影。詹振声等就将合影连同一封讲述他们在朝鲜战斗生活的信一起寄了回来。在这封信上，领衔签名的正是詹振声。这封信情意恳切，催人奋进，尤可见詹振声对母校及祖国人民的思念。信件内容如下[①]：

《新华大》编辑同志转：

亲爱的华大全体老师、同学、工友们：

　　每当我们收到母校寄来的《新华大》，我们总得细读两三遍，上面每一篇文章，每个消息，我们都是那么喜欢知道。因为他告诉我们母校的一切情况——母校在前进中，我们永远也忘不了母校对我们的关怀。每当读完了报纸，内心总是感到无限兴奋，它有一种说不出的

[①] 原信及所附照片载于《新华大》1952年12月19日刊第5版。

力量在鼓励着我们"只准前进，不准后退"，是的，我们每个同志都有坚强的信心，永远在毛泽东的旗帜下前进！

正当我们部队不断打胜仗的时候，祖国人民第二届慰问团来到我部慰问，并带来了许多可宝贵的慰问品，每个同志兴奋极了，在前沿阵地的每个战士都拿着慰问品纷纷表示决心："打好仗，更多的消灭美国鬼子，争取立功来回答祖国人民对我们的关怀和慰问"。有的说："我的糖要在战斗时消灭一个敌人才吃一块"。有的说："我杀一个敌人吸一支纸烟"。有的说："在艰苦的环境中，我只要看一看祖国人民慰问的这个缸子，我就有了力量了"。有的说："我看到缸子上'献给最可爱的人'这七个字，我一定要打好仗，多杀几个敌人来回答祖国人民对我们的热爱和关怀"。

亲爱的老师！同学！工友们！你们知道，每个战士是多么热爱他的伟大的祖国！他们不惜自己的鲜血、生命，为了坚守每一个阵地，夺取每一个山头。

当慰问团代表报告毛主席身体很健康和祖国建设的情况，每个同志高兴若狂，因为每一个角落都在突飞猛进中。又当听到祖国人民对志愿军热爱关怀的情况后，好多同志激动地哭了，这一些太使人兴奋了。祖国是那么的伟大，祖国人民是那么的可爱、可亲。当代表又说"西南的人民永远也忘不了你们"时，同志们掌声如雷贯耳，很久都不能停。

由于两年来的伟大胜利，在朝鲜，供应方面大大改善了，我们的伙食改善了，日用品也不缺了，在精神食粮上，我们除各种报纸外，我们有《毛泽东选集》、各种理论书籍、小说……等书看，除了工作时间我们就抓紧时间学习。虽然在紧张战斗中，部队也进行文化学习，战士们的进步是惊人的，他们有（用）杀敌的决心来学习文化。

朝鲜人民也像中国人民一样热爱着我们，虽然他们生活非常艰苦，但只要吃好的就要给我们尝尝，不然他们就会生气，说瞧不起他们。我们部队移动时，他们会哭着送好几里路。我们也热爱着朝鲜人民，我们节约大量的口粮，救济灾民，我们帮助他们春耕、秋收……等，中朝的友谊是日益深厚，根深巩固着地连在一起。在人民军和志愿军并肩作战的两年多的时间内，使敌人真正认识到了我们和平阵营的强大力量，团结互助的精神，我们会使他们胆破心惊。

一年多来的战斗考验，使我们每一个同志从思想上大大提高了一步，我们也经过"三反"，"思想改造"学习，在这连续不断的学习中，对我们的改造和帮助是很大的，尤其是进了朝鲜"战地大学"后，使我们从思想上认识到了谁是我们的亲人，谁是我们的敌人，我们要爱谁？恨谁？怎样去爱？怎样去恨？我们只有在自己的工作岗位上更努力地工作，为了要爱我们的毛主席，我们的祖国人民，我们在战斗中决（绝）不会畏缩，我们一定坚持到最后的胜利的。

亲爱的老师！同学！工友们！还有更多的情况，你们可以从报纸上见到，我们也将继续告诉你们，盼你们能抽空给我们来信，告诉学校前进的好消息。

我们十几位同志虽然在一个军，但分散到各个部队，见面是很困难的，一年多没有见上一次的很多，最近有一个机会我们聚会了，合照了一张像（相），赠送给你们作纪念，其中少了陈煜清，邓云树两同志，因当时他们不在，照片中有一位在李华洁左边的，是我们的战友，其他都是华大的同志，或许每一个都有老师，同学，工友们认识，最后祝各位身体健康，工作、学业进步。致以亲密的敬礼！

上编　抗美援朝战争中的川大英烈传记

随信寄来的华大学子战地合影①

詹振声　陈煜清　刘开政　王仕敬　张光宇
周子嘉　周正松　陈伯毅　王克武　王华英
高立村　周明福　邓云树　李华洁执笔

这封信最后发表在1951年12月19日的《新华大》上，为所有华大师生所阅。不想，殷切盼望多多与同学信晤的詹振声却在第二年与他深爱的母校和同学们永诀了！这竟成了詹振声的绝笔。

1952年12月23日，同在60军担任翻译、詹振声的同学刘开政和上海的黄崇义奉命率第7对敌广播宣传站到前沿对美军开展政治攻势，黄崇文和刘开政播英语稿和唱英语歌，意在激起美军的厌战、反战情绪。此时，前沿战士报告：敌人正在不断交谈。为了让广播有针对性，起到更好的作用，负责广播效果的詹振声力请靠近敌方阵地进行侦听。经批准，由詹振声带两名战士向敌方阵地前沿前进。我方照例向敌方喊话：如炮击广播设施，必予严惩。詹振声带着两名战士跃出阵地横壕，从敌探照灯光柱

---

① 图题为编者所加。

159

外的暗影中摸索前进,后滑入山脚下的壕沟,离对面美军阵地只有 200 米左右时,遭到敌方定点射击。美军射来的炮弹落入战壕,引爆了詹振声身旁的一箱手榴弹,他腹部受伤,最后因流血过多英勇牺牲。

年仅 23 岁的詹振声没能看到战争的胜利。1953 年,祖国赴朝慰问团到 60 军慰问,60 军政委袁子钦将军特别对华大的一位校友说:"你们华大的一位同学在执行任务中英勇牺牲了,其他几位同学现在前线执行任务。你们华西大学来的同学在执行任务中都表现得很勇敢。"同年 4 月,60 军政治部主任李哲夫对刘开政说:"在成都,我们在体能测验时就发现詹振声体力比较差,但他非常坚强,直到光荣牺牲。真是可惜!"

1985 年,在华西医科大学[①]建校 75 周年之时,经他大学的同班同学胡玉洁、白美栋等发起募捐,学校设立了"詹振声烈士爱国爱校奖学金",并在校内建筑上悬挂詹振声的浮雕头像,以此来纪念这位英勇牺牲的校友。

詹振声浮雕头像

---

① 华西大学于 1953 年更名为四川医学院,于 1985 年更名为华西医科大学。

后来，刘开政曾这样描述詹振声："詹振声是1947年进入华西协合大学医学院的，身体瘦弱，在腿肿脸肿的情况下仍坚持行军勤务，三次叫他住院他都回答坚持得住。1952年同一线友军换防，他参加对口交接，明知在一线的敌工干部，特别是英语翻译伤亡的概率较高，他还是争着到第一线。牺牲时为中国人民志愿军第60军政治部敌工科正排级英语翻译。詹父早逝，詹母享受烈属待遇。华西医科大学专门设立了詹振声奖学金，以铭记先烈、激励后人。"

2020年，詹振声的战友和朋友、年届87岁高龄的抗美援朝60军老兵毛文戎先生在中央广播电视总台纪念中国人民志愿军抗美援朝出国作战70周年的活动中接受采访，他回忆说："我一个好朋友，叫詹振声，四川华西大学的一个学生，高才生，英语特棒，入朝以后在我们军政治部敌工科担任翻译工作。他在1953年的春节[①]到阵地上去用英语喊话，敌人一发炮弹过来，两条腿就被炸没了。牺牲前他说了一句话——'为共产主义牺牲，是光荣的！'他的牺牲影响了我的一生。"

---

① 也许是时间过去得太久了，毛文戎先生将詹振声的牺牲时间记错了。

下编　一腔热血报家国

抗美援朝翻译战线上的川大学子[①]

如果说抗日战争的胜利，是中国人民逐敌出国门的胜利，那么，抗美援朝的胜利，便是中国人民拒敌于国门之外的胜利。这胜利里，含有川大学子的鲜血和才智。据调查，1950年共有300多名川大学子被批准入伍，为抗美援朝战争的胜利贡献了一份力量。这300多人中有约8%战斗在抗美援朝的翻译战线上。

一

1950年6月25日，朝鲜战争爆发。美国迅速介入，并纠集所谓"联合国军"把战火引向中国国门。1950年10月25日[②]，中国人民志愿军跨出国门，担负起抗美援朝、保家卫国的重任。

云山大捷后，周恩来问先期入朝、回国汇报工作的柴成文：朝鲜前线最需要的是什么？柴答：后勤支援和英语翻译。

11月8日，中央军委下达通知，紧急吁请地方高校支援英语翻译

[①] 本文原载于《军魂》2017年11月纪念建军90周年专刊第57页。作者是刘开政，其生于1930年，四川广汉人。1951年从华大参加志愿军，历任志愿军60军翻译，志愿军政治部俘营处翻译，中朝停战代表团翻译。本文略有删改。

[②] 此指志愿军第一次与敌作战的日期，志愿军于1950年11月19日入朝参战。

人才。

11月22日前后，按"志愿、党团员、英语水平"三项要求，包括本文作者在内，当时成都有23位在校大学生投笔从戎，进入中国人民志愿军第60军的翻译行列。值得一提的是，23人中除1人外，都是四川大学的校友。

我们很快随军开赴战略集结位置，凭借在校那点英语基础，强化弥补军语、俚语，并下到连队教战士们用英语喊话，如"缴枪不杀""志愿军宽待俘虏"等。临阵磨枪派上了用场。在学校和部队进行反"恐美、媚美"的学习后，我们这群学生兵对打败美国"纸老虎"充满信心。1950年10月25日至1951年6月10日，志愿军相继进行了5次战役。第1、第2、第3次把敌人从中朝边境赶到"三八线"以南。第4次战役打得很艰苦，但为第5次战役赢得了时间。

第5次战役共投入了3个兵团11个军，由12、15、60军组成的第3兵团担任中央突破。我军装备由"万国造"改为苏军二战淘汰武器，我一个军的大炮数量不及美军一个师。我靠两条腿，敌靠车轮子。敌有制空权，我只得昼伏夜行。

不幸的是，分配到60军180师的川大外文系三年级学生袁守诚，在美机的一次狂轰滥炸中成为第一个在抗美援朝翻译战线上牺牲的校友。[①] 1951年4月22日，第5次战役开始前夕，华大二年级学生周正松，随侦察队侦察美军与土耳其旅接合部的地形和火力配置，当他们通过山阳里东侧山沟时，突遇敌火力袭击。第一次上战场的周正松学着老同志的动作——卧倒、射击、跃进并勇敢地为受伤战友包扎伤口，完成了首战前的重要侦察任务。

第5次战役第1阶段，我军突破敌军防线，学生兵第一次亲眼见到那么多外国俘虏：美国、英国、法国、菲律宾、土耳其……都有。60军政治

---

① 有关袁守诚的牺牲经过尚存疑点，详见本书中袁守诚烈士传末尾的文章。

部英语翻译、华大学生詹振声第一次押送俘虏，个子瘦小的他，背上刚缴获的卡宾枪，押着几十名美国俘虏向后方走去。突然敌机飞来，詹振声用英语命令："原地卧倒！"这些美国大兵便齐刷刷地趴在地上不动了。平日不苟言笑的詹振声笑了，他体会到一种经历苦难的中华民族真的站了起来的喜悦。

第5次战役第2阶段，180师奉命释放一小批美国俘虏。具体执行人是敌工科科长陈子捷和英语翻译、华大二年级学生廖运掌。他们从山上望见路边的美军车队后，带着俘虏隐蔽靠近时，美军车队又开走了。如此数日，他们终于抓住了机会。释放俘虏前，廖运掌向俘虏交代："万一你们回不去，还可以回来。"这时，敌坦克调转头来改退却为反攻态势，廖运掌匆忙地向战俘喊了声"拜拜"后，就回到部队。廖运掌病逝前系昆明医学院病理学教授。

1951年5月23日至27日，180师奉命断后，掩护伤员撤退。在敌人重重包围下，弹尽粮绝，遭到严重损失。被俘人员中有任英语翻译的川大学生张泽石、林学逋、边世茂。

1952年9月，60军英语翻译中的18名幸存者聚集在军部驻地。他们已从躲避敌照明弹到迎着"天灯"快走快跑，从完成翻译任务到需要干啥就干啥。大家虽有崇高的理想，也不时来点率直的洒脱："死了，拉倒！怕者不来，来者不怕！"

1952年圣诞节前，志愿军第7对敌宣传站执行对敌广播任务。我和川大的詹振声以及上海来的老黄，下到前沿一个前沿班的坑道，对面是美25师的一个阵地。宣传站在距敌200米处进行广播。广播前我们照例警告：如炮击广播设施，必予严惩。但往往一开播，美军就射来一阵炮弹，敌4盏一组的探照灯，3盏开启，1盏关闭，整夜不灭，把我方前沿阵地照得如同白昼。常常是我方人影一晃，敌定点射击枪炮齐发；我方枪炮还击，敌方远程炮群压制，我方远程炮群又反压制。反复交替一阵，双方前沿复归死寂。

圣诞前夜，老黄和我在播英语稿和唱英语歌时，前沿战士报告说，敌人叽叽咕咕，不知在谈什么。为使广播有针对性，负责广播效果的詹振声请求抵近侦听。经批准后，他带上两名战士跃出阵地战壕，翻入山脚下的壕沟，立即遭到敌方定点射击，一发炮弹引爆了詹振声身旁的一箱手榴弹，他腹部受伤，英勇牺牲。

二

朝鲜战场的另一条战线是停战谈判。

川大学生姚文彬和我于1953年春夏之交从前线调往开城，参加谈判的翻译工作。

开城位于"三八线"以南，朝中军事停战代表团驻城中，译员队驻城郊的来凤庄。

译员队长是我国外交部美国科科长凌青，系林则徐后裔，英语极棒，日后还担任过我国驻联合国大使。他当时掌管译员队，善于用人，严于炼人。他要求来自外交战线的译员补军事，来自前线的译员补外事，三天两头结合战场变化进行演练，中译英，英译中。点到谁，谁就当场演练一番，效果极佳。

谈判时，唇枪舌剑，寸步不让。打不动就谈，谈不拢又打。

一天，凌青指着《人民日报》社论中提到的被敌挖心的爱国战俘林学逋，问我认不认识。我说，林学逋是川大外文系学生。凌青又问，那个从敌人集中营回来的爱国战俘总代表张泽石也是川大的学生吗？我说，是的。

三

2004年夏，我与张泽石聚首成都。张泽石谈起了他在韩国巨济岛集中营的见闻，回忆了林学逋壮烈牺牲的情景。

那是1952年4月7日的傍晚。在第72集中营的林学逋，见敌人采取欺骗手法分化瓦解爱国难友时，便高声呼喊："要回祖国的跟我走！"当即有许多人跟他走向大门。他们立即被敌人抓去"过堂"。当时他们从各大队抓来的战俘中的爱国者共200多人。敌联队副队长李大安手持匕首指着林学逋要他回答：是回大陆，还是去台湾？

林学逋坚定地回答说："回大陆！"

李大安说："好，那就把你身上刻的字留下来！"说罢，便用匕首将林学逋左臂上被刺的"杀朱拔毛"四个字连字带肉削去。

李大安又问："到底去哪里？"

林学逋高呼："回祖国！"李大安又将林学逋右臂上被刺的"反共抗俄"四个字连字带肉削去。林学逋昏死过去后，李大安叫人用冷水把他泼醒，用匕首对着林学逋的胸膛再问："到底去哪里？"林学逋喊道："我生为中国人，死为中国鬼！共产党万岁，毛主席万……"没等他喊完，就被李大安刺死。李大安剖开林学逋的胸膛，挖出他的心，用匕首尖挑着，到处狂喊："看见了吗？谁要回大陆，就这样去找毛泽东。"

四

再来介绍张泽石。他有一种常人中鲜见的传奇色彩。

张泽石，1929年生于上海，祖籍四川广安，曾就读于铭贤中学，1946年考入清华大学物理系，1949年加入中国共产党。1948年调解放区培训后，调成都从事地下工作，转入四川大学物理系，1950年参军，1951年5月27日在朝鲜被俘。他被俘后参与领导战俘营内的爱国斗争，曾任志愿军战俘总翻译、总代表。

1953年9月，他回到开城，1954年被错定为"变节者"而遭开除党籍；在反右运动和"文化大革命"中又被打成"右派"和"叛徒"。1981

年，他得到彻底平反。

2004年我们聚首成都时，我问张泽石："如果历史倒转，你会不会再来一次保家卫国？"

"那是肯定无疑的。"他答。

下编 一腔热血报家国

临危受命的西南整形外科医疗队[①]

组建西南整形外科医疗队的原由

1950年6月25日，朝鲜战争爆发后，美国操纵联合国安理会通过武装干涉朝鲜的决议，组织以美军为首的"联合国军"，侵入朝鲜。其后，美国又用飞机轰炸中朝边境，将战火烧至中国。中国政府应朝鲜民主主义人民共和国的请求，并根据朝鲜局势的发展，组建人民志愿军，跨过鸭绿江，揭开了中国人民抗美援朝的序幕。

志愿军刚刚入朝之时，即从1950年10月25起，给予以美军为首的"联合国军"以沉重的打击。但是美军超强的炮火覆盖能力，尤其是使用飞机投放非常不人道的凝固汽油弹，给我军许多战士造成严重的伤害。

凝固汽油弹是一种以胶状汽油为主要成分制成的炸弹。这种炸弹爆炸后会形成上千摄氏度的高温火焰向四周溅射，并能粘在其他物体上长时间地燃烧。其爆炸后飞溅到人身上的凝固汽油就像猪油膏一样，黏稠耐烧。如果用手去拍打，则会助长火势；如果在地上滚动，则会弄得全身是火。而且一旦有人着火，边上的人要尽量远离着火者，因为着火者的挣扎很容易把附着在其身上的燃烧油块甩到周遭，形成二次伤害。凝固汽油中还有许多化学助燃剂，有些还加了白磷，在人体表皮燃烧后会释放出大量毒性物质，通过烧伤创面进入人体，造成伤员中毒。烧伤面一般呈酱紫色或者蓝黑色。抗美援朝战争中，美军大量使用凝固汽油弹，我军刚开始不知道如何防范，受到严重损失。凝固汽油弹对志愿军战士裸露在外的脸、脖子

[①] 本文由编者根据王翰章的回忆文章及相关资料撰写而成，文中照片由邓长春先生提供。

和手等部位造成大面积的烧伤,形成严重伤害。志愿军急需组建一支整形外科医疗队,专门处理这种战争创伤。

为何选择华西大学组建医疗队

1951年4月,中央军委电令西南卫生部:"组建一支援朝整形外科医疗队,由宋儒耀教授担任队长并负责选拔队员"[①]。以宋儒耀为队长,由华西人组成的西南整形外科医疗队是抗美援朝战争中我军组织的唯一一支整形外科医疗队。那么当时为何要下这样的命令呢?这与当时华大在国内口腔医学界的地位和宋儒耀教授的影响力密不可分。

华大的口腔医学是国内口腔医学的摇篮。华大的口腔医学教学始于1914年,由毕业于加拿大多伦多大学的医学博士林则负责授课。1917年,华大成立牙科系,由林则任主任。1919年,牙科系发展为牙学院,隶属于医牙学院,林则任牙学院院长。

林则院长从口腔疾病与全身疾病的关系出发,特别重视理论学习和技术训练,积极推动口腔医学向专门领域发展。口腔医学专业的学生前三年与医科学生所学的课程基本相同,后三年还要学习口腔解剖学、比较解剖学、口腔组织学与胚胎学、牙科修复学、手术学、齿冠与齿桥学、特殊麻醉学、矫形学、口腔外科学、特殊病理学等十多门课程。1920年,牙学院的学制改为七年。为了保障口腔医学专业的学生具有广泛而扎实的医学知识和临床基础,林则院长要求牙学院的学生和化学系的学生一起上无机化学课,学内科学则和医学专业的学生一样,课时相同,考试亦相同。其他各科也按这个原则执行。林则院长还积极邀请了一大批口腔医学大师到华大从事口腔医学教学和医疗工作。

一流的师资力量加上严格的培养体系,使得从华大医牙学院毕业的学

---

① 见王翰章《翰墨荃馨——一个医生的历程》,人民卫生出版社,2013年,第218页。

生得到了中外广泛认同。1931年,华大在其总结报告中写道:"我们牙学院正在为全国范围服务。一年前,北京协和医学院要求我们一名毕业生到那里去教授牙科学。另一位毕业生应邀到山东齐鲁大学,目前还在要另一位毕业生。与此同时,已有一名毕业生到国家卫生委员会工作。"①当时华大医牙学院的毕业生在中国和东南亚的中心城市供不应求。1939年,中央大学筹建牙科时也请求华大给予帮助。同时,华大牙学院还积极向国外大学派送留学生,这部分学生学成归国后,大多成为全国各地口腔医学的奠基者。

因此,华大口腔医学早就蜚声海内外。许多政要名人,成都解放前如蒋介石、张群等,成都解放后如朱德夫妇、陈毅夫妇、贺龙、邓颖超、聂荣臻夫妇、杨成武夫妇、罗瑞卿夫妇等都曾来此看牙科。华大口腔医学因此受到了卫生部的重视。

新中国成立以后,在"报效祖国"口号的感召下,一批以建设新中国为志的爱国学者从海外学成归来,虽然此时华大有部分外籍教师离开了,但仍然有宋儒耀、王巧璋、徐乐全、邹海帆、夏良才、廖温玉、魏治统、罗宗贲、邓述高、肖卓然等十多位自国外学成归来的良师,华大仍然拥有全国最强的专业师资队伍。

特别是宋儒耀教授,他在整形外科领域名声非常大。1939年,宋儒耀从华大毕业后去了美国罗彻斯特大学学习整形外科和脑外科,后又转入宾夕法尼亚大学进修,师从著名整形外科专家艾伟博士。他在那里学习了5年,获得了博士学位。回国后,宋儒耀开创了中国口腔颌面外科和整形外科,扩展了口腔医学的学科领域。宋儒耀教授在美国期间,恰好经历了第二次世界大战,他从艾伟博士那里学习、了解到很多战争中面部创伤的治疗方法。

---

① 见王翰章《翰墨荃馨——一个医生的历程》,人民卫生出版社,2013年,第279页。

队伍人员的挑选

当时宋儒耀自美国归来不久,他从第二次世界大战的伤员救治经验总结中了解到救治头部受伤的伤员没有口腔科医生参与是很困难的。因为一般医生缺乏有关口腔颌面部的生理、解剖以及上下颌关系的知识,而在缺乏这些知识的情况下去给病人治病很难达到理想的效果,往往使病人在伤愈之后出现说话、进食方面的困难。因此,宋儒耀认为,医疗队应以口腔医学方向的青年教师为主(青年教师体力好,能在高强度的救护工作中支撑下来)。但救治不能局限于口腔专科,还需要进行全身治疗、心理治疗等,此外打石膏、手术室管理、病人管理等工作也需有人完成,故必须邀请其他有关专科人员参加。

宋儒耀教授指派1949年从华大口腔医学专业毕业的王翰章(时任宋儒耀的助手)协助他进行手术队的组建工作和挑选手术器械。最终,宋儒耀从华西口腔医院挑选了吕培锟、侯竞存和王翰章三名青年口腔科医生,又在华西附属医院选了当时的外科住院总医师邓显昭(任副队长)和青年骨科医生曹振家。连同队长宋儒耀,全队总共有6名医生,形成了4名口腔科医生、1名外科医生、1名骨科医生的搭配;又选了病室护士长彭学清和手术室护士长杨泽君。设想是到了前方,护士长可以组织一些当地的妇女来协助工作,并且可以利用女护士的细致与温情多做些口腔颌面损伤病人的劝慰说服工作。手术室有很多繁杂的工作,像打石膏等准备工作尚需要专门的技工,于是又从手术室选了一名经验丰富的技工张连俊。另外,鉴于撰写各种文字材料的需要,又从学校选了一位文字功底很好的秘书吴银铨。就这样,成员全部来自华大的西南整形外科医疗队组建完成了。关于这10个人的身份和分工,《川西日报》1951年4月29日头版《成都市抗美援朝代表会议全体代表热烈欢送志愿赴朝矫形手术队》中有详细的描述:"(大会)主席就向大家介绍:宋儒耀(领队,矫形学教授)、邓显昭

（外科医师，副领队）、王翰章（医生）、曹振家（医生）、吕培锟（医生）、侯竞存（医生）、杨泽君（护士）、彭学清（护士）、吴银铨（秘书）、张连俊（助理员）。"①

《川西日报》刊文报道整形外科医疗队赴朝

此外，开展外科整形的手术器械，国内那个时候完全没有，而美国经过第二次世界大战战火的洗礼，发明了很多适用于外科整形手术使用的医疗器械，非常实用和高效。宋儒耀教授根据在美国学习时的所见、所用，结合自己的思考，画出了不少进行整形手术时需要使用的手术器械图纸，并交由华西医院的机器房生产，在短时间内赶制了5箱出来。这些工具后

---

① 报道中的"赴朝矫形手术队"即本文所述的"西南整形外科医疗队"，当时有关医疗队的表述存在差异，本文除引用特定文献外，一般称"西南整形外科医疗队"。

来在朝鲜前线发挥了巨大的作用，极大了提高工作效率，为抢救战士节约了时间。

行程清单

1951年4月26日，由方叔轩校长主持，华大全体师生员工为西南整形外科医疗队举行欢送会。医疗队的代表在夹道欢迎中来到会场，在一片鞭炮声和欢呼声中，在中朝两国国旗下，接受了学生会、团总支、工筹会和学生代表的献词、献花和献章。军代表董育才勉励医疗队为国效力。宋儒耀代表大家起立致谢，并介绍了小队已经订立三项公约（任何困难情形下不闹情绪；不与友队发生摩擦；彼此不闹意见，并要保证完成任务回来）和机器房为他们制造手术工具的情况。队中的工友代表张连俊发了言，表示了翻身工人坚决抵抗美帝侵略的决心。西南文教部陈孟汀处长代表西南文教部、川西行署区发表了讲话。[①]

1951年4月28日晚6时，成都市抗美援朝代表会议全体代表（实际上包括川西行署区、成都市各界）在成都的蓉光大剧院为他们召开了隆重的欢送大会，时任成都市副市长李劼人任大会主席。在雄壮的乐曲声和群众热情的掌声中，10位队员步入会场，医疗界代表刘云波向队员献花，大会向医疗队授锦旗，上面绣着"发挥爱国主义与国际主义精神"。李劼人发表了热情洋溢的讲话，与会的成都市市长李宗林、川西区抗美援朝分会副主席陈筑山、川西区卫生厅副厅长周绪德和医生代表刘云波先后发言，勉励他们为国效力。最后，队长宋儒耀代表全队致辞感谢。

---

① 见《我校矫形手术队赴朝》，载于《新华大》1951年5月15日刊第1版。

华大为整形外科医疗队组织欢送会

1951年4月30日一早，西南整形外科医疗队全体队员，依依不舍地告别家人，背着背包来到成都走马街汽车站。汽车站一大早就聚集了无数前来送行的成都市民。队员们临上汽车的时候，一位年轻的女护士代表成都市医务工作者朗诵了一首热情洋溢的长诗。情真意切的诗句感动了在场的每一个人。王翰章代表医疗队接过了那首诗一米多长的手稿。

上午7时30分，医疗队乘汽车准时离开走马街，经牛市口驶出成都，在简阳吃午餐，晚7时宿于内江。

5月1日，刚离开内江，汽车爆胎，检修后经隆昌、荣昌，遇到五一游行的群众，到处是秧歌队、腰鼓队和庆祝游行的人群，车行缓慢，当晚宿于永川县城（今重庆永川区）。

5月2日，8时启程，过璧山，午后3时到达重庆，由西南卫生部汽车接至春森路西南卫生部招待所。

在重庆的西南卫生部招待所停留期间，医疗队主要是进行时事和有关业务学习，并等待重庆援朝手术队组建完成后一起出发。队员们在重庆会见了不少校友，也会诊了一些病人，宋儒耀教授做了几例示范手术。重庆援朝手术队主要由普外、胸腔外科及检验医师等组成。两队会合后，组成一队，名为"西南援朝手术队"。

5月29日，重庆市医药界为西南援朝手术队举办了热烈的欢送会，西南局卫生部钱信忠部长参加了手术队的座谈会并作发言。

5月30日，重庆市召开欢送大会，欢送西南援朝手术队。西南卫生行政首长们与重庆市医协又亲赴码头与手术队队员依次握手送别。西南援朝手术队乘坐的"民万"号客轮于中午12时启航，离开重庆开赴武汉。

6月1日，客轮驶过长江三峡，晚8时抵宜昌市。手术队在宜昌借宿了一晚，次日晨换乘"江汉"号客轮赶赴武汉，船上有一支志愿军部队。在阶级爱和同志爱的感召下，志愿军"特为我们让出餐厅供我们栖息。当夜，轮上职工同志更为我们两个兄弟队举办很好的联欢游艺会。6月4日清晨抵汉，住武汉市卫生局。当日午后，该局和中西医联宴请我们。5日午后，在乐鼓喧天和连绵不绝的火炮声中欢送我们上车，从此我们随着列车向华北大平原急骤奔驰。7日晨，驰抵首都东车站，红十字总会已备车迎接，因为我们是抗美援朝的工作队，站上搬运工人争着为我们免费搬运行李。在京时留宿红十字会招待所，每日有六小时至八小时的政治学习，故把我们的思想准备得更加坚强。每逢星期日我们也集队访游故宫、颐和园、北海等名胜古迹，参观后令人进一步认识到过去封建帝王的穷奢极欲和劳动人民的伟大创造力。在京时也会见不少的校友，他们对母校无不寄予无限的关怀。因为等候山东、杭州、太原等地医疗队，在京共住二十余日。至6月27日，中国红十字国际医防服务队第五大队方编成（我们编入第五大队第一队，此为整形外科队）并在协和医学院礼堂举行欢送及授旗大典，临场讲话的除领导机构首长外，尤感荣幸与兴奋者为朝鲜人民代表的光临和献词献花。28日午后离京，当日午夜出关，次晨即将安抵沈阳。沈阳郊区近百里地烟囱林立，市内建筑整齐，街道清洁，这里战争气氛较关内为浓。到沈即入东北军区卫生部招待所。7月3日才按东卫指示换上戎装冒着滂沱大雨离沈登车，继续前进。当夜即达目的地，此处是我们的工作中心"。①

西南整形外科医疗队与其他医疗队人员合影②

王翰章在他的回忆录中对此一段经历则有比较详尽的描述。

经过培训、学习、整编（还安排有参观），最终编为"第五国际医防大队"，共计155人，下设7个小队。宋儒耀教授为大队顾问，陈敏书为大队长。"西南援朝手术队"中华西来的10名外科矫形队员改编为第一小队，队长为宋儒耀教授、副队长为邓显昭，队员又增加了口腔修复医生孙廉、颌面影像诊断学医生邹兆菊、眼科医生宋琛，全小队扩为13人。第二和第三小队皆为胸腹外科队，第四小队为传染病防治队，第五小队为普通外科队，第六小队为普通内科队，第七小队为防疫工作队。整个志愿援朝医疗队共有多少大队，尚不清楚，不过

---

① 见《我校援朝矫形手术队已抵工作地展开工作——来信保证完成庄严任务》，载于《新华大》1951年8月10日刊第4版。这是由医疗队寄回华大的一封信。

② 前排左一为杨泽君，左四为吕培锟，左六为侯竞存，左七为曹振家，左八为王翰章；中排左一为彭学清，左五为邓显昭；后排左九为吴银铨，左十为宋儒耀。

还有不少地区和专科的医疗队，如北京、上海、天津等都派有医疗队，专科医疗队还有骨科、胸外科、精神心理科等队。

6月27日，下午2时，在东单三条协和礼堂抗美援朝总会、中国红十字总会开欢送会。由陈叔通主持，会长陈嘉庚授旗，然后由各方代表讲话。

6月28日，上午，在干面胡同红十字总会照了全大队合影。午后3时全体列队到了北京火车站，有腰鼓队、秧歌队、各方代表和群众欢送。下午4时20分火车离开了北京。

6月30日上午11时，火车到达抗美援朝的后勤地沈阳，当晚宿于东北军区后勤卫生部招待所。

7月1日，进驻此行的目的地：第三军医大学①医院大楼（原伪满洲国外交部大楼），矫形医疗队的救护工作将在这里开展。②

8月17日，宋儒耀、邓显昭应邀参加就在第三军医大学召开的中华医学会外科学会第四届大会。

中华医学会外科学会第四届大会摄影留念

---

① 该校于1954年并入第一军医大学，1958年更名为长春医学院，1959年更名为吉林医科大学，1978年更名为白求恩医科大学，2000年并入吉林大学。

② 见王翰章《翰墨荃馨——一个医生的历程》，人民卫生出版社，2013年，第302—303页。

1952年1月12日午后,西南整形外科医疗队光荣地完成任务,经重庆返回成都。

全队出发之时,原定开展医疗救护的时间为3个月,后红十字总会认为时间太短了,队伍刚刚适应工作就要走了,因此决定将所有医疗服务队的服务时间延长为6个月。因此,西南整形外科医疗队开展医疗救护工作的时间为6个月。

2月1日上午10时,华大师生在校内隆重举行"欢迎抗美援朝志愿矫形手术队立功返校"大会。刘承钊校长致辞,队长宋儒耀、副队长邓显昭分别向刘校长献上了签满伤病员名字的队旗和立功奖状。队员们还向全校师生做了3个小时的报告。[①]

签满伤病员名字的队旗

西南整形外科医疗队的工作

西南整形外科医疗队所在的野战医院在长春郊区第三军医大学的一栋楼里,里面可以安放300多张病床,分配给西南整形外科医疗队的有100余个床位。在西南整形外科医疗队到达之前,已有上海医疗队的屠开元、裘法祖、张涤生,天津医疗队的吴廷椿(华大校友)等教授在这里工作,

---

① 见《全校师生员工集会 欢迎援朝手术队立功返校》,载于《新华大》1952年2月5日第17号第1版。

约一周之后，他们皆换到其他地方了。

医疗队成员平均一天工作12小时或者更久，若是值班就得工作24小时。伤员被源源不断地从前线送下来，手术一台接着一台，医护人员经常是从早上做到夜里。换手术衣都是争分夺秒脱下这套，泡好手，消好毒，又迅速穿上另一套。

1951年11月，邓显昭在外科大楼外

一开始，宋儒耀教授既要主刀做手术，又要现场指导年轻医生，空余时间还要编写讲义，给青年医生和从前线派来学习救护知识的卫生员们讲课，非常辛苦和劳累。但宋教授从来没有叫过苦和累，对年轻队员和卫生员的培训讲解非常有耐心。一段时间之后，年轻医生经验丰富了，手术技术娴熟了，他就鼓励他们大胆主刀，但是为了保证手术质量和促进年轻医生的成长，他还是要站在旁边指导和监督。有时候实在太累了，宋教授和其他队员就躺在地板上休息一会儿，再继续工作。

抗美援朝战争中的医疗救护，采用阶梯式的组织方法，医疗人员分为四个阶梯进行战场救护。第一阶梯就是卫生兵，由其完成最前线的初级救治，只进行一些简单的处理，一般由一线军队的卫生员担任。他们有的没有接受过系统的医疗知识培训，有的学习过一些医疗知识，他们都很谦虚、有礼貌，学习也很认真。卫生兵通常要和战士一起行动，战士受伤了，他们要立即将伤员放到一个隐蔽的地方，摆一个正确的体位，然后接着返回战场，救治其他伤员。

救护中，负责抢救颌面部伤员的卫生兵必须有良好的心理素质。颌面部伤有时候看起来非常严重，甚至令人感到恐怖，但伤员其他部位没有受伤，绝对不可放弃抢救。救护时还要特别注意伤员摆放的体位：头部受伤的，鼻腔常有血，颌骨粉碎性骨折的，口腔内常有碎骨片；如体位不合适，凝血块和碎骨片等很容易造成窒息。

虽然前线是那么的危险，但他们从不畏惧，是那么的朝气蓬勃，令人感动。有些时候，卫生兵也会成为医疗队的病人。医疗队救治的病人中有一位女卫生兵，她高挑、美丽，受过良好的教育，在炮弹袭来时，她成功保护了一位战士，自己却被碎弹片射穿眼部，从此双目失明，令人不胜惋惜。

第二阶梯是急救员。他们要处理卫生兵送来的伤员，要尽快进行现场急救和包扎。

第三阶梯是运输员和接收站。运输员将伤员运送到接收站。接收站主要进行简易清创、包扎、止血，降低伤员发生窒息的可能性，然后送往第四阶梯。同时，他们还有一个重要的任务——辨认伤员。每个战士的军装内面都写有姓名、部队番号、血型等，接收站必须记录好这些信息。这样，即使伤员经过反复转运，医疗人员也能很快知道他来自何处、何单位，以便后续工作的开展，这在紧急情况下发挥着重大的作用。

第四阶梯就是野战医院、医疗队。

当时这样的组织工作有效地控制了部队的减员，在战争中发挥了很重要的作用。当然现在的战争情况已大不一样，处理战伤的组织方法与以前完全不同了。

因为实行这样的阶梯治疗，医疗队就无需到前线进行工作，但在后方的战地医院中的工作仍是很紧张、艰巨且不乏惊险的。

驻地虽说是后方，但由于离边境的直线距离不远，常有美军飞机来轰炸。通常警报声响起后三分钟内，大家必须转移到一个较安全的地方。在离工作处不远的地方，每个医务人员都有自己的掩体，而病人则由专门人员有组织地转移到病员掩体内。不过，如果当时正在做手术，手术是不能停的，必须坚持做完手术。因而有时候，正在做手术的医务人员和病人是不能进掩体的。不过，随着战争的进展，飞机来轰炸的次数逐渐减少了。

除了做手术，医疗队队员每天还要定时查房、换药。看着经过救治的伤员，从刚送来时生命濒危、严重毁容，到伤情逐渐好转，他们虽然很辛苦，但仍感到欣慰。

对整形外科病人的心理疏导也是工作的重中之重。因此，医生常要为伤员做心理辅导，和他们谈心，做他们的知心朋友，让他们不再因为自己的外表而产生心理问题。野战医院中，伤情恢复较好的战士会相互探望，非口腔颌面部受伤的战士，哪怕出现了残疾，其情绪也比较坦然，对生活前景乐观，战友们劫后重逢都非常高兴。但口腔颌面部受伤的战士则比较特殊，他们的病房一般不允许外人随意进入，室内也不设镜子，门窗不允许有明亮的玻璃，以避免他们看到自己的面容。因为这类伤多被毁容，严重的伤员往往面部被大面积烧伤、缺耳、缺鼻、眼睑外翻、眼睛无法闭合，或因颌骨缺损导致进食、说话困难。这些情况容易使伤员产生很大的心理压力，使病房中弥漫着悲伤和绝望的气氛。

但也有百密一疏的情况。有一位严重烧伤致毁容的伤员，双耳、鼻、手指、足趾全无，双眼外翻，颌面部布满了挛缩的瘢痕。他一直不能下床，开始还挺乐观，经常拿着他未婚妻的照片，一看就是半天。然而有一天，已经恢复得差不多的他，撇开护理人员独自去了卫生间。卫生间的门窗玻璃本也应是用纸蒙住的。但是，由于东北的冬天异常寒冷，门窗是双层玻璃，那个卫生间的玻璃窗不知为何只蒙住了一层，他从另一层看到了自己的样子。他被自己伤后的样子惊呆了，绝望中，他在随后赶来的护理人员的叫喊声中，破窗坠楼而亡。

医疗队工作出色，长春军医大学（即第三军医大学）校部、政治部对他们予以了充分的肯定和表扬，并于 1951 年 10 月向华大写了一封信，原文登载于《新华大》1951 年 11 月 15 日刊第 4 版。

  贵校在抗美援朝、保家卫国运动中响应了祖国的号召，组成了以宋儒耀队长为首的华西医疗队为志愿军伤员服务。他们于七月底到达此地，参加本校治疗志愿军伤员工作。

  两个月来的工作中，他们发挥了高度的爱国主义和革命人道主义的精神，在医疗方面获得了很大的成绩。我校接收的伤员多系较重的火伤，经几次转院送来者，由于我校人力不足，整形外科治疗缺乏经验，因此部分伤病员治疗效果差。贵校医疗队到此后即进行突击治疗，早起晚眠，牺牲了暑假和礼拜日的休息，给应手术而未得手术的伤员们进行治疗。迄今为止，手术共达六十七次，并做到了术前安慰，术后照顾。尤其宋队长，更是不辞辛苦，经常在手术室里从早八点忙到晚九点，曾一日手术六人，给伤员解除了痛苦，使那被炮火烧伤将要失明的眼睛（角膜溃疡）恢复光明；使那被弹片崩掉了下巴的伤员刘克仁又有了下巴；使那几次治疗未愈的伤员很快地恢复了健康，重返前线杀敌。

  由贵校派出的医疗队同志们在医疗工作上尽了最大的努力，正如宋队长在进行治疗时说："虽然我不可能把我们最可爱的人变成最美丽的人，但我要尽可能使他们美丽一些！"同时因他们对伤员发挥了阶级友爱和革命同情心，伤员们反映："华西医疗队同志对我们像亲兄弟一样。"

  我校整形科是初建，物质条件很差，可是宋队长和他领导的同志们不但未强调条件困难，而且能积极提出建议，想办法克服困难，如帮助医生研究业务，整顿整形科病房工作制度，当护理人员忙不开时，他们就亲自动手给伤员打水喂饭，整理病床等。在医院管理方面也给我们很大的帮助。

华西医疗队同志们所以能这样积极地为祖国贡献出最大的力量，获得较突出的成绩，是和这些同志政治觉悟的提高和贵校的医学技术的成就分不开的。特向贵校致谢，并希今后多予指导。

此致

敬礼！

长春军医大学校部政治部
一九五一年十月八日

医疗队还享受国家给予的特殊待遇：在那个艰难时期，其他人都是吃高粱米饭，医疗队的人有时能吃到馒头和面条。

随着战争的进行，我军逐渐找到了对付凝固汽油弹的办法：发给战士一条白布单，平时可以作为披风，在下大雪时披起可用来隐蔽自己；在看到凝固汽油弹爆炸时，把白布单盖在自己身上，那些黏稠的火弹往往会粘在布单上，这时候立刻从布单下钻出，就能避免被汽油弹烧伤。找到应对办法以后，烧伤的伤员大为减少。

医疗队面临的挑战的是多方面且复杂的，其间的工作难度可想而知，这从医疗队队员王翰章在繁忙工作之余记的日记可见一斑。

阴天，早晨5点钟，天还没亮，我从营地走向病房的路上，一路寒风刺骨，遍地白霜，好似明亮的月光。路旁的池塘已经结成了亮晶晶的薄冰，成群的寒鸦和一队一队大雁的鸣声，打破了黎明的寂静。

太冷了，我加快了步伐跑进了病房大楼，一下子就暖和起来。先走进病室巡视一下伤员，随后去上俄文补习班。7点下课，早餐，随即进手术室。8时开始手术，宋教授主刀，我作助手，为一程姓男伤员，改正左手烧伤后严重的瘢痕挛缩、植皮，手术较复杂，至午后2:30才结束。送术后伤员至病房，开了处方和医嘱，向护士交代些注意事项，病人已清醒，可以回答问题。他说："感谢你们，我不怕牺牲，是为了祖国的安全、后代的幸福……"我深受感动，劝他静养，一切都会好起来。

我去食堂吃了东西又走进手术室，我将要负责两台手术的麻醉工作——静脉麻醉。第一台张姓伤员为上唇再造术，第二台常姓伤员为面瘢痕切除整形术。午后7时结束，晚餐后已晚8点。

回营地的路上非常寒冷，大雪狂飞，朔风刺骨。进宿舍后，先赶着绘制今日手术步骤图。10时至宋教授处，请指教所绘的图是否准确，并听讲明天的手术要点。11时回寝室，盥洗后即入睡。[①]

出发之前，吕培锟喜添一女，侯竞存喜添一子。去朝途中，传来侯竞存不足一月的儿子因患肺炎而夭亡的消息，路上全队的情绪都不高。1951年冬，邓显昭和王翰章先后收到了家中电报，两人各喜得一子。两个孩子的降生，给全队平添了一丝喜庆的气氛。远在长春的队员们，无不思念着远在成都的家人们，他们期待着能够早日完成工作，载誉而归。

转眼之间，半年紧张的战地医疗工作将要结束，华大的医疗队已经培养出一批有能力的当地的专科医生，他们的工作将由下一班医疗队和当地的专科医生来接替。当伤员们听说医疗队要回去了，都激动起来，很多人拒绝治疗，希望医疗队能够留下来。经过反复协调和劝说，宋儒耀、邓显昭他们一行才终于得以暂时离开。

援朝期间，医疗队共救治了上千名伤员。医疗队工作出色，集体立小功一次，宋儒耀立大功一次，邓显昭立小功两次。1952年1月12日午后，医疗队光荣地完成了任务，带着由伤病员们签满名字的队旗，载誉回到成都。在成都的新南门车站，队员们留下了一张具有历史意义的合影。

[①] 见吴桦、张宏辉、王允保《"齿"生无悔：王翰章传》，中国科学技术出版社，2017年，第119页。

全队立功的奖状和邓显昭个人立功的奖状

医疗队返回成都后在新南门汽车站的合影①

　　由于烧伤后的整形治疗往往需要经过几个阶段的手术才能完成，1952年，宋儒耀教授又和华西医院的王模堂医生前往北京对伤员进行后续治疗（在长春的伤员后被转送至北京）。

　　抗美援朝工作结束后，1954 年 5 月 28 日，按照抗美援朝总会卫生工作委员会的要求，四川医学院（即原华西大学）向抗美援朝总会卫生工作委员会提交了参与抗美援朝的医务人员的材料，以供总结和表彰。被申报的人员有杨振华、邓显昭、曹振家、张连俊、彭学清（此时宋儒耀教授已经离开四川医学院，故未申报宋儒耀教授）。

---

　　① 前排从左至右依次为王翰章、侯竞存、吕培锟、宋儒耀，后排从左至右依次为张连俊、曹振家、邓显昭、彭学清、杨泽君、吴银铨。

西南整形外科医疗队促进了我国口腔医学的发展

西南整形外科医疗队的工作，客观上促进了我国口腔医学的发展。医疗队的工作，掀开了我军历史上开展战争创伤整形外科治疗崭新的一页，为我国口腔颌面外科学和整形外科学的发展培养了第一批优秀人才。

由于宋儒耀教授的言传身教，加上大量的治疗实践，回到成都的医生们，练就了娴熟的技能，积累了丰富经验，掌握了复杂的头颈部外科手术知识。1951年，救护工作之余，宋儒耀还在第三军医大学开办短期整形外科训练班，1952年又应邀到中国协和医院开办了一个为期两年的整形外科进修班，并多次到全国各大军区巡回讲学并处理疑难手术，为我国培训了第一代整形外科队伍，使整形外科在我国迅速发展。据王翰章回忆，宋儒耀教授对他的培养非常严格。"宋教授思维敏捷、富有创新精神、工作要求严格，尤其在做手术时紧张、严肃，对青年人的基本功要求严之又严。助手和护士必须体位正确，动作稳、准、快，聚精会神配合主刀的操作。他技术精湛，改进、提出过许多新的手术方法。他对病人认真负责……医德高尚、做事一丝不苟，这些影响着我的终生……工作来不得半点松懈。"[1]

通过战场救护的大量实践，宋儒耀教授的团队逐步完善了我国的口腔颌面外科学和整形外科学，拓展了我国口腔医学的研究范围，不仅在理论上，而且在技术和手术器械上，都推动了我国口腔医学的发展和完善。

"在朝鲜战争中，我方有大批凝固汽油弹烧伤伤员，伤处多在面颈部和手部，如眼睑外翻、眼球暴露，口鼻周围为肥厚性瘢痕禁锢，胸颈粘连等。当时我国尚无麻醉专科，宋儒耀教授经常自己先给病人做气管插管，然后再做手术，治疗了大批病人。他发明了全颜面和全手的整张游离植皮术，提高了面部和手部烧伤治疗的功能和外观效果；还发明了不用胶水的

---

[1] 见王翰章《翰墨荃馨——一个医生的历程》，人民卫生出版社，2013年，第260页。

'带针'鼓式取皮机,为治疗凝固汽油弹烧伤提出了一套完整方法;他还发明了'单侧腭裂修复手术',减少了组织损伤,缩短了手术时间。"[1] 宋儒耀教授受到美国先进颌面外科手术器械的启发,创制了一批先进的口腔医学手术器械,并经过大量战场救护实践而不断改进,推动了我国口腔医学手术器械的发展。

整形医疗技术在抗美援朝战争创伤治疗中的作用得到了军队的重视,整形外科的发展也得到了支持。1957年,宋儒耀"吸取了苏联和美国整形外科的优点,并结合我国整形外科工作的经验,在北京东交民巷原解放军和平医院成立了中国医学科学院整形外科医院,任业务院长"[2]。这是中国首家专门的整形外科医院。

"不久,口腔医学从一个医学类中的二级科学上升为与医学基础、临床、药学、预防、中医、中西医结合相同的七大医学一级学科之一,为建立具有中国特色的口腔医学,打下了基础,并使华西的口腔医学在世界医学界占据了一定的地位。"[3]

2007年9月3日,邓显昭(左)、吕培琨(中)、王翰章(右)聚会合影

---

[1] 见《长留春色满人间——沉痛悼念宋儒耀教授》,载于《中华整形外科杂志》2003年5月第19卷第3期第165页。

[2] 见《长留春色满人间——沉痛悼念宋儒耀教授》,载于《中华整形外科杂志》2003年5月第19卷第3期第165页。

[3] 见王翰章《翰墨莘馨——一个医生的历程》,人民卫生出版社,2013年,第260页。

四川外科手术队中的川大人[①]

1953年1月15日，中国人民抗美援朝总会工作委员会国际医防服务队第12队，即四川省抗美援朝志愿外科手术队（简称"四川手术队"）在成都正式成立。队长为四川省人民医院院长、骨科专家谢锡瑹教授（1931年毕业于华大），副队长是华西医院胸外科杨振华教授（1938年毕业于华大），队员有党新民、陈德树、萧庆叙、吴志安、薛露华（女）、萧玉曾（女）。不久后又从华西医院增补一名外科医师敬以庄（1949年毕业于华大）。

1月18日，四川手术队乘火车到重庆，换乘江轮到武汉，再乘火车经京汉铁路到达首都北京。3月7日，他们通过鸭绿江大桥进入朝鲜。

四川手术队与天津手术队合影留念

---

① 本文由杨光曦（四川省抗美援朝志愿外科手术队副队长杨振华之子）、王金玉合作完成，文中图片由杨光曦先生提供。

四川手术队的工作地点位于朝鲜战场最前沿的上甘岭地区，是朝鲜平康郡的第十四前沿兵站医院。他们一到目的地，就与该院的医务人员一起投入到紧张的工作中。

第十四兵站医院副院长丁汉

第十四兵站医院部分医务人员合影

在朝鲜战场上，美军常利用强大空军袭扰我军后方，位于上甘岭地区的兵站医院自然不能幸免。因此，防空和抢救伤员一样成了手术队队员的日常工作。每次轰炸过后，满目疮痍，遍地烟火。从防空掩体中走出的手术队队员便要就地扑灭火焰，再投入紧张的抢救工作中去。护士们还要承担背伤员的任务，多的时候一天要转运 800 多名伤员。

美军机轰炸引起山火

四川手术队队员参与灭火

在第十四兵站医院，四川手术队抢救了大量前线送来的伤员。杨振华充分利用自己的胸外科医疗技术，积极治疗伤员，使得胸部受伤伤员的救治成功率在整个朝鲜战场上是最高的。这里俨然成了一个小型的"胸科医院"，挽救了不少战士的生命。

杨振华还因陋就简地制作了一些简易的医疗器材，如自制胸腔测压器、胸腔闭式引流器等，这些简易工具在救治伤员的工作中发挥了很大的作用，提高了工作效率，使更多的伤员得到了及时的救治。

紧张的工作加重了谢锡瑺队长的高血压，使其不得不回国接受治疗。杨振华便接过队长的重担，带领大家继续战斗。

杨振华和第十四兵站医院的护士们

在中朝人民军队的坚决打击之下，以美军为首的"联合国军"退到了"三八线"以南地区，终于被迫签订了停战协定。1953年7月27日，《朝鲜停战协定》在板门店签订，中朝人民取得了这场反侵略战争的伟大胜利。

1953年8月，抗美援朝国际医疗队召开全体医疗队队长会议。

抗美援朝国际医疗队队长会议合影（前排左三为杨振华）

抗美援朝战争结束后，志愿军后勤部卫生部为了进一步提高部队的医疗理论技术水平，决定开办短期军医训练班，并抽调部分医疗队来完成这项任务。

1953年9月，杨振华所在的第12队接到命令，到第二基地医院报到，与第8、第13、第22队共同来举办军医训练班。杨振华担任训练班副主任。

军医训练班在9月15日开班，于12月17日结课。经过3个月的培训，100多名军医的整体业务水平得到了很大的提高，受到上级的表扬。

训练班人员在第二基地医院建院纪念碑前合影

杨振华由于工作成绩突出，在1953年9月荣立三等功，经中国人民志愿军后方勤务第九大站政治处批准，获发《中国人民志愿军立功证明书》。

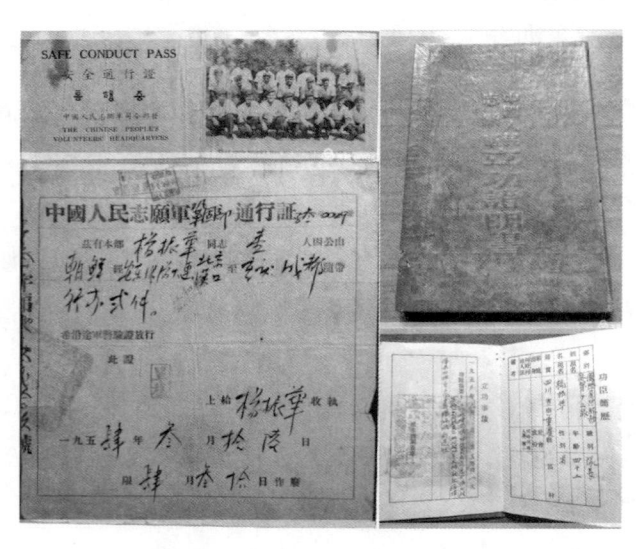

杨振华在前线使用的安全通行证、回国时的通行证和个人立功证书[①]

1954年2月25日至3月12日，中国人民志愿军后勤部卫生部召开

---

① 立功证书的右页记载有"姓名：杨振华；职别：队长；年龄：42"，左页功绩摘要栏记载有"工作积极热情，对伤员有高度同情心，对医务人员的教育上细心耐心，手术时能亲临指挥参加指导，工作中有钻研性创造性"。

"中国人民志愿军三年卫生工作总结大会"，参加会议的有各单位代表、国内专家、军区代表及国际友人，出席会议的谢锡瑹和杨振华就外科方面的工作进行了总结。大会对抗美援朝战争三年的卫生工作进行了认真讨论和总结，形成了《抗美援朝卫生工作总结——战伤外科》《抗美援朝卫生工作总结——卫生勤务》等系统性总结书籍。西南援朝手术队和四川省外科手术队的成功经验都被收入书中。

杨振华与部分参加卫生总结大会的代表合影

1986年，中国人民解放军总后勤部主编、人民军医出版社出版的《抗美援朝战争卫生工作总结——战伤外科》一书中，多处提到杨振华教授、第十四前沿兵站医院和第二基地医院所取得的工作成绩。

《抗美援朝战争卫生工作总结——战伤外科》和杨振华在朝鲜使用过的军帽

1954年3月16日，中国人民志愿军三年卫生工作总结大会结束后，杨振华经安东、大连、北京、汉口、重庆返回成都。

揆文奋武 抗美援朝战争中的川大英烈

我们在朝鲜前线的时候[1]

杨振华

五三年一月十五日，我光荣地代表了我院同志们去参加了四川抗美援朝志愿外科手术队（到北京后，改名为中国人民抗美援朝总会卫生工作委员会国际医防服务队第十二队），队员共九人，有医师六人，护士二人及消毒员一人。组队以后，大家订立公约，保证要在党和上级的领导下完成一切任务，要抓紧急救，搞好治疗，不使伤员多流一滴血，多受一分钟痛苦。个个都热血满腔地期望着把我们派到最前沿去工作。到北京以后，抗美援朝总会答应了我们的请求。我们是五三年首先入朝的医疗队。

乘着汽车进入朝鲜后满目都是战地情况了。除了在鸭绿江边还看得见比较完整的房屋外，愈往南走愈是凄凉。沿公路遍地都是炸弹坑，所有的城市和乡村都被野兽般的美帝侵略军破坏得连断垣残壁都很少见了。要不是司机同志指出那些地方曾经是城市的话，我们几乎会想到北朝鲜的城市很少。但在我们去的时候，我们英勇的志愿军和英雄的朝鲜人民军已把敌人从鸭绿江边赶回到"三八线"以南，我们有强大的空军在空中监视敌人，地面上到处都有高射炮，我们也能在公路上通行无阻了。再加上机警熟练又有高度责任心的司机同志和优越的防空哨与保安部队就造成了坚强的钢铁运输线。

到了某某前沿兵站医院后，我们立即投入工作。

从实际工作中我们体会到志愿军卫生干部同志都是优秀工作者。他们不但能完成任务而且能在最困难的环境下创造条件，使伤病员的治疗和后送工作能做得更好。

---

[1] 本文原载于《四川医学院》1954年4月21日刊第4版，是杨振华从朝鲜前线回到学校后撰写的一篇文章。文中对他们在前线的医疗抢救工作情况进行了详细的汇报和总结。本文略有修改。

自五一年我军由运动战转入阵地防御战以后，对医院任务的要求大大提高了。为了建筑坑道式的病室、手术室、药房、治疗室等，同志们都冒着敌机轰炸扫射的危险，不分昼夜地上山砍伐木料，修造了坚固、适用而且安全的建筑物。每间屋子里还修有火炕，使伤病员在寒冷的冬天能得到温暖，他们把伤病员所需要的修完以后，才开始为自己修造。为了克服消毒灭菌的困难，大家动脑筋想办法，最后利用汽油桶创造了消毒器，既方便又好用。

创伤性休克是一个重要的死亡原因。经上级号召加强抗休克工作后，医护人员立刻加强对休克的理论学习，并且贡献出自己的鲜血来抢救休克伤员。在某次战役里，全院每位同志都献过一次血，个别同志还献到三次之多。

还克服了输液的许多困难。药房每天能制造出四、五万毫升生理盐水和葡萄糖液。因为缺乏大批漏斗和滤纸，这些制剂不能使用，于是动脑筋做玻璃漏斗。用绳子在玻璃瓶体上缠一圈，用酒精浸湿绳子，再用火点着，玻璃瓶便整整齐齐地裂为两段。带瓶口的一半就成为最适用的大漏斗了。把纱布反复洗净消毒后用来替代滤纸，也克服了没有滤纸的困难。

在伤病员多工作人员少的情况下，要做好大批输血输液的工作是一件不简单的事情。但志愿军能采用专人专责的方法解决了这个困难。用这方法后一个人在十二小时很容易给伤员们轮流静脉输入三、四万毫升液体，伤员得到了及时治疗，人力也节省了。

没有吸引器，在紧急手术时，常感不便。把打车胎的气枪的活瓣改变方向用来做吸引器，克服了手术室内许多困难。

这些都是由于志愿军有高度的救死扶伤的革命的人道主义精神；加上他们的积极性、创造性；把伤病员的痛苦当为自己的痛苦，把治疗任务当作战斗任务一样地去完成，才能想尽办法来克服困难，搞好治疗工作。

在战地每一个人都应当会做各种各样的工作才能保证战争胜利。前面谈到了志愿军的卫生干部修建病室的工作。除此以外，每人每年还要生产菜蔬或粮食四百斤使伤员和工作人员能得到更新鲜丰富的营养。厨房室内保暖烧的木柴全是大家上山去打的。公路或者桥梁被炸坏，也去抢修过。

在敌机尚猖狂的时期，工作愈见紧张。为了安全，伤员的接收和后送都在黑夜里进行，手术也在夜里做。夜间是最宝贵的时间。在五三年夏季反击战的紧张阶段，我们一个医院一个晚上就要收入和转出八百名伤员，还有两三百名留院治疗的伤病员。每天夜里要搞好新收入院伤员的分类，一个一个地卸下车，抬到分散在山沟里的病室里去，又要把应当后送的伤员抬上汽车，是一件很繁重的工作。为了争取时间节省人力，使伤病员能及时而安全地转运到后阶梯的医院去，常常一个人背起一名伤员和他的行李上下车。女护士们也同样地背伤员。白天若有空袭，更要加快把伤员背抬到坚固的防空洞内，在那里还照常进行必要的治疗。

为什么志愿军的医务工作人员能在最困难的条件下完成各种繁重的任务呢？一位十九岁的女护士告诉我说："我看到伤病员和朝鲜人民所遭受的痛苦，想起祖国人民和毛主席对我们的期望，更感到对美帝和李承晚的仇恨，我的力气就冲上来了。"

由于志愿军的坚强斗志，顽强地克服困难，把整体的利益摆在最前面，把伤病员的痛苦当为自己的痛苦，把治疗任务当作战斗任务一样看待，志愿军有充分的条件被称为最可爱的人。在朝鲜问题没有彻底解决以前，全国人民应该继续加强支援这一支保卫祖国的军队。

现在我已完成任务回到学校来了，我要和全校师生员工一起在总路线的灯塔照耀下，为人民的卫生教育事业，像志愿军那样努力前进。

反细菌战斗士
——陈文贵院士与抗美援朝战争[①]

1902年8月23日，陈文贵出生于四川省永川县（今重庆市永川区），1917年夏，毕业于聚奎小学，同年秋考入江津县立中学，1921年高中毕业于重庆私立求精中学，同年考入雅礼大学预科，1923年升入湘雅医学院就读，后投笔从戎，参加北伐战争和南昌起义。1929年，他回川到华西协合大学复学，并于当年夏天毕业，获医学博士学位。其后，他供职于北京协和医院，成为著名的细菌和鼠疫研究专家，1940年，撰写《湖南常德鼠疫报告书》，首次揭露日本在常德进行细菌战的罪行。新中国成立后，他曾历任西南军政委员会卫生部副部长兼中华医学会西南会理事长、中央卫生部防疫司司长、中国医学科学院流行病学微生物学研究所所长。1952年，他赴朝参加抗美援朝战争，调查美军实施细菌战的罪行，回国后受到毛主席接见。1964年起，陈文贵再次回到母校，任四川医学院教授、副院长，直至1974年6月15日去世，享年72岁。

1952年，在朝鲜半岛弥漫的硝烟中，一种邪恶的小动物——人蚤悄无声息地潜入了战场。它如鬼魅般附着到战士身上。一些身强力壮的士兵开始出现头痛并伴以高热的症状，浑身无力。朝鲜百姓也未能幸免，他们不断地咳嗽并吐出暗红色的痰。这是典型的鼠疫症状。难道美军不顾国际公法使用了细菌武器？消息传到北京，有关人员的目光一齐落在时任西南军政委员会卫生部副部长陈文贵身上。专家们知道，陈文贵在细菌学特别是有关鼠疫的研究方面有着极高的造诣。一年之前，他曾率领中华医学代表

[①] 本文是编者在彭亮远的《陈文贵传》和雷文景的《调查细菌战的川籍医学家陈文贵》的基础上，结合相关资料撰写而成。

团参加国际微生物学学术会议,与各国专家交流过反细菌战经验,是一位"重量级"的医学家。

真可谓"天将降大任于是人也"。很快,陈文贵就接到中央卫生部的命令急飞北京。随即,他被任命为中国人民志愿军卫生部顾问兼防疫司司长,负责到前线搜集美军空投的昆虫标本,揭露美军侵略者的罪行。1952年初,他奔赴朝鲜战场,开展了反细菌战的工作。早在大革命时期就经受过战争洗礼的陈文贵毫无畏惧之心,处处以身作则、身先士卒,置生死于度外,冒着敌机扫射轰炸的危险,亲临现场调查、搜集敌机投下的器物,在现场制作实物标本。

1952年陈文贵(前排中)与同事在朝鲜中央卫生实验所鼠疫室外

陈文贵在1952年8月4日的日记中写道:"朝鲜时间十一点三十分,敌机轰炸平壤郊外,我和严家贵教授卧于灌木林水沟中,二十余枚炸弹落于身旁,不敢抬头。当时我想,五十年来奋斗的生命将在朝鲜结束。然而站在反细菌战前线牺牲也值得。"在如此恶劣危险的环境下,陈文贵坚持用严格的科学方法,从美军投下的昆虫中分离出了鼠疫杆菌等近十种毒性很强的病原体并制成标本,为后来控诉美国在朝鲜进行细菌战提供了有力的证据。有一张老照片,是陈文贵与检疫队在朝鲜战场前线的实验室外留下的。背景中的一间房子后来在一次轰炸中被夷为平地。事后，陈文贵在照片后面写了一句话：照相的第二天检验室即被炸弹夷为平地。可见死神随时都伴随着战场上的卫生工作者，不论其拿枪与否。所幸的是，陈文贵从昆虫体中先后分离出的伤寒杆菌、副伤寒杆菌、鼠疫杆菌、霍乱弧菌等毒性极强的病原体却未被破坏。它们清晰地表明，美国人为挽回战争颓势，竟冒天下之大不韪，对中朝人民发动了反人类的细菌战。

掌握了第一手资料，陈文贵抓紧时间在平壤分类整理，写出了一篇揭露美军使用细菌武器的文章。

他在文章中写道："美国侵略军在朝鲜阵地和后方大规模地使用细菌武器，企图制造人工流行病来残害朝鲜和平居民及中朝人民军队……已被中朝两方的专家们在不同的地区和不同的试验室中，用科学的方法加以证实……我有机会参加了两次反细菌战的检验工作，今天所得的结果使我非常兴奋，因为美国侵略者有计划地庇护日本细菌战犯的原因也获得答案了！"[①]

陈文贵在朝鲜调查美军实施灭绝人性的细菌战的过程中，还意外地发现了日本第二次世界大战期间对我国实施的细菌战（从鼠疫杆菌为主）与朝鲜战场上美军造成的鼠疫的内在联系，揭开了美日之间不可告人的秘密和关于日本在第二次世界大战中在中国人民身上进行细菌实验的成果下落不明的谜团。原来，美国以帮助日本细菌战战犯石井四郎逃脱战后审判为条件，与石井四郎达成交易，从而掌握了日军进行细菌战的资料。[②]

早在抗日战争相持阶段的1940年，陈文贵就以敏锐的直觉指出日军在宁波地区可能使用了细菌武器，但被国民党当局斥之为"神经过敏"。次年，陈文贵又以雄辩的笔触写下了揭露日寇实施细菌战的《湖南常德鼠疫报告书》，但又被当局扣压不发。但《湖南常德鼠疫报告书》的英文版立

[①] 见成都市政协文史和学习委员会《成都文史资料选编·教科文卫卷》（下），四川人民出版社，2007年，第339页。

[②] 见刘雅玲、龚积刚《细菌战受害大诉讼》，湖南人民出版社，2004年，第117—134页。

刻引起英美情报部门的重视。

美国立刻作出反应，于1942年夏开始研发细菌武器。

1943年，美国在德特里克堡成立研究机构，实施了大规模细菌战研究计划。时任美国陆军化学战部医疗部主任雷思·福克斯少校对此曾这样解释："如果敌人知道我们对细菌战既无防御能力也无报复能力的话，敌人对我们实施细菌战的可能性就会增大……为了充分了解细菌战被实施的可能性，从防御和攻击两方面来说对细菌战进行调查研究是十分必要的。"[1]

尽管如此，美国在这方面还是比日本晚了十多年。但其发展速度惊人，参与工作人员最多时达3900人，这比731部队[2]人员最多时还多25%。细菌战计划是美国历史上第二重要的战时科学计划，所有经费由政府全额提供，仅次于曼哈顿的原子弹计划。[3]但美国当时在细菌武器研制方面是不可能赶上日本的，因为美国很难像日本一样堂而皇之地用人体进行活体试验，很难掌握一种细菌武器对人体产生什么样的效果。因此美国十分重视日本的研究成果，想尽量获得有关数据，并竭力封锁有关该项目的消息。所以，美国与731部队计划的主导者之一石井四郎开展了秘密交易。石井四郎为了躲避美国人的追踪曾经装死，并让家人发了讣告，从此就从人们的视线里消失了。但他后来却还是被美国情报人员找了出来。石井四郎向其表示："如果你能对我的上司、部下以及我本人提供书面免责保证的话，我可以向你们提供所有的情报。"[4]美国情报人员当即对石井四郎做了承诺，并将该事上报上级。最后，美国和石井四郎各取所需，日本在华从事细菌战一事就此被掩盖下来了。

后来仅有的一次细菌战暴露的可能也被美方掩盖下了。这就是东京国

---

[1] 见《细菌战：战争中病原体的使用》，载于《军事医学》1993年3月第3号第18页。
[2] 731部队是侵华日军实施细菌战的部队，曾以活体中国人、朝鲜人进行实验。
[3] 见［美］谢尔顿·H·哈里斯《死亡工厂：美国掩盖的日本细菌战犯罪》，上海人民出版社，2000年，第253页。
[4] 见刘雅玲、龚积刚《细菌战受害大诉讼》，湖南人民出版社，2004年，第117—134页。

际首席检察官约瑟夫·季南的助手托马斯·莫罗（美国人）在1945年秋曾注意到细菌战问题。莫罗认为"应该可以证实日本人惊人暴行"，并提醒了首席检察官季南。不久，莫罗还飞赴中国收集有关证据，并到重庆拜会了陈文贵，了解了日寇使用细菌武器的一些情况。他要求陈文贵提供《湖南常德鼠疫报告书》并在上面签字，以用于法庭作证。莫罗将这些重要资料给了季南。奇怪的是，此事并未引起应有的反应，反而莫罗被调回美国（联想到朝鲜战争中美国使用了与731部队完全相同的病原体，就可明白，调莫罗回国应是美国政府有意为之）。这事也曾使陈文贵满怀希望，期望日寇违反国际公法悍然使用细菌武器的罪证不久将大白于天下。然而在1946年5月开始的东京审判上，对日军实施的细菌战的控诉仅几分钟。细菌战所有执行人员，如石井四郎等，无一站在被告席上，更谈不上受罚了！美日的肮脏交易使中国等受害国的死难者的冤情无以伸张。

是以，在朝鲜战争中，当陈文贵发现美军使用的带菌人蚤与日军在常德使用的完全相同时，他立刻意识到：美国接收了日本获取的研究成果并用于了朝鲜战争。一切的疑惑都找到了答案。他于1952年向奥斯陆世界和平评议会的"调查有关在朝鲜和中国实施细菌战事实的国际科学委员会（ISC）"提供了有关资料。陈文贵无愧为揭露日寇细菌战之第一人，无愧为揭露美军使用细菌武器的第一人！

1952年12月底，陈文贵代表赴朝志愿军防疫队出席了在维也纳召开的世界和平大会，他带去了在前线采获的实物证据，以细菌专家的身份愤怒地揭露和控诉了美国使用细菌武器的罪行。在会上，他提醒不同肤色的人民要警惕："今天落在朝鲜人民已经残破的废墟上的带菌人蚤，明天也可能会落在你们的家园里。"[①] 这赢得了世界爱好和平的人民对中朝两国人民反对细菌战的正义斗争的同情和支持。

---

① 见成都市政协文史和学习委员会《成都文史资料选编·教科文卫卷》（下），四川人民出版社，2007年，第339页。

1953年，朝鲜战争结束，由国际科学委员会全体科学家签名通过的《调查在朝鲜和中国的细菌战事实报告书及附件》昭然于世，该文件明白无误地揭露了美军恶行："为调查有关细菌战的事实而组织的国际委员会，在现场进行了两个多月的工作之后，现已结束工作……委员会已得出下面的结论：朝鲜及中国东北的人民，确已成为细菌武器的攻击目标，美国军队以许多不同的方法使用了这些细菌武器……委员会是经过逻辑的步骤而后得到这些结论的"。这"逻辑的步骤"与陈文贵所提供的事实与科学证据密不可分。

最后，国际科学委员会指出，美军"这种遭各国人民一致谴责的灭绝人性的手段竟见诸使用，此为本委员会的委员们过去所不易置信，现在本委员会迫于事实，必须下这些结论。全世界的人民都应加倍努力，使世界免遭战祸，并制止科学的发明被用于毁灭人类"。

20世纪50年代是陈文贵事业的高峰，他在朝鲜战场的出色工作得到医学界同行和中朝两国的高度评价。陈文贵在朝鲜受到了朝鲜人民政府领导人的接见，并被授予二级国旗自由勋章。回国后，中国政府特别给陈文贵颁发了荣誉奖状和奖章并授予其"爱国卫生运动模范"称号。同时，他还受到毛泽东主席的接见和宴请。1955年6月，中国科学院院长郭沫若正式聘请了共和国历史上第一批233位学部委员，其中自然科学学者172名，作为杰出的微生物学家与流行病学家、中国防疫工作的先驱之一，陈文贵当仁不让占得一席。

附录　亲历抗美援朝

附录　亲历抗美援朝

我在朝鲜战场当翻译

本节由四部分组成。一是 2010 年，原华西电视台台长王绍陵对从本校从军的翻译刘开政老先生的一篇专访。二、三是编者根据 2020 年 7 月对周正松[①]（时年 90 岁）、陈世刚[②]（时年 95 岁）两位老先生进行访问的录音整理出的两篇文章。四是摘录了当年分别从川大和华大走上朝鲜战场的翻译贺集彰和高立村从前线写给仍在学校读书的同学们的两封信，介绍了朝鲜前线的情况和他们的日常工作。

刘开政专访：抗美援朝输送翻译人才最多的大学[③]

本校电视台记者王绍陵（以下简称"王"）：今年是抗美援朝出国作战

---

① 周正松，原华西协合大学医学院 1939 级学生，1950 年 11 月任 60 军 181 师英文教员，1953 年 10 月回国后，被送到南京炮兵学校（现为中国人民解放军陆军炮兵防空兵学院南京校区）学习，历任某部队侦察参谋、作战参谋、炮兵主任、炮兵副团长。1976 年转业，到地方从事教育工作，直到退休。接受采访时，头脑清楚，语言表达流畅。

② 陈世刚，参军时是成华大学大四学生，已经快毕业了，在同去的人员中间，他是年龄最大的。从军后他被分在 60 军司令部敌工科，常和詹振声一起工作。抗美援朝战争结束后回国，仍旧在 60 军司令部任职，直至 1976 年转业到四川大学外语系从事英语教学工作。

③ 2010 年，华西医学百年庆典前夕，原华西电视台台长王绍陵对华西输送到朝鲜战场上的英语翻译刘开政进行了一次专访。刘开政是 1950 年 11 月志愿军 60 军在华大选出的英语翻译之一，入朝后先后在 60 军军部、后方俘虏营和军事谈判代表团任英语翻译。本文就是那次专访的整理稿，原载于四川大学出版社 2010 年出版的《华西琐谈》。本文略有删改。

209

揆文奋武 抗美援朝战争中的川大英烈

六十周年，你经历过抗美援朝，有何感言相告？

刘开政老师（以下简称"刘"）：你这一问，倒使我想起小时候在苦难中唱的一首歌：高粱叶子青又青，九月十八来了日本兵，先占火药库，后占北大营，中国的军队虽有几十万，却恭恭敬敬地退出了沈阳城。1950年抗美援朝初始时，我们在扬眉吐气中唱过一首歌：雄赳赳，气昂昂，跨过鸭绿江。保和平，卫祖国，就是保家乡。中国好儿女，齐心团结紧，抗美援朝打败美帝野心狼！这两首歌很鲜明，是我的感言。

中国人民派出志愿军抗美援朝、保家卫国，打出军威国威，并为祖国赢得了数十年的和平建设时期。

王：伟哉！伟哉！那我们（学校）在完成抗美援朝保家卫国的光荣使命中有过什么贡献呢？

刘：给抗美援朝前线输送了一批最需要的英语翻译。

王：某报有篇署名文章说，由于当时华西大学是私立学校，华大参加抗美援朝的人寥寥无几。关于此事，我们还是想先听听当时的实际情况，好吗？

刘：记得当时输送翻译的条件有三：志愿、英语水平、党团员（身份）。团支部书记对我说，如你自愿，明天就去外文系找唐贤美同学测试英语，合格了就算定了。

1950年11月22日，当时成都的3所大学共输送英语翻译23人，其中华大14人，川大7人，光华[1] 2人。相应名单如下：华西大学有詹振声、刘开政、张光宇、王仕敬、高立村、周子嘉、陈伯毅、周正松、周明福、廖运掌、王克武、王华英、陈单特、熊光复；四川大学有林学逋、袁守诚、张泽石、姚文彬、边世茂、雷顺田、李嘉犹；光华大学有陈世刚、蒋春松。

---

[1] 即成华大学。1938年初，光华大学由上海内迁成都，设光华大学成都分部。1945年抗战胜利后，光华大学回迁上海，成都分部由地方接办，更名为成华大学，时人仍习惯称之为光华大学。

王：你们就这样无牵无挂地甩手走了吗？

刘：1950年11月22日下午，校团委书记唐开正和有关班级代表到校办公楼前为我们送行，要说的都说完后，在等黄包车的期间，我当众宣布，我和张茂玉同学决定于此时此地订婚。没有拥吻，只有掌声中的握手。几十年后，我校法医学教授刘世沧还当着我们老夫老妻的面提及这件往事呢。

王：当时新中国成立不久，要从学校选拔青年人参加志愿军，而华西大学又是一所私立学校，在选拔人方面，军方是否考虑得更多些？

刘：军方怎么考虑的我不知道。当时的情况是，军方在军区大楼来了一次复试，复试采取当场中译英《资本论》，我入场因抱了把提琴又加试了拉小提琴、唱英文歌。

结果按成绩高低分配到军、师、团。其中分配到军部的7人中，有6人是华大同学，包括詹振声、张光宇、王仕敬、陈伯毅、陈单特和我。

当场口头翻译世界名著难度大。那天译得好的上述华大6位同学，都曾在学校浏览过《资本论》中英文版本。这类那时（指国民政府时期）犯禁的书，是华大进步老师悄悄从香港买回来的。年轻人拓展了视野，自己方便，与人方便。应该说，这种方便来源于母校方便的环境。

接着我们便随志愿军60军从成都北上集结待命入朝。待命期中，我们强化了对英语军语和俚语的学习，并参加了部队的反恐美、崇美、媚美的学习。

王：听说你们在离校前也参加过一次反恐美、崇美、媚美的学习？

刘：是的。……军队是正面教育，批判的是美帝在朝鲜的狂轰滥炸等侵略行径，而落实的则是"战略上要藐视敌人，战术上要重视敌人；扬长避短，近战夜战；生死关头共产党员带头；区分美国人民与他们的政府，宽待俘虏；爱护朝鲜一山一水、一草一木"。这对我们这些刚入伍不久的学生兵来说，无疑是至关重要的。

王：该听听你们入朝作战了。

刘：第5次战役前夕，60军181师英语翻译，华大学生周正松，在师长王诚汉亲自挑选下，随侦察队侦察敌情，途中突然遭到敌军的射击。首次上战场的周正松愣了一下，很快便照着老同志的动作卧倒、射击、跃进，完成了首战前的重要侦察任务。1951年4月22日下午6时整，3发红色信号弹腾空而起，第5次战役开始，志愿军3个兵团共11个军，一齐向敌发起猛攻。181师一举攻占了地藏峰，突破了美7师与土耳其旅的结合部，俘虏美、土官兵90人。

王：可见战争中要完成任何一件任务都要经过出生入死的考验。

刘：60军俘管大队执行转送第3兵团3个军的所有战俘的任务。我军突破敌军防线，我们这些学生兵第一次亲眼见到那么多外国俘虏，美、英、法、菲律宾、土耳其的都有。60军政治部英语翻译，华大学生张光宇第一次押送战俘。中等个儿的他，背上缴获敌人的枪，领着百多名美军俘虏向后方走去。突然敌机飞来，张光宇用英语喊出："原地卧倒！"这些刚放下武器不久的美国大兵便齐刷刷地趴在地面上不动了。平日爱说爱笑的他，完成任务后回来告诉我们，当时他有一种经历过苦难的中华民族真正站立起来的喜悦。

王：真的，我也在分享你们胜利的喜悦。

刘：从俘虏口中获悉，他们新来的人担心被俘后被杀。于是中央决定按照过去的惯例释放一批俘虏。具体执行人是60军180师敌工科科长陈子捷和英语翻译、华大学生廖运掌。释俘并非易事，所以要求派得力干部去执行。廖运掌他们从山上望见停在路边的美军车队，等隐蔽靠近，车队又开走了。如此数日，终于抓住了机会。当廖运掌按释俘规定说完"万一回不去，还可返回"时，猛然发现敌坦克掉转头来，改退却为进攻态势。反应敏捷的廖运掌喊了一声"拜拜"，转身就往回跑，爬上山林，眼看敌车队沿山下公路向北急驰，把他们180师隔离在敌后地区。如前所述，陈科长和廖运掌他们机智地从敌军的空隙中钻了回来。廖运掌战后复学，毕业后分配到昆明医学院，逝世前任该院病理学教授。

那时，我们所在的60军俘管大队也处于危急情势中，我们奉命撤到马坪里时听说敌快速特遣分队离马坪里最多只有4小时路程。这位向我们通报敌情的全副武装的年轻军官不是别人，正是60军179师侦察科英语翻译兼侦察参谋职能的华大同学高立村。高说，他们在此执行侦察警戒任务，他们师的部队奉命在马坪里阻击敌人，接应处境困难的180师突围同志。

王：听了你对别人事迹的介绍，还想听听有你亲自在场的事迹。

刘：关于抗美援朝，我们爱讲劣势击败强敌，而不大爱讲自己的发展壮大那一面，这样反而造成许多不理解。其实第5次战役后，我空军初现，防空力量加强，"喀秋莎"及其他重型大炮参战，后勤运输改善，坑道系统形成，上甘岭岿然不动，凭借坑道，退可守、进可攻。这就为我军开展阵前对敌宣传创造了条件。但需要说明的是，我志愿军空军尚不具备支援地面作战的条件，所以美军惧我夜袭而搞的"人造月夜"（指4盏一组的探照灯，3盏常亮、1盏关闭，整夜保持照明），未被我方摧毁。战场实况是这样的：

1952年12月圣诞节前夕，中国人民志愿军第7对敌宣传站执行对敌广播任务，上海的黄崇义、华大学生詹振声和我下到前沿排的一个前沿班的坑道。对面是美25师一个连的阵地，宣传站在距敌直线约两百米处进行广播。开播前照例警告：如炮击广播站必予以严惩。但往往一播美军就射来一阵枪炮。敌我前沿，入夜"人造月夜"必现，故4盏一组的探照灯整夜不灭，把我方前沿照得如同白昼。常常人影一晃，定点射击枪炮齐发，我方枪炮还击，敌方远程炮群压制，我方远程炮群反压制，如此闹腾一阵，双方前沿复归死寂。

圣诞前夜，黄崇文和我在播英语稿和唱英语歌时，前沿战士报告敌人在叽叽咕咕谈着什么。为使广播有针对性，负责广播效果的詹振声请求抵近窃听。经批准，他带上两名战士越出阵地横壕，从敌探照灯柱下的暗影中滑到山脚的陡滑直壕，立即遭到敌方定点射击，一发炮弹落入战壕，引爆了詹振声身旁的一箱手榴弹，他腹部受伤，终因流血过多英勇牺牲。

213

詹振声是 1947 年进入华西协合大学的，身体瘦弱，在腿肿脸肿的情况下仍坚持行军勤务，三次叫他住院他都回答坚持得住。1952 年，同一线友军换防，他参加对口交接，明知在一线的敌工干部，特别是英语翻译伤亡的概率较高，他还是争着到第一线。他牺牲时为中国人民志愿军 60 军政治部敌工科正排级英语翻译。詹父早逝，詹母享受烈属待遇。华西医科大学专门设立了詹振声奖学金，以铭记先烈、激励后人。

詹振声牺牲后的第二天午夜，美军小分队从两山窄缝中向上爬，被坑道口一名战士发现。当时黄崇义和我正在播音，战士一喊，我们二人赶紧挤到坑道口，抓起开了盖的集束手榴弹就向下投，后来在排连火力支援下，击溃美军偷袭。

王：在致力于保家卫国的崇高使命中，军队领导对我们华大同学有何评价？

刘：1953 年 1 月，祖国赴朝慰问团部分代表到达 60 军军部驻地慰问，其中一位代表是华西大学的校友，他提出想见见华大在 60 军的同学。60 军政治委员袁子钦将军回答说："你们华大的一位同学在执行任务中英勇牺牲了，其他几位同学现在前线执行任务。你们华西大学来的同学在执行任务中都表现得很勇敢。"上面这些情况是我从前线回来听军政治部敌工科于云领科长讲的。福建籍老红军袁子钦中将后被任命为总政治部副主任。

同年 4 月，在我被调离 60 军那个晚上，60 军政治部主任李哲夫老首长在他的掩蔽部接见我时说："在成都，我们发现你是个能播能唱的人；在朝鲜，你果真派上了用场。在成都，我们在体能测验时就发现詹振声体力比较差，但他非常坚强，直到光荣牺牲。你们华西大学同学在战场上都表现得很勇敢。"在成都，李哲夫主任是接收我们那批翻译的主要负责人，抗美援朝结束后，他被任命为国家广播事业局局长。

王：同你们一起参军入朝的那位未见突围回来的川大同学后来命运如何了？

刘：1953年12月的一天，我完成指派任务回到停战谈判中方代表团翻译队队部时，翻译队队长凌青把我叫住，让我看看摊在他办公桌上的人民日报社论《爱国战例》。社论说：1952年4月7日晚，南朝鲜巨济岛战俘集中营72大队队部广场上，敌方狗腿子正在诱骗志愿军被俘人员去台湾地区。爱国战俘林学逋便高声呼喊："要回祖国的跟我走！"当即被"狗腿子"捆绑起来。（4月8日凌晨，）敌头目李大安持匕首问林学逋回哪里，林回答说："回大陆！"李又问到底回哪里，林喊道："我生为中国人，死为中国鬼！"李将匕首刺入林的胸腔，把林的心脏挑在刀尖上示众。爱国战俘阳文华因拒绝去台湾地区而被吊打致死。

凌青队长指着人民日报上的大字"爱国战俘林学逋、阳文华"，问我认不认识他们。我答："认识林学逋，他是同我们一起参军的四川大学外文系一年级的同学。"凌说："是党员吗？"我答："是团员。"凌说："《人民日报》专门发表社论称他们是爱国战俘，真了不起！真了不起！"凌青是李克农从外交部带去的人，是爱国名人林则徐的后代，后任中国驻联合国大使。

记得入朝前在成都进行体能测验时，川大的林学逋、华大的詹振声是体能最差的两个，想不到他们的意志是那么坚强。他们的骨子里都充满了中国人固有的爱国主义情怀。

王：好啊！中国人骨子里充满了爱国主义情怀。

周正松：我记忆中应征当翻译的经历

1. 应征入伍

那个时候翻译队招的都是英语基础比较好的，而且那时候讲究政治条件。当时就是要共产党员或者新民主主义青年团团员。这个是成都市团市委组织的，当时部队找到团市委要（其）帮助在学校招学英语的，通知有关院校包括川大、华大①，把条件给学校讲了，（由）学校动员。

当时招了就直接去（部队），也没经过什么培训。因为学生比较单纯，主要招条件比较好的青年学生，这是从长远考虑的。我们这批没有经过培训，通知了参加抗美援朝（的同学）就集中在北较场，也就是部队驻扎的地方。开始没有什么事，因为那时候已经在准备第2批入朝部队，开始在全国各地抽人。四川是川西军区60军驻地，60军军部就在这个地方（成都），下面的师就在绵阳、眉山、都江堰，还有61军的181师在遂宁。确定了这几个部队要走就马上做准备，随时准备开赴机动位置。当时不是直接到朝鲜，我们是到河北沧县，先集结起来动员，还要换装备。解放军的装备比较杂，要换成苏式装备，（是）苏军淘汰下来的，但毕竟比我们的杂牌装备好。我们搞翻译工作的，那时候叫英文教员。

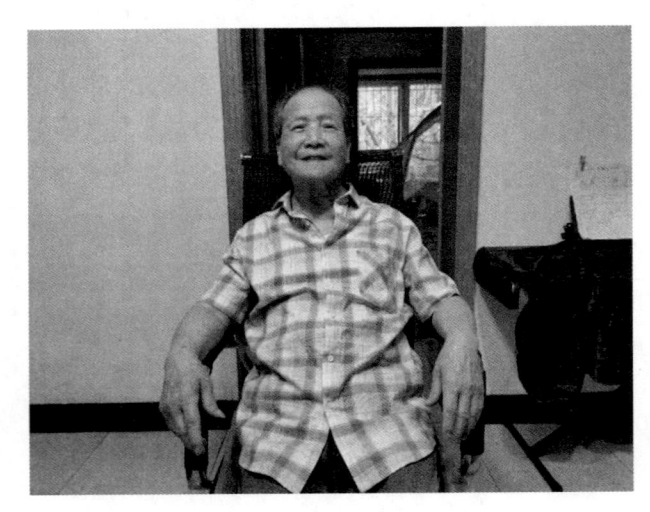

周正松老先生

我是从华西大学去的，叶落归根又回到这。我在华西大学读了两年，还有读了三年没有毕业的，而且学的不是外文系，都是医学系、口腔之类

---

① 成华大学也接到了通知。

的。詹振声是跟我一起的,当时在学校不认识。我们这批人都没有进行专业训练。到了沧县,我是跟着军部走的。本来我是要分到181师,但是181师在遂宁,不用到成都,从遂宁出发。我是跟军部到河北后才到师里面的。在河北,(部队)给我们发了一些军事英语方面的资料让我们熟悉,因为我们学的是普通英语而不是专业英语,所以军事术语我们要重新学,但学起来很快。

军部在沧州,181师在唐官屯,其他记不清楚了。当时因为人数比较少,不能到最基层,一般都是军师两级,后来才到了团一级。开始都在军,我是到师里去了,高立村也到师里去了。一开始都分到师一级的敌工部门。后来到了沧州,有一部分分到司令部的侦察部门侦察科,我就分到侦察科。

2. 入朝经历

入朝的时候,我是跟着师部侦察科一起过鸭绿江的。后来经过第5次战役,回来在后方休整的时候,陈伯毅分到团里了,只有两个人到团。当时人不够,再招再培养也来不及。部队想了个简单办法,先把战场喊话解决,让我们去教战士,比如"缴枪不杀""不要动""放下武器"等英语。把我们这些教员派到连里,连里送文化稍高一点的上过小学的战士,一个连抽三四个,由我们来教他们战场喊话。教得很吃力,发音也不是很准,但总比不会说好一些。

陈伯毅到181师51团,(现在人)可能不在了。我属于侦察部队。穿插敌后的时候,抓到俘虏要问。他们在敌工部门,主要是收集敌人的资料,比如战场缴获的地图等,他们看从中能不能找到地图上标的敌情,比如哪个师、火力分配等,研究敌方的情况。我是跟着师里的侦察连的,部队发起总攻之前要先穿插进去,抓个俘虏问情况,我就多了这个经历。

1951年4月22日晚,第5次战役发起。我们志愿军全线的炮兵集中火力向敌人阵地进行炮火准备。炮火准备的同时部队往前走,侦察连走在最前面。炮火准备一停马上穿插进去。当时只知道对方是美军，美 2 师，不是李承晚的部队，但是具体情况不大清楚。我们的侦察科科长走在前面带领我们穿插进去。突然之间，照明弹打得通明，敌方的火力向我们进攻。我们赶紧离开公路，分散到两边躲起来。就在这期间，我们科长还有走在前面的人员都负伤了，我们战勤人员跟在后面没有受伤，隐蔽了。侦察连发现敌情后迅速展开往前冲，没有多久就抓了个俘虏来（侦察连都是部队里面有经验的老兵），马上把我喊过去。我一看好像是个美国人，就问他是哪个单位，说了半天他没反应。我借着照明弹和月光看到他头盔上有个月亮和星星，才知道是美 2 师的土耳其旅。我就跟科长说他不是美国人，是土耳其人，就把他抓下去了，以后就没看到了，我的战友们也说再没有看到土耳其人了，可能送到后方去了。

还有一次是其他部队抓了个俘虏，当时建制都乱了，他们不是 60 军的，从我们这儿经过，不想要了，就丢到我们这儿，把我喊去翻译，结果发现是法国的。还有一次是对方的飞行员被我们打下来了，被老百姓抓住。这是个美国飞行员。当时我们就了解下情况，是哪个飞行队，从哪里起飞，都到哪些地方进行过活动。

3. 回国以后

我是 1951 年 4 月过江，1953 年九十月份回国的，有两年半在朝鲜。1953 年双方对峙，停战谈判很久没签字。志愿军发起夏季反击战，在中线选择南朝鲜部队，占了几个制高点，处于有利态势，迫于这种情况，美国（同意）签字。停战不久，有一部分志愿军秘密回国，60 军就是其中一部分。我们走到北朝鲜的一个车站（那时有制空权可以运输了），从那坐火车到边境，下车步行过江，然后再坐火车到 60 军指定集结位置——江苏省。第 4、第 5 次战役后运动战基本没有了，敌人摸到了我们的规律。第 1、第 2、第 3 次战役的后勤补给全靠自己带，只有七天的粮，补给没有了就后撤，第 5 次战役后阶段我们吃了亏。停战协定签订之前的状态相对平衡，属于阵地防御战。把我们师调到东线，中线主战场在铁原、涟川，东线是金刚山。（我们部队）正面的敌人是李承晚部队，抓的俘虏都是南朝鲜的，我们（做的）基本上是资料翻译工作。

60军回国后，军部在宿县，181师在滁县，就是欧阳修《醉翁亭记》写的那个地方。刚回国是住老百姓民房，然后就修营房，在南京、宿县、蚌埠修，高立村就在蚌埠。找几个设计（营房）的，然后我们自己修，烧石灰等活，什么都干。过了不久，我们这批人觉得现在没什么意思了，想回去继续读书了，陈伯毅就回来在重庆读书，读了书又从事教学工作。

我也要回来，但部队没让我走。当时要建国防军，需要我这样在部队表现比较好的，就没走成。当时留下来的还有高立村。部队把他送到武汉高级步校去学习，毕业以后留下来当教员。还有周子嘉，到外事部门去工作了。刘开政到昆明去，在昆明军区搞中缅边界勘探，并从那里转业。

陈世刚：一个抗美援朝老兵的回忆

1. 成都高校抗美援朝的情况

当时在川大参加抗美援朝的是3个人：林学逋、边世茂、姚文彬。另外成华大学有我、蒋春松2个人。[1] 当时是到3个大学来招生，川大招了3个，成华大学招了2个。我是成华大学外文系毕业的[2]，第三个大学是华西大学，当时的名字是华西协合大学，有14个人。这些人，到60军干什么，在朝鲜两年多干什么，回国以后干什么我都清楚，因为我是在军司令部。

刘开政不是川大的，是华大的。王克武是华大的，在60军司令部，跟

---

[1] 此处与档案记载，以及刘开政写的回忆文章、周正松等的回忆有出入，应是陈世刚老先生记错了。

[2] 当时陈世刚老先生尚未毕业，是大四学生。

219

我一起。我们一共 6 个人，除了我是成华大学的，他们都是华西的。1951年 3 月份入朝。1951 年 10 月 22 日①参军，我们都在一起。王克武原来是学医的。边世茂分在 180 师，被俘后遭遣返回来。林学逋也在 180 师，后来被俘后被杀害了。姚文彬也是川大的，分在 181 师。

张泽石在我们参军前就在 60 军，是个政治干事，他也被俘了。他是川大物理系的，他写了本书。他跟 180 师政治部主任都被俘了，在战俘营表现很好。他不跟我们一起，他在我们以前早就参军了。

陈世刚老先生

我们参军是由新青团成都市委介绍去当翻译，后边参加的我就不知道了。因为我是成华大学的学生，转业以后才到了川大外文系。陈单特和我们在一起。我们参军以后，他由于家庭（原因）回到川医（四川医学院），一年以后他才回来，和我一起在 60 军司令部侦察科。他后来调到总参情报部，最后做到副处长。还有一个姚文彬，到开城谈判当翻译，后来调到北

---

① 应为 11 月 22 日。

京国防部，任师级干部，是川大历史系的。

詹振声在军政治部敌工科。我们在一起学习过。他负责撒传单，是在前线牺牲的。参军以后，在部队休整时教战士识字，那时我们经常见面。

我们三个大学19个人都在60军，没有女的。我是19个人中年纪最大的，当时都要毕业了。王克武是下到团的，到181师52团侦察科当翻译，廖运掌是180师侦察科的，跟王仕敬一起。廖运掌后来到了昆明。张光宇跟廖运掌一起留在昆明，在昆明医学院，书读完就留在那里当教授。王克武从部队转业回来后重新读书，在北大西方语言系，从那里毕业后到上海一个科研所当翻译。秦又其是华西的，他很快就从部队下来了，身体不大好，下来后到了中国人民大学读书。孙洪生在成都。①

我计算了一下，还健在的人没有几个了。14个（华大的）有10个去世了。还在成都的就剩我跟孙洪生。前两年办《军魂》杂志还打电话联系过。孙洪生没有参加第5次战役，他留在后方。第5次战役之前他就回国了。他回国以后据说是在东北一个部队学校当老师。因为他当时在华大已经毕业了。其他的在外地，在昆明的张光宇，上海的王克武，北京的秦又其，王仕敬在合肥，在180师。他（指王仕敬）的爱人在合肥，也是华大的，两年前回成都还来看我。

2. 我的赴朝经历

我于1951年3月随部队入朝以后，一直在志愿军60军司令部侦察科当翻译，回国后在解放军60军司令部工作，直到转业。在部队15年，在朝鲜两年半时间。我在第5次战役中接到敌后侦察的任务，立了三等功。

我们侦察科由刘科长带领插入敌后，到"三八线"南朝鲜"村山（音）"附近侦察敌人的情况，有半个多月在那里。我的档案里写的是"作战勇敢，在五次战役中插入敌后，不怕炮火，不怕牺牲，表现比较好"。

---

① 此处提到的秦又其、孙洪生与陈世刚先生等翻译人员不同，他们是通过其他渠道赴朝参战的，是陈世刚先生参军后认识的战友。

我没抓过俘虏，审讯过，担任翻译。当时打土耳其旅，我们以为是美军，结果上去一看不是，还抓了一个美国侦察兵。还有个美国少尉（被抓了），是炮兵军官，我参与审讯，主要是翻译，他提供了炮兵阵地。

我在朝鲜还有个工作比较有意思，就是收听美国人的广播。收听了以后把它编译成敌情报告，然后送给军首长们看。军首长表扬我的报告内容简要，文字流畅。事情很多，还有传达任务，那个很危险，炮弹嗖嗖的。

青年时期的陈世刚

那次，我们被包围了，我们一个师——180师受损失，林学逋他们被捕。被包围以后有的很勇敢，打出来了。敌人白天探出来，晚上就收进去，美国兵还是怕死。一个师出发了，师部还有个小分队。出发二三十分钟后得到情报不能去，派通讯员把他们（小分队）追回来了，但180师被包围了，有些人很勇敢地打出来了，有些人没有办法，被包围了，不晓得情况。

从朝鲜前线寄来的两封信

1. 从重庆到朝鲜①

编者按：这是在一九五〇年十一月从川大外文系调赴重庆学习的贺集彰同志从朝鲜寄来的一封信，信中他亲切地告诉了我们从重庆到朝鲜的沿

---

① 这是从重庆应征参加志愿军的贺集彰（袁守诚烈士的同班同学）从朝鲜前线寄回川大的一封信。本文原载于《人民川大》1951年6月21日刊。文前的按语是当时《人民川大》的编辑所加的。本文略有修改。

途见闻。我们希望同志们给他们回信,告诉他我们在中国愉快的学习工作和生活着的情形。

田宝、阿侬、嘉焜[①]:

五月四日,我们离开了重庆,第二天船驶进三峡。这里水流很急,两岸是壁陡的山峰,出峡后,则是一片无际的平原(云梦平原),因此江面很宽。船在河中走着,河岸在远远地方形成两条线缝。高一点的陆地,又好像浮在水面上似的。在初夏的阳光中,望着这壮丽的河山,更觉得祖国的可爱。

到了宜昌,因为等船的关系,在一位老乡家住了下来。刚一进门他们就倒来了好几杯热腾腾的开水,接着硬要我们把脏衣服换下来给他们洗。晚上并为我们预备好了电灯,住在我们隔壁,但他们并没有关门,可见老乡们对待我们真像亲人一样,体贴得无微不至。

七日晚上再上轮船,在船上出乎意外地碰见徐孝祥同志,原来他也是去到我们同一的目的地——朝鲜。我们高兴极了,坐在甲板上谈了很久,也谈到母校和你们。当时我这样想:能够去到抗美援朝的最前线,这是我一生最大的荣幸,但是这是谁给我的呢?是党和团的培养,我和徐娃都说要到朝鲜去更努力地工作,才配接受这份光荣。

徐孝祥

十一日晨从汉口坐火车北行,经过黄淮、沽河二平原,于十二日午夜到达伟大的北京城。多少日子以来我们所向往的祖国首都,今天终于看见了,像孩子投入母亲怀抱时的心情,我不断从窗口往外看,虽然什么也看不见。我们在此休息了两天,参观了故宫博物院,其中有说明中国社会发

---

① 阿侬、嘉焜是指贺集彰同班同学李运侬、朱嘉焜。田宝的情况不明。

展各阶段的模型和化石（如北京人等）。故宫辉煌的建筑，以及帝王所用的精致用品，充分显示了中国数千年来劳动人民的智慧。

十五日离开了北京，车到山海关天就黑了。出关后，列车员请我们放下窗帘。最初我们莫名其妙，后来才知道这是为了防御空袭，这时我们深深地体念到了"抗美援朝"的意义。

十八日上午，我们到了祖国的边境——鸭绿江。我们唱起"雄赳赳，气昂昂，跨过鸭绿江"的歌，更觉得精神百倍，公路尽头的过江大桥，已被美国鬼子炸毁。不过，同志们请放心，这并没有增加我们任何困难，到了晚上十一点钟，我们安然坐着汽车从敌人无法知道也无法炸毁的桥上通过了，进入了朝鲜。这里敌机每天两三次地进行轰炸，可是我们和朝鲜人民一点也不害怕，因为他们不敢飞得很低，怕我们的高射炮。

现在我们正在等候分配工作，我们的工作是与英文有直接关系的，同志们，加油吧！祖国需要着你们。

来信告诉我你们的生活学习情况，我们每天都在期待着来自祖国的消息。

致革命敬礼！

2. 高立村同学从朝鲜战场寄回的信[①]

亲爱的朋友们、同志们、师长工友们：

记得我是在祖国出发以前给你们通过信了，后来，从二月中旬起我们就一直忙于出国的准备工作。三月中，我们到了祖国的东北——欣欣向荣正在建设中的东北，使我对伟大的祖国增加了无限的热爱，加强了我抗美援朝坚定的信心。在东北没有勾留几天，3月18日的下午，我们的队伍，雄赳赳地踏上了鸭绿江大铁桥，跨过了300多米宽的江面，进入了我们兄弟般的邻邦朝鲜。你们知道，安东的对面就是新义州，可是一过江什么都

---

① 这是高立村从朝鲜寄回华大的一封信。本文原载于《新华大》1951年7月15日刊第5版。本文略有修改。

与祖国不同啦,言语、生活习惯对我们全都是生疏的。新义州在美帝血腥的轰炸下,已经成了一片瓦砾,只有在市中心有一座"八一五"解放碑,上面有斯大林元帅的半身铜塑像,还是完好无损。通过新义州天就黑了,这时候人们活跃了,工人、司机、军队全出来了,那么加油地工作。为了避免敌人飞机的破坏,人们的活动,已经早改在晚间进行了。

  我们就这样白天休息,隐蔽在山沟里,晚上行军。经过了十六天,我们完成了初步的行军任务,到了指定待命的地方。走了差不多一千里的路,带了四五十斤重的行李,并没有使我掉队叫苦。朋友们,你们该知道美帝国主义是多么狂疯地破坏着我们的补给线,可是咱们有了党同毛主席的领导,还有不能克服的困难吗?从祖国出发,我们就带了夏天的衣服、鞋袜、雨衣,还有二十多斤的干粮,所以,虽然走路苦一点,我们还是克服了运输困难,完成了初步行军任务。朋友们:我要告诉你们,美帝的飞机在北朝鲜是那样残暴地破坏,我们所有经过的城市,完全都变成了瓦砾场,有的地方(如定州)连土也翻了一转,在这十六天当中所给我们的印象全是残破,可坚定的解放了五年的朝鲜人民,在劳动党同金日成将军的英明领导下,他们黑夜在瓦砾堆中不停地工作,修铁路、桥梁、公路,保证了前线的给养同弹药的供应,这样一方面使我们加强了对美帝无比的愤恨,一方面坚定了我们胜利的信心。北朝鲜人民政治觉悟高,他们热爱自己的党同金日成将军,同时也爱毛主席、斯大林同志愿军,他们欢迎我们,虽然我们言语不通,但是彼此拉紧手,高叫"毛抬东"(毛泽东)、"金密尔松"(金日成)的亲密是非言语能传达的。这是我们第一阶段行军中的一些事情。

  部队休息了几天后就开赴前线,那时,敌人进攻到了"三八线"以北了(我们这一地区),可是劲头不大,一直到了四月×日第五次战役开始,我们就一直在战斗的情况下生活了,也许你们早已在国内见到报纸登载了第五次战役初步的胜利,敌人费了两三个月的功夫,配合大量的飞机大炮坦克及其他机械化装备所进占的地区,在八天之内全部被我们光复,将敌人重赶到了"三八线"以南相当的距离。之后,我们的部队又休息了整整十天,到现在,我们又进入了战斗。现在我们是在前线指挥所做联络员(即翻译),经常要通过敌人大炮的封锁线到前面去。最初有点害怕,现在有了经验,也不害怕了,反而增加了我们对美帝的蔑视:那么多的飞机大炮,结果还是给我们打得仓皇而逃,而被消灭。现在进入战斗又是十来天了,三四天前,与我们并肩的友邻部队,在一夜一天间,消灭了美军一个整团同李伪匪军三个整师,当时我们在前面。战士们由于伙食太坏(运输困难),一般在作战中都吃炒面同野菜,体力负担太大,还要赶路,翻越二十多里的大山,淋着大雨追击包围敌人,所以都瘦多了,脸黄黄的,眼眶黑黑的。走了两夜一天,到了天明时已是相当疲乏,可是当胜利的消息传来时,一个个脸泛红光,精神百倍,努力上山赶到前线去了。本来我当时是应该休息,可是也不想睡了,出来和同志们大谈起美帝为纸老虎。敌人的喷气式飞机在头上盘旋,飞得那样低,战士们只是抬头对空骂一声,立刻又走,不管他,但当飞机俯冲下来找目标时,战士们在山沟里隐蔽得连影子也没有了,敌机悻悻而去,毫无所得。现在在晴朗的天空中有时有燕子般的人民空军,飞得那么快,那么高,白白的,追赶打击美帝空中的强盗。有时候,咱们的高射炮大发雄威,一天击落六架,战士们高兴得直在地上乱跳,乱叫,甚至于打滚。朋友们,当杀害和平人民的凶手,得到他应得的惩罚时,咱们难道还不高兴得在地上打滚吗?我们的战士能吃苦,但是挺活泼,整天叫叫唱唱,吃野菜炒面,用步枪手榴弹,把敌人一群一群地消灭。这对谁不是鼓舞呢?现在,战斗仍在进行,我们不断地听到胜利的消息,我想你们也会高兴得虽不至于打滚,也得跳两下,唱唱国际歌同班歌(现在有没有?)吧!

最近,我曾询问了一些美国俘虏,他们一般都相当愚昧,受了长期的反动宣传,对咱们志愿军是不够了解,但是他们只要知道的什么也告诉你,一点不保守军事秘密,只要你不杀,受伤了给治疗,他们就高兴了,甚至于唱起来。由此你们可见美国兵的士气。四天前当敌人(美军)一团被包围时,咱们担架(队)的战士也一面找伤员,一面捉俘虏。更可笑的是有两个通讯员每人扛一支步枪捉了三个美国大个子,他们每人还扛有自动步枪。两个通讯员将他们三个押到离战场有十里地的地方才由咱们部队代为缴枪。三个美国大个子吓得直打抖,简直忘了自己还有武器在身,非但不抵抗而且一路跌在水沟里几次。朋友们,我回想起当年成都那些美国大兵那股子劲,胡作非为,今天再看看俘虏,说明帝国主义者正一天一天走向死亡了,美国大兵似乎自己也知道自己在中国的暴行,所以当我问他"Have you ever been in China(你去过中国吗)?",他吓得连说了七八个"No(不)!",当我向他们宣传了我们的政策后,他们释然了。我叫他们服从我们押送他们的战士的命令时(战士,尤其是侦察员都由我们教了一些英文口令),他们又连续说了七八个"Yes(是)!"。朋友们,美帝有什么了不起呢?华西坝的美帝国主义分子还有吗?若有的话,把这个故事告诉他们吧!还有让洋奴同患有亲美、恐美、崇美病的人们也知道这些故事,告诉他们,这是医牙三八级的同学,那个曾经当过班长、戴有眼镜的那个高立村亲身做出来的故事。"他"去年11月21日,还在华西坝夹着书跑医科楼。朋友们,我坦白直率地说,我在毛泽东的光辉下做一个志愿军,让那些曾经在中国横行一时,同时还让有些人觉得"顶好"甚至于崇拜的美国大个子在我面前显得那么渺小无用,让他们的眼里觉得个子并不大的中国人民兵士伟大得像"上帝"(像山那么大的巨人)。我感到骄傲,这是毛泽东的骄傲,对杀人凶手美帝我为什么不感到骄傲呢?朋友们,你们也应当骄傲的,但是你们不应当对那些愿意靠近我们的人骄傲才好。

朋友们,我想你们一定时时刻刻关怀着你们还在朝鲜战场上的同志同朋友们的,现在我要告诉你们的事情真多得连说十天都说不完,可是工作时间以至信纸都不允许,而且军邮又不通,我只能简单地告诉你一些了。我现在身体很好,虽然吃得不好(运输困难,有时吃不饱),但完全能支持行军工作。工作任务不重,我是联络员,也只有翻译一些文件、信件、日记(从信件、日记可以知道敌人的士气的低落),还有就是询俘。英文会话现在大大进步，只有些文件中的一些代号、简字无法翻译，询俘会话不成问题（李承晚士兵同其他国家的俘虏除外）。自己能胜任工作，信心提得很高，生活活泼愉快，在山沟里同朝鲜老百姓学朝鲜语也是乐事。

王华英出国前在安东就生病送医院了，现在还没有来，情况不明。开政、鸽子在军部，最近也没有联络，他们都很好。

朋友们，就在这儿暂时停止，以后有机会再向你们报捷。我一定要好好防空，躲避炮弹，保存自己，消灭敌人。将来凯旋归国，若能回西南，我想再见到你们大伙儿，咱们那时痛饮三大杯，高谈三昼夜，不能回西南，我将以包裹邮寄我的故事给你们好吗？

你们的朋友、同志、同学生
一个中国人民志愿军的英语联络员
高立村
5月20日于南朝鲜某地

西南整形外科医疗队与抗美援朝战争
——抗美援朝西南整形外科医疗队副队长邓显昭之子邓长春访谈[①]

从华西走出的整形外科医疗队

华西有两个医疗队加几十个学生（参加抗美援朝）。从华西出来的翻译官很多，主要是外文系的，以学英语的为主。学生和员工都是直接从军走。他们是志愿军，穿军装，但不是军人身份；手术队是医生，没有官衔。第一批医疗队全是华西的，宋儒耀是队长，我父亲是副队长。只有他们10个人。华西还有一批手术队，1953年，杨振华、敬一庄去了，队长是谢锡瑹，他是省医院的院长。到了朝鲜后，过了鸭绿江，谢锡瑹身体不好就回来了，后来就是杨振华当队长，当时就留下了一张照片。杨振华参加抗美援朝的帽子被捐到了华西（现藏于四川大学博物馆）。父亲等人和第二批不一样，第二批不全是华西的，比如谢锡瑹就是省医院的。父亲等人是很专业的，这几个医生都听宋教授的。宋儒耀1939年在华西口腔（专业）毕业，1942年底到美国留学。

宋教授以前在美国，他在第二次世界大战的时候学习了很多整形的技术，比如说士兵脸部受了伤怎么治疗好。当时中国这方面的技术就要差些，宋教授在美国学到了这些。回来后，志愿军受伤了就到处找能做整形

---

① 邓长春，毕业于成都科技大学（1994年，成都科技大学并入四川大学），是邓显昭的小儿子，出生于1951年。当时的邓显昭正在长春，与宋儒耀教授一起带领西南整形外科医疗队为脸部受创的抗美援朝战士治伤，因此，邓显昭为刚出生的幼子取名长春。因为西南整形外科医疗队的队员们基本已逝世，编者就找到了非常热心于校史文化传承的邓长春先生，请他讲述了他父亲的经历。本文由编者和杨胜君根据访谈录音整理而成，文中的"华西"即指华大。

手术的人，当时西南局在重庆大概了解到宋教授这个情况。在华西的校刊里有宋教授在美国留学的点滴信息，以及海外校友的点滴信息。所以宋教授那批很不容易，真的是满腔热情的知识分子。

第一批医疗队里面，全国只有一支整形手术队。重庆队叫胸外科队。他们从成都出发，一路坐卡车，到重庆后等了一两个星期，等重庆队。重庆队也是外科的，也有很多从华西毕业的。他们和重庆队一起组建了西南援朝手术队，从三峡坐船到武汉，然后坐火车到北京，到北京后就停下来。志愿军要整编，等上海的、天津的，还有其他几个省的。（医疗队）都到了北京后，重新编号，换军装。他们出去的时候是没穿军装的，到北京才换了衣服的，换下的衣服就丢到北京，也不多，走的时候是春季，后来发棉装。王翰章就在那个时候回了一趟北京的家。他写回忆录时就详细讲了他正好有两天空的时间，就回去看了老父亲。因为1950年他在成都结婚时，他父亲都没来。

当时的队长是宋儒耀教授。我父亲是住院医师，已经毕业三年，有很丰富的手术经验，因此为副队长。其他人刚刚毕业。这次宋儒耀征召的十个人，有的才毕业，有的是1949年毕业的，有的是1948年毕业的。王翰章是1949年毕业的，毕业第二年就去了。侯竞存，华西药学的，性格很开朗，有才华，（能）拉大提琴。曹振家，双文凭，抗战结束以后，从上海圣约翰大学生物系毕业，毕业文凭拿到后又回到华西读医科，1951年毕业。他一生三次从军，是个热血青年。张连俊，外科技师，包石膏技术很高。彭学清，仁济护校的（护士）。吴银铨，也是护士，大外科护士，文笔好，相当于秘书。

真正可以上手做手术的是宋教授，当时中国没有矫形外科，只有他学回来了。我父亲和王翰章刚刚上手，才做了不久的住院医师。他们刚刚从军后，伤员就是堆起的，每天由宋教授主刀，其他人观摩，晚上做完手术后就讲课，现场培训，包括医生、护士。走之前是很清楚需要哪些东西的，那些手术器械，国内完全没有。比如要取皮，以前都是用手术刀在身上取皮，但是大面积植皮时，速度太慢，取皮的工具都没有。但是宋教授在美国看过，所以在出发前，让华西医院的修造师按他出的设计图纸，制造了一批他需要的手术器械，都是整形外科使用的。到长春以后，我父亲又把取皮的工具完善了。

（父亲）抗美援朝回来后，（当时）我母亲在华西医院手术室当护士，我父亲做手术，她就是手术室护士。后来她也当麻醉师，所以父亲做手术，她就会看到。前些年我问我母亲，我说："他回来做手术，你看过他做整形外科手术没有？"她说："我看过啊，哎呀，我简直惊奇，你们爸那个取皮手艺太吓人了！"她说，从肚皮上、大腿上、屁股上取皮，那个工具小，消了毒以后，就像刮莴笋皮的，一拉一块皮马上就下来了，简直没想到那么快。因为我妈 1946 年就在手术室当护士，外国人做手术她也是全部看到了的。因为当时没分那么细，脑外科、胸外科、皮肤科、骨科她什么都看过的。她说："你们爸那个取皮技术太吓人了。"这个当然都是宋教授的功劳。在宋儒耀教授的指导下，大家学会了救治伤员。

在战场后方

父亲所在的医疗队叫西南矫形（整形）外科手术队，主要去解决志愿军战士烧伤。烧伤主要是凝固汽油弹造成的，在抗美援朝的时候，美军丢了大量的凝固汽油弹。那时候很冷，年轻战士冬天穿了很厚的棉衣、棉帽，但是他们打枪手要露出来，脸要露出来，凝固汽油弹爆炸以后，脸上受伤了，他们大都下意识地去抹，所以（出现了）大量脸部手部的烧伤，非常吓人。我父亲给我讲的是，你们看了《夜半歌声》那个电影，硫酸（毁容）弄得很吓人，而伤员手上脸上的烧伤更严重，比那个惨得多。

抗美援朝去了一段时间后，宋教授开始教课、培训，后来他们很快就熟悉了。因为这批队员在华西的功底是比较好的，当时老师的培训，华西的医科学生，要经过七年的学习，功底很扎实，动手能力非常强。虽然当时的学习条件比现在差,但是(他们)学习非常刻苦,经过短短的不到一个月时间,很快就上手了。我妈曾经问过彭学清,我父亲他们一天做什么事情,他说他们忙得很。

他们是在后方,没去朝鲜,没过鸭绿江。当时很多国际医防队都在鸭绿江中国一侧,伤员全部用火车、汽车拉过来。当时前方条件非常差,所以就拉回来。而要整形的伤不直接威胁生命,以烧伤为主,也有些炸弹伤,没有马上危及生命,因为都是年轻小伙子,身强力壮。烧伤不像胸外伤、脑外伤,青年人能承受,但是精神上不一定能承受,因此往往把他们拖到后方,拖到长春。但是当时美国飞机经常飞过来,只要警报一响,他们就冲到地下室、防空洞,同时要疏散病人,所以忙得很。一早就开始做手术,一直要做到晚上,一台接一台,不歇气。这是彭学清说的。

父亲后来和我说,战争太残酷,我们还没有到前线,仅仅在后方,看到的远远比《夜半歌声》中被硫酸泼面的人还吓人。他说那个太吓人,所以他们采取了一切的措施:所有的镜子都撤出;没有镜子,玻璃也能反光,就把病房所有的窗户(东北是双层窗户)全部用报纸粘了。那些病人可以走动,他要是看到自己就会被吓到,所以不能让病人看到玻璃。他说,有很多人有战争后遗症,经常有病人睡在床上会突然跳起来,抓着扫把扫射。伤员们在病房里神经(依然)高度紧张,和处于战壕第一线一样,好像美军要来了。还有做了手术缠起纱布的,大家实际上看不到(对方),但是有些慢慢地好了,揭了以后互相能看到,就要说(各自的伤势)。(后来)有一个跳楼了。本来所有窗户都用报纸蒙上了,唯独一个厕所的窗户不知道怎么搞忘了,他去厕所在玻璃上看到自己了。很多志愿军战士揣着女朋友的相片,小伙子想他回去咋见人,最后就从病房楼上跳下去了。所以战争非常残酷,这还是后方,不要说前方。

一年以后,大量的伤员都处理得差不多了。因为整形手术是要不断地做好几次,有些要做几年才能保证他能够吃饭。嘴巴烧了没有了的,眼睛烧了鼓起的,没有眼皮的,都很吓人,所以说要多次做。到任务结束要走的时候，那些志愿军伤员就拦着医疗队不准走，知道宋教授带的医疗队是他们的救星，只有他们才能解决这个问题。所以在那儿闹得很僵。后来便将这批重伤的需要后续治疗的伤员送到北京去，宋教授回成都后又到北京，就建立了中国整形外科医院。这批病人的手术，宋教授一直在做。抗美援朝的时候四川兵就特别多，（当时）动员年轻人都去，后来这批伤员到了新都旁边，后来就有了新繁县荣军园（今四川省革命伤残军人休养院，新繁县后并入新都县，现属于成都市新都区）。我父亲他们在（二十世纪）六十年代前还去过几次，那些人都认得到，说邓医生来了，他们的伤处理时间有点长，因为要反复做手术。

父亲与那场保家卫国之战
——杨光曦对父亲杨振华的回忆[①]

家族与华西的渊源

我的爷爷叫杨国屏,出身很苦。在他小的时候,曾祖父就去世了,那时住在农村,家里有6个娃娃,都由曾祖母一个人带着。一个寡妇带6个娃娃在农村,生活很困难,所以她就带着娃娃跑到重庆,去讨生活,帮人家洗衣服,把这些娃娃拉扯大。我爷爷是几个孩子中最小的一个,大点的就拜师去当学徒了,生活都很贫困。我爷爷小时候刚开始还读了几年私塾,后来就被人家赶出来了。

有一天他在重庆都邮街上,看到墙上贴着一张红纸,写的是:我们现在新办了个学校,可以免费读书。他看到很高兴,就回去跟曾祖母说:"你给我报名吧,我要去读书,不要钱的。"这是一所由英国公谊会在重庆兴办的教会学校,免费让学生读书,所以曾祖母就送他进那个学校读书了。现在重庆那个学校叫作广益中学,在重庆南岸,20世纪50年代过后改成重庆五中,前些年又恢复了广益中学的名字了。我到广益中学去看过,一整面墙都是校史介绍。爷爷那班是招收的第一班,那个班最后毕业时只有四个人,爷爷成绩最好,留校了。他们班有个同学,是很出名的一个人物,叫邹容,就是那本名著《革命军》的作者。邹容是革命军中的先锋,参加了辛亥革命,死时年仅26岁。重庆现在还有条路叫作邹容路,就

[①] 杨光曦,杨振华之子,毕业于四川医学院(今四川大学),退休前在四川经济管理干部学院(现西华大学人南校区)工作。本文是编者和杨胜君根据2020年8月对杨光曦的采访录音整理而成,略有删改。文中的"华西"即指华大。

是纪念他的。

爷爷是从小学读到中学，那个时候叫作学堂，开始兴办的时候叫作重庆广益男书院，在清朝的时候，男书院又改成男学堂。我爷爷后来就留在学校教书，有收入了，所以家庭情况好一些了。后来不确定是在1910年还是1911年，改成了广益中学。学校原来在重庆城里面，后来学生慢慢多了，原来的地方太小了，所以英国公谊会出钱，在重庆南岸文峰塔一带买了几百亩地，新建学校，新校改称为广益中学。负责办广益中学的人叫陶维新，他是陶氏兄弟中的老大，所以都叫他陶大先生。

陶维新在重庆办了广益中学后，又把他的弟弟陶维义从英国叫过来，陶维义在家中排行老五，大家都叫他陶五先生。这个陶维义是英国皇家空军足球队的主力前锋，足球踢得很好，他把足球也带过来了。在办广益中学的时候，他就要修个足球场，但因为这个足球场是额外的计划，公谊会没算这笔钱，开始不同意修。但是在他们多次反复的建议下，最后同意了，给他们拨了钱。所以重庆广益中学，把山挖了，开了块平地出来，修了足球场。这是当时四川的第一个足球场，是一九零几年开的。所以重庆广益中学的足球踢得相当好。后来陶维义和陶维新到成都来了，大概1905年的样子，他们和毕启以及其他一些人商量一起办大学的事情。他们决定联合三个国家的五个教会来办学，大家协同、合作办学，所以有了华西协合大学。"合"是"合作"的"合"，不是"和平"的"和"，北京和其他地方的教会大学都用的是"协和"，只有华西是"协合"，意思是大家齐心协力合作，协同合作。办大学先办中学，先把中学办起来，就是华西协合中学堂（简称"协中"）。当时只有高中，陶维新当校长（第一任校长），陶维义一来，又把足球带到成都来了，所以成都华西坝也修了足球场。当时这个足球场据说是亚洲最好的足球场，所以后来华西的足球也踢得非常好。足球场在修学校时就开始修了，中学和大学都有足球场。协中是1908年建立起来收新生的，所以1908年就建立了足球场。大学是1910年才建立的，那时才修大学里的足球场。华西中学在华西坝后坝，大学是办在前坝的。

我父亲杨振华是1911年出生的，也就是辛亥革命那年，所以爷爷给他取的名字叫振华，即振兴中华的意思。后来爷爷因为在教会读书，很自然地就参加了教会，公谊会的教会。公谊会有一个叫作杨少荃的人，跟爷爷成了好朋友，一起在公谊会工作。成都的基督教组织，即成都青年会，就是他们建立起来的。后来他们两人又同时加入了同盟会。所以那个时候爷爷已参加了反清的活动，做了些革命工作，参加了保路运动，清政府因此还通缉过我爷爷。辛亥革命把清政府推翻后，全国到处都宣布独立，四川也宣布了独立。宣布独立之后，四川成立了大汉四川军政府，因为杨少荃英文很好，我爷爷英文也很好，所以他们两人就在这个政府里面的外交署工作。杨少荃年纪要大我爷爷两岁，他当了署长，我爷爷是他的助手。建立成都青年会的时候，杨少荃是会长，我爷爷仍是他的助手，他们两个关系很好。在这个军政府里，杨少荃是当时四川总督的助手，所以他是穿军装、拿指挥刀的，我爷爷没穿军装，从以前的老照片上看得到。那个时候，我爷爷家庭条件算比较可以了，所以我父亲他们这一辈生活环境比较好了。我父亲在成都出生，后来又到了重庆，因为那时爷爷工作在重庆。大概在1920年的时候，爷爷带着父亲回到成都了。

父亲的早年经历

杨少荃认为要振兴中华，还是要搞好中国的教育，所以他和爷爷两人就进入了教育界，到了华西协合大学。他们两个都是董事会的，杨少荃当过协中的校长，从一九一几年开始当了二十几年。那个时候爷爷他们就在成都，父亲就是在成都读的书，读了小学、初中、高中，最后读了大学。最初，小学读的是重庆的广益小学，是公谊会办的，后来爷爷在1920年转到成都工作后，父亲就转到成都的广益小学。中学是在高崎中学读的。高崎中学和协中都是华西这一个系统的学校，华西的学生都是在这些学校慢慢读上来的。

我父亲是1930年中学毕业的,他考上了燕京大学预科。第二年,九一八事变爆发了,日本把东北占领了,东北的大量流民入关,华北也不平静了。可能那段时间有点混乱,所以父亲那个时候读书不容易,于是他就往南走。先到了东部的一个大学读了一段时间,后来又到杭州的之江大学①读了一段时间,都是在沿海一带,也不安全,于是他就回四川来读华西了。他是出去了两年过后才回来读的华西,所以他是1938年毕业的。我母亲跟他同一年生的,也学医,是1937年毕业的。这样父亲就回到华西来读书,一直到毕业,毕业后就留校任教。

1939年6月11日,成都被轰炸。当时成都已经遭受过多次轰炸,那次日本飞机是在傍晚来的,在华西坝这边丢了四颗炸弹,一颗炸弹丢到河边(那个时候校门在河边),把一栋房子炸了,还有一颗炸弹丢在八教学楼那,把八教学楼炸了。还有两颗炸弹没炸,其中一颗现在收藏在四川大学博物馆。当时华西是"五大学时期"(抗战时期,燕京大学、金陵大学、金陵女子大学、齐鲁大学等曾在华西协合大学校内联合办学,称为五大学时期),各学校的师生组建了战时的救护队,每个星期都要训练如何急救,并且组建了担架队。那天有一个药学系二年级的女同学,叫黄孝逴,从外面跑回学校来,准备到队里去参加抢救任务,刚刚走到那个地方,炸弹落下来,将她炸死了,另一个和她一起的同学也受伤了。后来当时的教育厅还拨了款,给她修了个六边形的纪念碑,有一米多高,修在女生院里面,碑上还题有字和诗,以纪念黄孝逴。黄孝逴的父亲正好是我父亲那支急救队的,当时一共建立了三支急救队,我父亲是第三队的负责人。我父亲1939年还是年轻医生,年轻老师。当时张查理教授问:"杨振华,我们现在组建急救队,你来参加吗?"父亲就参加了,每个星期都训练这些学生,

---

① 由美国人创办的教会大学,新中国成立后被浙江省政府接管,后在院系调整时被拆分并入其他学校。

包括一些职工，因为五大学的都参加了，所以其中有些外籍教师。我父亲记得很清楚，有一个不知道是哪个大学的一个女外教，长得很胖，但是她很积极地要来学习这些急救的知识。那天晚上轰炸以后，城里很多伤员就往华西坝送。送来后我父亲先查看伤势，伤势重的赶忙往市里的医院抬，这边没有医院，只有城里才有医院——伤得轻的便就地包扎。担架队的这些学生（抬着伤员）一个一个往城里头送，当天晚上这里整了一个通宵。因为华西坝也没什么药，就包扎起来，简单处理一下。

我父母是大学同学。我妈妈叫张君儒，我外公就是华西协合大学的首任华人校长张凌高，我妈妈是家中的老大。他们读书的时候学生都少，一个班只有十几、二十个人，越招越少。华西协合大学是1910年3月11号开学的，开学的时候只有几个学生，淘汰率高，毕业时就更少了，所以那个时候学生们之间互相都认识，不管你是哪个系的哪个专业的。学制也长，医科是七年，牙科也是七年，其他科要稍微短点。我父母他们是1942年10月结的婚，我是1943年12月出生的。外公当了校长就住到校长居（校长居住的地方）去了，就是钟楼旁边的那栋小楼。最开始是毕启在那儿住，毕启是第一任校长，后来毕启卸任，我外公当了校长。我父母也是在那个楼结的婚，我也是在那个地方出生的。后来，我父母都出国去了，就把我送到重庆。那时爷爷就在重庆了，叔叔、姑妈都在重庆，所以我是跟着他们一起长大的。三年过后，也就是1950年，父母他们学习完成了，回来了，路过重庆的时候又把我带回成都了。

父亲大概是1945年当了华西医院的院长，当时抗战已经胜利了。1946年，我父亲评得了美国的一个奖学金。他得了奖学金，1946年到美国去了，是美国北边的一个大学[①]，师从世界胸外科的鼻祖亚历山大教授，跟他学了三年，获得胸外科的硕士学位。我母亲也得了一个奖学金，她是1947年到的加拿大，在多伦多大学进修，1949年完成学业。父亲毕业后

---

① 密歇根州立大学。

就到多伦多去了，和妈妈汇合，1950年我的弟弟在多伦多大学的医院出生。

新中国成立时，我爷爷给他写信，说现在新中国成立了，政府很好，社会风气很好，现在要建设新中国，你可以回来，所以他们就在1950年匆忙回国。那个时候已经不容易回来了，美国逐渐在卡这个事情了，幸亏他们还走得比较早，如果再晚点就走不了了。那个时代，大家都想报效祖国，要一腔热血地建设新中国，就响应号召回国了。

父亲参加抗美援朝的经历

抗美援朝的时候，华西两次派人参加医疗队。第一批是1951年出发的，由宋儒耀带队，其他人也都是从华西过去的，但是他们是在长春，没有到朝鲜去，病人从战场上送到他们那儿去救治。我父亲这队是直接去朝鲜的。

第二批除了我父亲，还有敬以庄。敬以庄是我父亲带去的，开始是没有他的。1952年，成渝铁路通车了，他们就先到重庆去，西南直属医院首长问他们还需不需要补充人员，我父亲想还是需要一个助手，就提出要敬以庄，于是敬以庄马上被派过来了。敬以庄报到后，他们就一起到朝鲜去了。第二批医疗队，华大好像只有他们两个。另外，除这两批以外，参加抗美援朝的还有冉瑞图教授，好像是1950年或者1951年，早于宋儒耀那批过去的。冉瑞图教授1942年毕业于华西协合大学，也是外科医生，是华西的校友，后来在重庆外科医院工作，20世纪80年代调来四川医学院工作。

1953年1月，医疗队建成，我父亲是副队长，队长是省医院的谢锡瑺，他是省医院院长、骨科专家，也是华西协合大学毕业的，比我父亲还早几届，他们两个带领一队人到朝鲜去了。

他们到朝鲜后就要求到最前线的地方去，所以就把他们安排在上甘岭附近的十四兵站医院。他们大概是1953年3月到的朝鲜，7月进站。去的时候，战争还在打，所以经常有美国军机来轰炸，他们住在坑道，经常遭受敌机轰炸，所以要防空，飞机走了过后，山上到处是火，他们又去扑灭山火。因为他们离前线很近，所以每天都有大批的伤员送过来。我父亲是胸外科的，在当地处理胸部战伤。那个地方相当于一个小型的胸科医院，胸部战伤的伤员很多都是由他治疗的。他因陋就简，自己做了一些诊断、治疗、检测的仪器，对救助伤员很有帮助。他在那个地方的时候，胸部战伤的治愈率比较高，好像在整个朝鲜战场，他那个地方胸部战伤的治愈率都是比较高的，他因为工作比较出色，后来立了个三等功。

后来，我们跟父亲一起到北京去，碰到了原来（同父亲）一起到朝鲜去的专家，是不跟父亲同队的，（那位专家）送了我父亲一本《抗美援朝卫生工作总结——战伤外科》，书里有几处都提到了我父亲的事情，有些提到他，或者提到十四兵站医院，或者提到第二基地医院。第二基地医院是战后组织的一个军医培训班，要选几个医疗队的成员去组织训练班，父亲他们就被选中了，从9月办到12月，大概有100多个军医参加，在那里取得了从理论到实践的知识，对大家的提高还是很有帮助的，上级也表扬了他们。

父亲还从朝鲜带回来一些纪念品，有弹片——是从别人身上取出来的，有尼龙避弹衣的碎块，还有高射机枪的弹壳。他回来给学生上课的时候，讲他们如何处理胸部战伤，就拿这些来施教，同学们觉得讲得很好，很实用。最后他保留下来的有顶帽子，我捐给了华西，前面提到的那本书也捐给了华西（现藏于四川大学博物馆）。那书一套共四本，专家送的那本是关于外科的，其他还有关于翻译、整形等的。

父亲抗美援朝后的生活

父亲参加抗美援朝战争回到华西后，正式组建了胸外科。原来的外科就是个大外科，什么科都没分，他学了胸外科回来就组建一个胸外科。1950年，他刚回国时还没有条件弄，1953年他们就到朝鲜去了，救活了很多战士。1954年，他从朝鲜回来后正式开始建胸外科。后来外科的其他分科也陆陆续续地开始组建了，骨科、肝胆科……胸外科算外科里面成立比较早的。到了20世纪60年代的时候，他和他手下的一个医生配合得很好，两人在动物的身上做心脏手术的实验，已经获得了成功。可惜后来因为"文化大革命"停止了工作。

父亲很坚决地称他们不后悔响应号召回国的事，一再说好男儿就是该报效祖国。

父亲是在1990年他79岁的时候退休的。他大概是20世纪80年代开始恢复工作的，但都不是在医院工作。那时很多年轻医生英语都不太行，因为他英语好，就让他培训这些年轻教师的英语。他教医学英语教了很久，培养了很多英语人才，这些学生要出国了他都写推荐信——父亲的推荐信很受认可。后来他岁数也大了，就没有再搞医疗方面的事情。

1984年或者1985年的时候，有个英国公谊会的人来成都访问。这个人的家族在英国做巧克力赚了很多钱，华西协合大学建校的时候，这家族就捐赠了一座教学楼，就是现在的第五教学楼，那个时候那个楼叫教育学院（大楼）。那天来的人大概和父亲岁数差不多，原来可能互相认识。他来了就和我父亲说，现在有个"国际医师防止核战争大会"，我都去参加了几次了，你愿不愿意去。我父亲说愿意。他说你把出国的手续办好，这个经费我帮你出。所以1985年的时候父亲就通过学校，通过外事局，把出国的手续办好了，钱也汇过来了，父亲就以个人的身份去参加那个在匈牙利布达佩斯召开的"国际医师防止核战争大会"。当时中国去了几个人，马海德等三个人是国家派他们去的，我父亲是个人代表。开了这个会后，那人又邀请我父亲到英国去访问，所以父亲又跟他到英国去了。到英国碰见很多老朋友，都是华西的，大家见面很高兴，都会说成都话，就一起说成都话。其中有个老太太，都八十几岁了，开着汽车带他们到处去耍，用成都话"摆龙门阵"（成都方言，是谈天说地的意思），超速（被拦时）用成都话跟警察说，警察说听不懂，才反应过来改用英语跟警察说这是（因为）老朋友从成都来，很高兴。老太太在四川三台工作了几十年，三台曾有教会，有教会医院，有礼拜堂，基本是公谊会在三台开办的。

（在英国的）一天，有人跟父亲说："公谊会资料室，库房里有一堆影片的胶卷，大家都不知道这个影片是在哪个地方拍的，谁拍的，拍的什么，你愿不愿意看下？"父亲说："那就看嘛。"他们就把影片放出来，全部是四川的事情，重庆的事情，遂宁的事情，其中还有我父亲他们，还有我外公，还有我爷爷奶奶，都在上面。后来才知道，这个无声电影是原来华西的一个副校长拍的。父亲说这个很珍贵，就给他们讲，里头是哪些内容，那些人才知道这个原来是拍的华西协合大学的事情，还有重庆广益中学的事情。父亲说"请你们给我复制一份带回去"，人家就给他复制了一份带回来了。所以现在看到的那些公谊会的老照片，基本是他带回来的，这些资料很珍贵啊。

我父亲爱运动，年轻时是运动员，读书时每年参加学校的运动会，田径、铅球等项目都能拿奖牌，跳高得过冠军。一九三几年读书时发的都是银质的奖牌，上面有项目名称、名次、他的名字，一排排很精致，我小时候都看过，有很多。他也爱打篮球、踢足球。他原来喜欢照相，在朝鲜时他拍了很多相片。他还喜欢唱歌，华西校友合唱团，里边有个白头发老头就是他。

他还有个乐器叫锯琴，就是拿锯子来当乐器，是单手使用的那种锯片，两只脚把锯子夹住，然后一边把锯片按住，一边拿个二胡弓子，在锯片背上拉，在这一压一起间，不同的音调、音阶就出来了。有时候学校开晚会他就表演一下，很少有人会这个。他喜欢音乐、体育，所以他身体也很好。

他年龄大了也爱跑步。成都每年元旦要举办越野赛，他去参加过几届，都是和华西那些老教授在一起。当时还有口腔科的肖卓然，比他大两岁，还有比他年轻点的。他爱运动，骨质情况比较好。2004年初的时候，他在屋里坐着看电视，电话铃响了，他就起来去拿电话。由于他的体重比较重，老了，脚也没有什么力，一下站不稳，就摔下去了，说腰痛。我们赶忙把他送到医院去检查，照片子，害怕骨折，骨头又是好的，就是腰痛。他说："没有骨折，我自己都知道，我自己给诊断了，可能就是韧带拉伤了。"后来把他的片子给医生看，医生说骨质情况很好，骨头没有问题的。他说："我知道，就是韧带嘛，肌腱韧带损伤了，起不来了。"那时他就在病床上躺了几个星期，后来就不痛了。我说不痛了我们就回家嘛。我就拿个轮椅把他推回来，给他买了一张病床，可以摇的那种。他回来就说，我不能一直躺着，我要起来。我就把他拉到床边上坐起，然后站在他对面，把他两只手抓住，慢慢地拉着他站起来。可是我一松手，他一下就摔下去了。他脚上肌肉萎缩了，只有躺在床上了。他在床上躺了四年，就是我跟我爱人两个照顾他的。父亲是在2007年97岁时去世的。

抗美援朝的动员

——时任川大团委书记黄桂芳访谈[①]

抗美援朝的动员工作始于1950年10月，学校的动员工作是在（志愿军）跨过鸭绿江以后开展的。当时学校是新青团团管时期，学生一切活动都由团委组织。当时我在学校，刚刚从二年级抽调出来，当团委书记。校内的抗美援朝动员工作全部由团委组织，那时办公机构还没有很健全，所以由团委做动员。

除了全体号召，主要是需要翻译，动员外文系同学参军当翻译，因为和美军打仗语言不通，我们那个烈士林学逋就是外文系的。当时是这样的，动员大家报名参军，到现在我还记得当时的情况，非常热烈：团委在大礼堂做了动员报告后，签名写的血书像雪片飞来，（我们）在大礼堂门外搭了些桌子，时间记不住了。

当时川大学生总数大概一两千人，报名人数上千，大家都很热情。当时的动员做了几次，一次是参加军干校，参加军干校和抗美援朝是两回事，抗美援朝去了7个翻译，其他参军的我记得有100多人，军队直接征走了，都是学生，没有老师。因为当时才解放，学校行政单位不健全，新青团工作没那么严谨，也没有专职人员做记录，所以没有留下记录，名单多半都记不到。总之当时场面非常热烈，我还写过林学逋的（传记），但关于抗美援朝的东西比较少。

抗美援朝运动时，学校支援前线。我们记得学校最突出的就是农化系办了一个加工厂，系主任组织专家和学生给志愿军做代饭粉。（志愿军战

[①] 2020年7月8日，编者和杨胜君有幸采访到了黄桂芳女士，本文由编者和杨胜君根据访谈录音整理而成，略有删改。

士）在冰天雪地中没有吃的，也不能只吃炒面，于是大家就想了个办法，做了大量的代饭粉，支援抗美援朝前线。这件事是比较大的，做了很久，时间很长，影响还是比较大。抗美援朝期间，学校也有捐款，当时同学们也比较穷苦。

参加抗美援朝的学生走时办了欢送会，很热烈，具体记不清楚了。当时事情多，还有许多其他的活动，如下乡土改、征兵、征粮剿匪，当时情况也比较特殊，没有收集什么材料，也没想过把当时的工作记录下来。

上世纪（即20世纪）七八十年代，学校开了一次抗美援朝同学会，当然来的不齐，来了一些，都是当时参加抗美援朝的学生，回来开了个座谈会。

参考文献

中央文献研究室，2003．毛泽东著作专题摘编［M］．北京：中央文献出版社．

王翰章，2013．翰墨荃馨——一个医生的历程［M］．北京：人民卫生出版社．

《历史的回音》编审委员会，2015．《历史的回音——一八〇师实战录》［M］．北京：现代出版社．

许金华，1996．百年国际政治风云录 2：铁幕沉沉［M］．北京：中国档案出版社．

刘雅玲，龚积刚，2004．细菌战受害大诉讼［M］．长沙：湖南人民出版社．

成都市政协文史和学习委员会，2007．成都文史资料选编·教科文卫卷［M］．成都：四川人民出版社．

肖云斌，1993．大出兵［M］．北京：团结出版社．

何楚舞，2013．最寒冷的冬天 3：血战长津湖［M］．重庆：重庆出版社．

国家知识产权局直属机关党委，2015．伟大的中国精神［M］．北京：知识产权出版社．

罗金篷，2018．中国人眼中的朝鲜战争［M］．重庆：重庆出版社．

柴成文，2000．板门店谈判纪实：纪念中国人民志愿军赴朝五十周年文集［M］．北京：时事出版社．

莫若健，郝树森，2007. 燃烧的记忆：朝鲜战地实录［M］. 成都：天地出版社.

党跃武，陈光复，2011. 川大记忆：校史文献选辑（第四辑）［M］. 成都：四川大学出版社.

徐晓红，2013. 周恩来生平研究资料［M］. 北京：中央文献出版社.

谢尔顿·H·哈里斯，2000. 死亡工厂：美国掩盖的日本细菌战犯罪［M］. 王选，徐兵，杨玉林，刘惠明，译. 上海：上海人民出版社.

后 记

经过近一年的艰苦努力,《揆文奋武——抗美援朝战争中的川大英烈》终于与大家见面了。本书是"四川大学革命英烈丛书"中的一册,旨在挖掘和传扬抗美援朝期间川大英烈的事迹,弘扬抗美援朝精神。

全书共四个部分。第一部分"四川大学与抗美援朝",权作本书的前言。这一部分是对四川大学师生参加抗美援朝的概述,也是本书的背景,由编者根据历史档案、当年的报纸以及当事人的回忆撰写而成,重点介绍了四川大学在抗美援朝期间的主要工作和贡献,尤其是着重概述了本书下编中分项研究中没有论述到的内容。

第二部分"抗美援朝战争中的川大英烈传记",是四位牺牲于抗美援朝战争中的川大烈士的传记,是本书的主体部分。其中,《尽诚竭节的勇士——林学逋烈士传》,由编者和张碧秀女士共同执笔。张碧秀女士早期在乐山市原地方志办公室的支持下,广泛收集有关林学逋烈士的资料,采访了林学逋众多的亲属,并前往北京、成都采访了林学逋当年的培养考察人周昌华等人,写过《他的心为祖国而跳动》。经张碧秀女士同意,编者在其著作的基础上,结合四川大学档案馆馆藏档案、编者对毛相麟先生(曾任林学逋大学所在班级团小组长,亲自主持将林学逋发展为团员)的访谈,以及其他相关资料,形成本文。此外,林学逋的弟媳张建枚女士为本文提供了不少照片,中共乐山市委党史和地志研究室胡万和同志、四川大学档案馆刘乔老师对本文的撰写提供了帮助和支持。《出师未捷身先死长使英雄泪满襟——袁守诚烈士传》，由编者执笔。写作的过程中得到了内江市和资中县主要领导的关心和大力支持，得到了资中县党史办王化勇同志的鼎力相助。袁守诚的堂弟袁守国提供了许多宝贵的信息和照片。《以笔为戈　血洒汉城——张建华烈士传》，由志愿军老兵郝树森先生执笔。编者结合相关研究对此文进行了改写，并且得到了华西中学王进老师的帮助。《青春无悔——詹振声烈士传》，由编者执笔。在撰写过程中，编者参考了金开泰、孟继兴所撰写的《詹振声烈士——长眠在异国他乡》以及四川大学校友刘开政等的回忆，还查阅了不少档案和报纸，以使詹振声烈士的形象更加丰满。此文的形成还得益于四川大学档案馆雷文景老师的襄助。

第三部分"一腔热血报家国"，是关于四川大学师生参与抗美援朝主要活动和贡献的分项研究，由当事人或其后人的回忆、从战场上写回的信函以及编者的研究文章等组成。《抗美援朝翻译战线上的川大学子》是曾参加志愿军翻译工作的刘开政所写的一篇回忆文章，见于内部出版物《军魂》纪念建军90周年专刊。编者综合比对了各种档案、回忆录后，认为刘开政的描述是比较准确的，故收录此文作为四川大学参与抗美援朝翻译工作的综述。《临危受命的西南整形外科医疗队》一文概述了1951年原华西大学应要求组建援朝整形外科医疗队的情况及该队的杰出贡献，由编者根据当事人王翰章先生的回忆录、四川大学档案馆馆藏档案等资料所提供的信息撰写而成。该医疗队副队长邓显昭先生之子邓长春先生提供了大量照片，并对此文的完成贡献了极多力量。原华西大学于1952年还派医生杨振华、敬以庄参加了四川省抗美援朝志愿外科手术队赴朝，其中杨振华先任副队长，后任队长，在前线做了大量救护工作。根据他们的事迹撰写的《四川外科手术队中的川大人》，由杨振华先生之子杨光曦先生执笔，编者对原稿进行了必要的改编，邓长春先生提供了部分照片。《反细菌战斗士——陈文贵院士与抗美援朝战争》，记述了陈文贵院士主持揭露美军在朝鲜战场上进行细菌战的劣迹，还揭示了美国德特里克堡生物实验室的发展与臭名昭著的日军731部队的关系。本文由编者在陈文贵院士的女婿彭亮远先生和四川大学档案馆雷文景老师提供的原始资料的基础上改编而成。

第四部分"亲历抗美援朝",主要是编者对抗美援朝亲历者或其后人的访谈。《我在朝鲜战场当翻译》由五篇文章组成,他们的作者都是当年战争的亲历者。前三篇是访谈,后两篇是两封信函。第一篇是原华西电视台台长王绍陵于2010年对刘开政的采访,刘开政在访谈中回忆了他们当年参军的经历。目前刘开政先生已然辞世。第二篇和第三篇是编者对仍然健在的两位参加了抗美援朝翻译工作的四川大学校友周正松和陈世刚的访谈。杨胜君老师也参加了这两篇文章的整理工作。第四篇文章《从重庆到朝鲜》和第五篇文章《高立村同学从朝鲜战场寄回的信》,分别是当时身在朝鲜的翻译贺集彰、高立村在战火纷飞的战场上写给母校的信。为了让读者了解当时战场上我校参与的翻译工作,特意将其选出来。《西南整形外科医疗队与抗美援朝战争》一文,是编者对邓长春先生的访谈,由邓先生回忆了他父亲邓显昭和西南整形外科医疗队的工作情况。《父亲与那场保家卫国之战》是编者对杨光曦先生的访谈,由杨先生谈了他了解的他的父亲杨振华和医疗队的情况。《抗美援朝的动员》是编者对抗美援朝期间四川大学多项工作的主要组织者、时任川大团委书记的黄桂芳女士的访谈,力求从不同的角度还原四川大学抗美援朝期间主要工作的原貌和组织状况。杨胜君老师也参与了这三篇文章的整理。

在本书的写作过程中,编者还得到了恩师陈廷湘教授、著名军史研究专家丁伟教授的指导和帮助。四川大学档案馆陈涛老师也提供了档案查询方面的帮助,文中没有特别标注出处的档案和照片均由四川大学档案馆提供。

谨向文中提到的单位、领导、师长和各位同人致以诚挚的谢意!

王金玉

2021年4月于成都